U0630224

本书由西安交通大学人文社会科学学术著作
出版基金资助出版

JINRONG YANJIU
DE
LUOJI

金融研究的逻辑

崔建军 ◎ 著

中国金融出版社

责任编辑：张菊香
责任校对：潘　洁
责任印制：丁淮宾

图书在版编目（CIP）数据

金融研究的逻辑/崔建军著．—北京：中国金融出版社，2018.12
ISBN 978 - 7 - 5049 - 9920 - 7

Ⅰ．①金…　Ⅱ．①崔…　Ⅲ．①金融学—研究　Ⅳ．①F830

中国版本图书馆 CIP 数据核字（2018）第 294261 号

金融研究的逻辑
Jinrong Yanjiude Luoji
出版
发行　中国金融出版社

社址　北京市丰台区益泽路 2 号
市场开发部　（010）63266347，63805472，63439533（传真）
网 上 书 店　http：//www.chinafph.com
　　　　　　　（010）63286832，63365686（传真）
读者服务部　（010）66070833，62568380
邮编　100071
经销　新华书店
印刷　北京市松源印刷有限公司
尺寸　169 毫米×239 毫米
印张　16.75
字数　252 千
版次　2018 年 12 月第 1 版
印次　2018 年 12 月第 1 次印刷
定价　48.00 元
ISBN 978 - 7 - 5049 - 9920 - 7
如出现印装错误本社负责调换　联系电话（010）63263947

序

方福前①

　　做科研是大学生的必修课之一，科研能力是大学生必须具备的一项重要能力，是大学生区别于中学生的一个重要标志。对于研究生，包括硕士生和博士生，能否发表学术论文，能否写出一篇有质量的毕业（学位）论文，关系到他（她）能否顺利毕业和获得学位，关系到他（她）是不是一个合格的毕业生。学历越高，科研能力应当越强。古今中外，没有一个高学历者不想写出好文章。不过，对于不少学生来说，做科研、发论文似乎是一件头痛的事，想做似乎又做不成。我们在指导本科生和研究生论文写作过程中经常会听到学生抱怨说"找不到好的题目"，"我想写的别人都说过了"。这说明这些学生还没有摸到进入科研的大门。在我们做老师的看来，这多半是由于专业知识积累不够，平时独立思考不足和缺少科研经验。

　　如何打开进入科研的大门？如何真正成为专业研究者？如何写出高质量的论文？这似乎是每个高学历者希望打破的瓶颈，希望跨越的门槛。崔建军教授的新作《金融研究的逻辑》给年轻的学子们提供了这方面的精囊妙计。

　　本书是一本具有鲜明特色的著作。之所以这么说，是因为本书

---

　① 方福前，安徽庐江人，我国著名经济学家，中国人民大学经济学院教授，博士生导师。

把经济学和金融学研究融为一体来进行论述。本书包括三方面内容：（1）经济学和金融学的关系。（2）如何研究经济问题和金融问题。（3）大学生和研究生如何写好论文。

本书作者崔建军教授是我国知名金融学者，他从事经济学和金融学教学和研究已经 35 个春秋，科研成果丰硕。本书是作者长期学习、研究经济学金融学的体会心得和经验总结，对于经济学和金融学专业的学子来说，本书的内容实为难得。就我所看到的文献来论，把如何学习经济学和金融学，如何研究经济问题和金融实践，如何写好经济学和金融学论文——包括如何确定选题，如何谋篇布局，如何选择模型和数据，如何用好用活语言，论述得如此系统，如此细致，如此实用，本书堪称国内第一本。

本书作者认为，金融研究过程是金融研究主体依据金融认识中介认识金融客体及其规律的探索过程。金融研究主体是掌握了一定金融理论的人；金融认识中介是指金融理论知识体系；金融客体就是金融研究对象即人们的金融实践活动和作为金融实践活动理论总结的理论成果。金融论文写作是金融研究成果的"再现"过程。金融研究过程与金融论文写作的关系是"源"与"流"的关系。

作者进一步认为，论文写作是建立在科学研究的基础上，是科研成果的一种表达或展现方式，而要做好科研，做出成果，必须具备扎实系统的经济学和金融学功底，"作为经济学、金融学基础的基础，也就是文、史、哲、经、管、外语等文化背景等"。"金融学专业研究生的知识结构大致体现在以下五个方面：经济学基础，金融学基础，经济学和金融学名著，数学和统计学基础，文、史、哲、外语基础。"

我很赞同作者的上述见解。

美国著名经济学家约瑟夫·熊彼特认为，经济学家之所以是科学家，是因为经济学家掌握了三种技巧或技术，这就是历史、统计和理论，"三种技术合起来构成我们所谓的'经济分析'"。① 熊彼特的这个说法是 20 世纪 40 年代提出来的。第二次世界大战结束以来，经济学领域发生了多次"革命"，特别是其中的理性预期革命，引爆了经济学范式和研究方法的变革。在我看来，作为中国经济学人必须学好四门学问或者说掌握四门技术：历史、计量、理论和外语。外语当然是任何学科都需要掌握的一门工具，特别是在我们全球化、国际化的今天，外语在任何一个专业都是必修课。对于中国经济学人来说，外语的重要性还有特别的含义。我们中国经济学人到目前为止所掌握的经济学和金融学知识基本上是舶来品——来自马克思主义政治经济学和西方经济学，中国土生土长的经济学和金融学知识不能说没有，但是很少。要跟踪经济学和金融学的新发展，要和他国经济学家和金融学家进行交流和合作，没有好的外语（特别是英语）技术恐怕就力不从心。除了外语，我认为计量、历史和理论这三方面的知识对于学好经济学十分重要。我这里说的计量包括数学、统计学和数理经济学。今天的经济学人仅仅掌握统计技术是不够的。包括马克思主义政治经济学在内的现代经济学需要使用计量方法，包括数据、模型和统计分析软件等，它们都是我们研究经济问题不可缺少的工具或资源。计量方法可以帮助我们证实或证伪某些理论，可以发现理论逻辑所没有发现的一些经济关系，可以提高经济研究的精确性。学好经济学，历史很重要。我们常说，历史是现实的一面镜子。历史帮助我们认识过去的成就、经济发展的经验与教训、未来的挑战。我这里所说的历史，既包括通常所说的中国史和世界史，也包括中国经济史和外国经济史，还包括中国经济思想史和外国经济思想史。《礼记》中有一句话，叫做

---

① ［美］约瑟夫·熊彼特. 经济分析史（第一卷）［M］. 朱泱等译. 北京：商务印书馆，1991：28－29.

"物有本末，事有始终，知所先后，则近道矣"（《大学》，《礼记》第42篇）。意思是说：任何事情都有来龙去脉，任何事情都有过去将来，我们只有知道它的过去和现在，才能知道它的产生和发展过程，才能够接近真理，找到它的规律，"道"就是规律，就是真理性的认识。认识经济现象经济问题是这样，认识经济理论和经济学流派的产生和发展也是如此。熊彼特认为："经济学的内容实质上是历史长河中的一个独特的过程。如果一个人不掌握历史事实，不具备适当的历史感或所谓历史经验，他就不可能指望理解任何时代（包括当前）的经济现象。"[①] 学好经济学必须打好理论功底，这似乎是常识，也是经济学人的共识。理论是思想的结晶，也是思想的载体。每一门学问或科学都是由系统的理论构成的，没有系统的理论就谈不上科学。理论来自实践，又指导实践。理论深，学问才深。可见，理论很重要，要学好经济学和金融学必须打好打实理论功底。

计量分析应当与历史分析、理论（逻辑）分析相结合。如果我们计量方法运用很熟练，很高深，但是缺少历史视野和理论分析，我们的经济研究可能就成了做算术题，经济学和金融学就成了工程计算学，我们所写的论文可能就是干巴枯燥的或晦涩难懂的。光有技术性而没有理论性的文章不能算是好的学术文章。所以我认为，作为经济学（包括金融学）各个专业的学生，要在语言、历史、计量和理论这四方面下功夫，打好扎实的基础。厚积才能薄发，深入才能浅出。

正如本书作者所说，"中国近现代经济学不是从中国古代传统经济思想中'内生'出来的，而是从西方'外在'地移植过来

---

① ［美］约瑟夫·熊彼特. 经济分析史（第一卷）［M］. 朱泱等译. 北京：商务印书馆，1991：29.

的。"经济学和金融学是伴随着市场经济的产生、发展而逐渐成为独立学科体系的，资本主义市场经济兴起于西方，成熟于西方，所以迄今为止，经济学和金融学的知识主要是在西方积累起来的，经济学和金融学的学术主阵地还位于西方主要发达国家。

中国社会主义市场经济是史无前例的，是人类历史发展过程中的一次伟大尝试、伟大实践，是经济学和金融学中的一场伟大创新。联系中国改革开放和经济发展实际，联系中国金融实践和金融发展，以马克思主义基本原理和方法为指导，借鉴西方经济学的积极成果，讲好中国改革开放的故事，把中国社会主义现代化建设的伟大实践和丰富经验上升为理论，概括出中国经济发展和金融发展的特色和规律，一定能为人类经济学和金融学的发展作出中国贡献。本书作者认为，中国"改革开放是实践先行，理论滞后"。我赞同这个判断。作者还认为，联系中国实际，回应并解决中国改革开放和社会主义现代化建设中出现的重大问题，"找到了有价值的研究选题，应用科学的研究方法进行研究，取得有别于别人的有创新性的研究成果，恐怕才是经济学研究的正途"。我很认同这个说法，这是发展和繁荣中国经济学和金融学的必由之路。

2018 年 12 月
于北京中国人民大学时雨园寓所

前　言

　　本书的写作缘起可追溯到 10 多年前的 2007 年，当时西安交通大学研究生院为了提高研究生培养质量和学位论文写作水平，特意欲设立一批科学研究方法论课程。我不揣冒昧，申报了"金融研究方法论"课程，幸蒙获准（课程编号：192087）。

　　鉴于没有可供借鉴的金融研究方法论方面的著作学习参考，我曾经有过一个挥之不去的疑虑：金融研究方法论是有别于经济学方法论或有别于其他学科研究方法论的一种特殊的方法论吗？为此，我曾诚惶诚恐。10 多年来，为免误人子弟，我搜罗研读了一大批经济学方法论方面的论著，包括马克·布劳格的《经济学方法论》、约瑟夫·熊彼特的《经济分析史》、丹尼·罗德里克的《经济学规则》、林毅夫的《论经济学方法》，甚至超越经济学跨界阅读了李怀祖先生的《管理研究方法论》、梁启超先生的《中国历史研究法》、钱穆先生的《中国历史研究法》、李剑鸣教授的《历史学家的修养与技艺》、梁慧星先生的《法学学位论文写作方法》、胡采先生的《从生活到艺术》、王汶石先生的《亦云集》、路遥先生的《早晨从中午开始》、陈忠实先生的《寻找属于自己的句子》以及王立军先生的《数学研究方法论》等。

　　当读到新文化运动领袖、著名学者胡适先生关于治学的一段话——"所有的学问，做学问的动机是一样的，目标是一样的，所以方法也是一样的。不但是现在如此；我们研究西方的科学思想，科学发展的历史，再看看中国二千五百年来凡是合于科学方法的种种思想家的历史，知道古今中外凡是在做学问做研究上有成绩的人，他的方法都是一样的。"① ——始豁然开朗，心情才慢慢平复下来。世界上没有特殊的所谓金融研究的方法论，有的只是金融研究方法论应该具有自己鲜明的研究内容上的特色。于是，我开始将传统治学方法和金融研究问题结合起来进行金融研究方法论的探索。这本书子便是我10多年来讲授"金融研究方法论"课程的结晶。

在这本书中，我着重想说明两个方面的问题：金融研究过程和金融论文写作，并且特别强调前者是后者的基础。金融研究过程包括选题、材料积累、主题和创新点的提炼、结构的形成等，没有金融研究过程的艰难探索且取得有别于他人的富有创新性的研究成果，要从事金融论文写作肯定是困难的甚至是会失败的。此外，金融研究过程的任务是"形成"创新；金融论文写作的任务是"再现"创新。我特别强调了金融研究者应该具有厚实的文史哲知识背景。

在我看来，一切的经济学结论都是暂时的，唯有研究方法才是永恒的。正如胡适先生所言，古今中外所有的学者都使用相同或相似的方法研究自己所处时代面临的科学问题。同时，一切真正伟大的理论也是世界观和方法论，是人类认识和关照客观世界的工具。自然，做研究必须看重方法论，但不能唯方法论。

我国著名经济学家、中国人民大学经济学院方福前教授不辞辛劳通读了书稿，提出了宝贵的修改意见并撰写了热情洋溢的序言。对学位论文工作的重要性，经济学与金融学的关系，理论与实际的关系，中国经济学人历史、计量、理论和外语四个方面的素质要求

---

① 胡适：治学方法（三则）［M］//陈九平. 谈治学（上）. 北京：大众文艺出版社，2000：79。

等，都给予了精辟的说明，使本书增色良多。作者特表达崇高的敬意和衷心的谢忱！

本书在写作过程中，西安交通大学管理学院李怀祖教授，西安交通大学经济与金融学院院长孙早教授、党委书记宋丽颖教授，西安交通大学社会科学处处长贾毅华教授都给予了热情关怀和帮助；历届参加"金融研究方法论"学习的博士、硕士研究生反馈了许多有益的意见。在此一并表达衷心的感谢！

本书在出版过程中，中国金融出版社王效端主任、张菊香编辑给予了巨大帮助。王效端主任曾是我的两本专著《中国货币政策有效性研究》《寻找适合自己耕耘的土地》（均为中国金融出版社出版）的责任编辑并为《寻找适合自己耕耘的土地》撰写过热情洋溢的编辑序言，本书之出版，也得到王效端主任一如既往的热情支持；本书责任编辑张菊香不辞辛劳，多次邮件、电话、短信联系，对书稿提出了宝贵的修改完善意见。这里，谨对中国金融出版社领导和编辑表达崇高的敬意和诚挚的谢意！

笔者学力有限，书中缺点错误在所难免，欢迎读者批评指正。

最后，需要说明的是，本书由西安交通大学人文社会科学学术著作出版基金立项并资助出版。在此，对西安交通大学表达衷心的谢忱！

崔建军
2018 年 12 月 18 日
于西安交通大学

目 录

第一章 绪 论

万事开头难，每门科学都是如此。[①]

—— 马克思《资本论》

科学研究对象的区分，就是根据科学对象所具有的特殊的矛盾性。因此，对于某一现象的领域所特有的某一种矛盾的研究，就构成某一科学的对象。[②]

—— 毛泽东《矛盾论》

要想以几行文字准确地描述某一学科，划清它与别的学科的界限，并使初学者一目了然，这永远是很困难的。[③]

—— 萨缪尔森《经济学》

进入 21 世纪，人类经济生活的货币化、信用化、金融化程度日益加深。可是金融是什么呢？以金融实践活动及其规律作为研究对象的金融理论又是什么呢？对此，普罗大众包括高等院校金融学专业的学生们未必完全不知道，却也未必完全清楚。为此，本章首先讨论金融理论和金融实践、金融研究过程与金融论文写作、金融研究方法论的地位和作用，以此作为考察金融研究逻辑的入手，也许比较容易些。

---

① 马克思. 资本论（第一卷）[M]. 北京：人民出版社，1975：7.
② 毛泽东. 毛泽东选集（第一卷）[M]. 北京：人民出版社，1991：309.
③ （美）萨缪尔森. 经济学（上卷）[M]. 北京：商务印书馆，1979：5.

一、金融理论和金融实践

（一）金融理论

关于金融概念，我国金融学术界主要有五种权威的解释。

1. "金融通常被理解为货币或货币资金余缺的融通、调剂活动的总体。作为一个经济范畴，其内涵可表述为：经济生活中所有货币资产借贷、买卖等活动以及在信用基础上组织起来的货币流通这两个不可分割部分的集合。"①

2. "金融可以理解为凡是既涉及货币，又涉及信用的所有经济关系和交易行为的集合。"②

3. "金融可以理解为：凡是既涉及货币，又涉及信用，以及以货币与信用结合为一体的形式生成、运作的所有交易行为的集合；换一个角度，也可以理解为，凡是涉及货币供给、银行与非银行信用，以及证券交易为操作特征的投资、商业保险以及以类似形式进行运作的所有交易行为的集合。"③

4. "金融是货币流通和信用活动以及与之相关的经济活动的总称。可以概括为货币资金和货币信用的融通。它包括货币的发行与回笼，存款的吸收与付出，贷款的发放与收回，银根、外汇的买卖、有价证券的发行认购与转让买卖，保险、信托、国内国际的货币结算等。"④

5. 斯蒂芬·A. 罗斯（Stephen A. Ross）为《新帕尔格雷夫经济学大辞典》撰写的"金融"词条中对金融的解释是："金融以其不同的中心点和方法论而成为经济学的一个分支。其基本的中心点是资本市场的经营、资本资产的供给和定价。其方法论是使用相近的替代物给金融契约和工具定价。对那些有时间连续特点和收益取决于解决不确定性的价值工具来说，这一方法论很适用。"⑤

---

① 中国大百科全书：财政税收金融价格卷 [M]. 北京：中国大百科全书出版社，1993：18.
② 黄达. 与货币银行学结缘六十年 [M]. 北京：中国金融出版社，2010：339.
③ 黄达. 金融——词义、学科、形势、方法及其他 [M]. 北京：中国金融出版社，2001：44.
④ 黄达，刘鸿儒，张肖. 中国金融百科全书（上）[M]. 北京：经济管理出版社，1990：198.
⑤ （美）杜尔劳夫，布卢姆. 新帕尔格雷夫经济学大辞典（第二卷）：E－J [M]. 北京：经济科学出版社，1996：345.

就五种权威解释看，中国学术界共同的表述是：金融是特定领域的实践活动，其共同的一点是金融范畴的内涵越来越丰富，金融活动面在不断拓宽。西方的权威表述中既有金融实践活动的内容（主要是资本市场），同时又认为金融是经济学科的一个分支，并且提到了金融学科的方法论，即使用相近的替代物给金融契约和工具定价。因此，我国学术界对金融活动内涵的界定比西方宽泛，但缺乏学科和方法论方面的内容界定。

不管对金融如何表述，它实质上代表人类经济活动的价值方面。[①]

自然，金融同时是一门学科，它是应用经济学的一个分支（尽管我国学术界在"金融"词条中没有给予清晰界定）。

什么是理论？传统的解释是：理论是"对自然界、人类社会的系统化的见解和主张"。[②] 我国著名教育家匡亚明先生认为："理论是对于客观事物的（自然的、社会的、思维的）本质的、条理化的、用文字表达的认识。"[③] 经济学家林毅夫认为："理论是用来解释现象的一套简单逻辑体系。"[④]

弄懂了金融和理论，再了解金融理论就相对容易得多。所谓金融理论，大而言之，就是人类积累起来的、成系统的金融知识体系。金融理论源远流长，自古希腊色诺芬、柏拉图、亚里士多德以来，人类金融理论知识的积累已有两千多年的历史；[⑤] 从 1776 年亚当·斯密出版《国富论》（此书在西方被公认为是经济学的开山之作）至今已有 242 年的历史；而"货币银行学"（金融学）作为一门独立的学科登上历史舞台也已上百年。[⑥] 至于经济学与金融学的演进，我们将在第二章专门进行讨论。

---

① 在中国金融学界，曾存在"本土派"和"海归派"关于金融范畴的不同理解的激烈论争。这种论争对金融学科建设无疑具有作用。但如果对金融学科最基本的金融范畴达不成一致意见，仍然纠缠于"金融"和"Finance"的区别，这不仅无助于金融学的进步，也会影响青年金融学子对自己所学专业的看法。

② 新华词典编辑组. 新华词典 [M]. 北京：商务印书馆，1980：508.

③ 匡亚明. 学然后知不足 [M] // 浙江日报编辑部. 学人论治学. 杭州：浙江文艺出版社，1983：124.

④ 林毅夫. 论经济学方法 [M]. 北京：北京大学出版社，2005：3.

⑤ 对此，可参阅约瑟夫·熊彼特. 经济分析史（第一、二、三卷）[M]. 北京：商务印书馆，1991、1992、1994；同时可参阅萨缪尔森. 经济学（下册）[M]. 北京：商务印书馆，1982：361. 从公元前 350 年的亚里士多德到今天至少已有 2400 多年的历史了。

⑥ 黄达. 与货币银行学结缘六十年 [M]. 北京：中国金融出版社，2010：242.

（二）金融实践

较之于相对稳定的金融理论，金融实践则要丰富多彩得多。货币流通、商业银行存贷款、股票和债券的直接融资，汇兑和结算等商业银行中间业务的开展，信托、保险甚至金融危机的全球蔓延，金融风险的国际传染，都属于金融实践活动的范畴。

大而言之，人类的金融实践可分为三大类：

1. 人类过去的金融实践。它表现为金融史。

2. 人类过去的已有的金融认识成果。它表现为金融学说史（已有的金融理论是人类认识金融实践活动及其规律的劳动成果，是主观见之于客观的东西，也是金融研究实践的重要组成部分之一）。

3. 人类正在进行的金融实践。它表现为人类每时每刻的金融行为。

人类金融实践活动川流不息，千姿百态，数不胜数。诚如至圣先师孔子在川上的感叹："逝者如斯夫，不舍昼夜。"这里不一一列举了。

（三）金融理论与金融实践的关系："矢"与"的"

金融理论与金融实践之间存在着密切的关系。

一方面，金融理论来源于金融实践、高于金融实践并可以指导金融实践活动。另一方面，作为金融研究对象的金融实践制约着金融理论的发展。没有金融实践，便产生不了相应的金融理论。同时，金融实践又是检验金融理论是否具有真理性的客观标准。符合金融实践活动规律、能够解释金融实践、指导金融实践活动的金融理论即是正确的金融理论；不符合金融实践活动规律、不能解释金融实践和指导金融实践活动的金融理论则是错误的，至少是空洞的金融理论。

当然，实践标准既是绝对的，又是相对的。说实践标准既是绝对的是指检验理论和认识的真理性只有通过实践，此外再没有第二个同实践相提并论的标准。但实践本身是受历史条件制约的，总是一定历史条件下的实践。伴随历史条件的变化，实践经历着从低级阶段到高级阶段的发展。不同历史阶段上的实践对理论的检验程度不同。因此，不同历史阶段上的实践作为检验理论真理性的标准又是相对的。在一定历史阶段上被证明为真理性的理论，到了新的历史阶段可能就不完全正确了，而原来没有被证实为具有真理性的理论在新的历史阶段反而可能被证实为具有真理性。

毛泽东曾形象地将理论与实践的关系比作"矢"与"的"的关系。他说："'的'就是中国革命，'矢'就是马克思列宁主义。我们中国共产党人所以要找这根'矢'，就是为了要射中国革命和东方革命这个'的'的。"①

金融理论和金融实践既有密切联系，但又有区别。

（1）金融理论是比较纯粹的和抽象的；金融实践却是繁复的，丰富多彩的。

（2）金融理论是相对稳定的；金融实践却是经常变化的。

了解金融理论、金融实践以及金融理论和金融实践的关系，对于从事金融研究和金融论文写作是有很大帮助的。

理论的世界是由范畴、体系与理论模型等构成的；客观的金融现实世界则表现为人类的各种金融活动。理论本身不是真理，而是认识真理的工具与方法；客观的金融现实世界则是金融认识的对象。

二、金融研究过程与金融论文写作

（一）金融研究过程

金融研究过程是金融研究主体依据金融认识中介认识金融客体及其规律的探索过程。

金融研究过程涉及三个要素，即金融研究主体、金融认识中介和金融客体。

金融研究主体是掌握了一定金融理论的人；金融认识中介是指金融理论知识体系；金融客体就是金融研究对象，即人们的金融实践活动和作为金融实践活动总结的理论成果。简言之，金融研究过程涉及研究者、研究工具和研究对象三个要素。需要说明的是，研究对象既包括客观金融现象，也包括

---

① 毛泽东. 毛泽东选集（第三卷）[M]. 新2版. 北京：人民出版社，1991：801.

金融理论本身。前者是对金融实体的研究，是"本体论"；后者是对已有金融理论的研究，可谓之"再研究""研究之研究"，是"认识论"。

金融研究过程可简要图示，见图1-1。

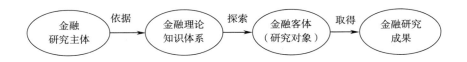

图1-1　金融研究过程

金融研究过程的构成要素包括选题、材料积累、主题与创新点的提炼、结构与语言、理论模型、论证方法等。对此，本书将分章（第五、第六、第七、第八、第九、第十章）专门论述。

（二）金融论文写作

就实质而言，金融论文写作是金融研究成果的"再现"过程。

严格地说，作为文字表述的金融论文写作，只是金融研究过程的最后阶段，是金融研究成果的终极表述，它不能离开前期的金融研究工作而独立进行，也没有不做研究而专攻论文写作的金融学者。

马克思说："研究必须充分地占有材料，分析它的各种形式，探寻这些形式的内在联系。只有这项工作完成之后，现实的运动才能适当地叙述出来"。①这清楚地表明，只有完成金融研究过程并取得了有价值的研究成果之后，才能从事金融研究论文的写作。

金融研究论文的一般结构包括绪论、文献综述、理论模型与经验实证、研究结论与参考文献等。对此，本书将分章（第十二、十三章）专门论述。

（三）金融研究过程与金融论文写作的关系："源"与"流"

金融研究过程与金融论文写作的关系是"源"与"流"的关系。具体而

---

① 马克思. 资本论（第一卷）[M]. 北京：人民出版社，1975：23.

言，这种"源"与"流"的关系体现在以下方面。

1. 金融研究过程决定金融论文写作。就内在逻辑关系而言，金融研究过程是"因"，金融论文写作是"果"。没有"因"，就不应该、也不可能有"果"。没有艰苦的金融研究过程并取得有价值的研究成果，就没有资格从事金融论文写作。即使硬要写作，也难逃失败的命运。现在，我国学术界有一种不正常现象是：读的书不多，出的书不少；读的论文不多，发表的论文不少。此现象好比是在沙滩上建高楼，必然会根基不稳。

2. 先有金融研究过程，而后才有金融论文写作。就时间顺序而言，金融科学研究包括两个前后相互联系、密不可分的环节，即金融研究过程与金融论文写作。其工作程序是先有金融研究过程，而后才有金融论文写作。

3. 研究过程要"钻进去"，论文写作要"走出来"。研究过程是"投入"的过程，论文写作是"产出"的过程；没有投入就没有产出，这是经济学常识。研究过程要"钻进去"，论文写作要"走出来"。金融研究过程要深入研究对象的"内部"，挖掘其"本质"；金融论文写作要从"内部"和"本质"中浮出水面，将自己的研究成果完美地"再现"出来。

三、金融研究方法论的地位与作用

（一）金融研究方法论的地位

金融研究方法是金融研究者利用金融认识中介，作用于金融研究对象，取得金融研究成果的方式和途径。金融研究方法论则是对金融研究方法的哲学反思。

金融研究方法论在金融学科建设中具有重要的地位。它是金融学科体系的有机组成部分之一。

我国甚至在全球范围内，金融学科相对于其他学科，在体系建设方面是相对落后的。一个简单的事实是：我们目前尚没有建立起像历史学科那样由"历史学的本体论""历史学的认识论""历史学的方法论"那样结构完整、逻辑严谨的"金融学的本体论""金融学的认识论"和"金融学的方法论"那样博大精深的金融学科体系。我国甚至全球金融学的学科建设仍然缺乏

"金融学的认识论"和"金融学的方法论"这两个金融理论体系和金融学科体系当中不可缺失的"板块"。

（二）金融研究方法论的作用

学习金融研究方法论，具有以下作用。

1. 提高效率，节约成本。熊彼特曾批评不看重方法的人有一种借口："凡是我们走路达不到的任何地方，火车也无法把我们运送到那里去。"① 有方法、有工具而不使用显然是不明智的。虽然，有些经济学家没有经济学方法论方面的专门著作，但他们绝不是不用方法。"亚当·斯密没有讨论过经济研究的正确方法问题；但他的观点可以从他对问题的研究的过程中抓到。"②

2. 掌握规范，避免错误。货币金融理论百年来的演进历史，已形成宏观金融理论和微观金融理论两大学术体系与相应的方法论。学习金融研究方法，掌握必要的学术规范，可以避免犯金融研究方法方面的常识性错误，少走弯路。熊彼特曾经明言："在大部分情况下，从事科学工作的能力是不能从公认的专家传授以外的任何来源获得的；如果能够的话，也必然是具有非凡的创造性与毅力的人。"③ 他进一步说："任何初学者只要遵循他所受到的劝告并从事指定给他的工作，都可以获得有关事实的知识；抓住问题，掌握方法，可以节省很多精力，以便腾出大部分力量去开拓他老师力所能及的边界以外的地方。"④ 熊彼特是经济学说史上仅有的几个经济学巨人之一。连他这样的经济学巨人也非常看重方法论的学习与研究，值得我们深思。

3. 攀登高峰，获取自由。诚然，正像一个人不参加游泳训练也可以在游泳池中无师自通地学会游泳一样，一个人不学习金融研究方法论，也可以开展金融研究。但是，只在游泳池中游泳，无论如何不可能成为游泳比赛的世界冠军。"即使是大师巨匠，也要经过自我的或制度性的专业训练，在掌握了

① （美）熊彼特. 从马克思到凯恩斯十大经济学家［M］. 北京：商务印书馆，1965：99.

② （英）约翰·内维尔·凯恩斯. 政治经济学的范围与方法［M］. 北京：华夏出版社，2001：6.

③ （美）约瑟夫·熊彼特. 经济分析史（第一卷）［M］. 北京：商务印书馆，1991：78.

④ （美）约瑟夫·熊彼特. 经济分析史（第一卷）［M］. 北京：商务印书馆，1991：79.

一定的方法、技巧和规范之后，方能步入自由创造的境界。"① 因此，对金融研究方法论的学习和研究，无疑有助于我们金融研究工作的开展。

当然，"最好的状况是，学过研究方法论而最后抛开方法论，论文写作中找不出刻意运用的痕迹"。② 这自然是达到了孔圣人所谓的"从心所欲，不逾矩"的至高境界了。

四、本书的框架结构与特点

（一）本书的框架结构

本书的框架结构分为五个部分：绪论、基础论、金融研究方法论、金融写作方法论、结论。具体内容如下。

第一部分绪论，主要探讨金融理论与金融实践的关系、金融研究过程与金融论文写作的关系、金融研究方法论的地位与作用等，为探讨金融研究方法和金融论文写作奠定必要的宏观理论基础。

第二部分基础论，是对研究方法论和写作方法论的哲学反思。本部分着重探讨研究者的基本素质要求，经济学基础；金融学基础；作为经济学、金融学基础的基础，也就是文、史、哲、经、管、外语等文化背景。

第三部分研究方法论，主要探讨金融研究过程，包括选题、材料的搜集与整理、主题与创新点的提炼、理论模型、实证分析、结构与语言等。

第四部分写作方法论，主要探讨金融论文写作的方法与规律，包括金融研究论文的摘要、绪论、文献综述、研究结论以及论文评价等。

第五部分结束语，总结全书，归纳金融研究的逻辑，也是对经济学方法论的哲学反思。

本书的框架结构可简明图示，见图 1 - 2。

（二）本书的特点

本书的特点体现在三个方面，主要是：

① 李剑鸣. 历史学家的修养与技艺 [M]. 上海：上海三联书店，2007：7.
② 李怀祖. 管理研究方法论 [M]. 西安：西安交通大学出版社，2000：2.

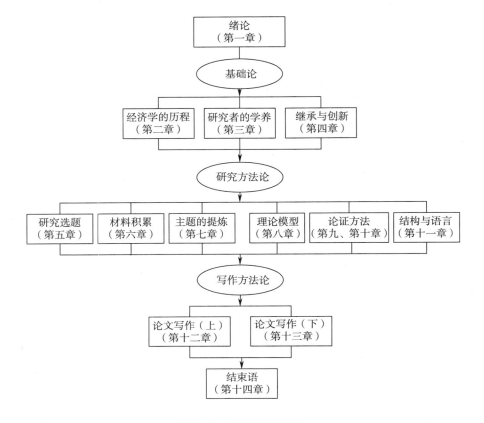

图 1 - 2　本书的框架结构

1. 紧密结合金融学科实际。学者胡适先生指出："所有的学问，做学问的动机是一样的，目标是一样的，所以方法也是一样的。不但是现在如此；我们研究西方的科学思想、科学发展的历史，再看看中国二千五百年来凡是合于科学方法的种种思想家的历史，知道古今中外凡是在做学问做研究上有成绩的人，他的方法都是一样的。"①　由此，研究方法论对于人文社会科学甚至包括自然科学大致是一样的。因为一切的科学研究都要发现问题、分析问题和解决问题。有所区别者，只是不同的学科各自面对的研究对象不同，研究问题不同。金融研究方法论必须密切结合金融学科和金融研究问题而展开。本书对此做了力所能及的努力。

---

① 胡适．治学方法（三则）［M］//陈九平．谈治学（上）．北京：大众文艺出版社，2000：79.

2. 针对性强。本书中援引的实例，绝大部分来自复旦大学、浙江大学、南京大学、西安交通大学、厦门大学、中山大学、武汉大学、山东大学、西北大学、陕西师范大学、西南财经大学、河南大学等高校的硕士、博士论文评阅与答辩。因而针对性较强，对硕士、博士学位论文写作或许会有所帮助。

3. 重点突出。金融研究方法寓于金融研究过程与金融论文写作之中。脱离金融研究过程和金融论文写作的所谓金融研究方法是不存在的。本书抓住了金融研究过程中的两个关键因素，即金融研究过程和金融论文写作并围绕这两个因素展开，比较详尽地分析了金融研究过程和金融论文写作中所遇到的种种问题，并提供了可供参考的答案。

本章小结

1. 金融理论是人类积累起来的、成系统的金融知识体系。换言之，金融理论是由金融范畴所编织起来的逻辑体系。金融实践是人类金融活动的总称。货币流通，商业银行存贷款，股票和债券的直接融资，汇兑和结算等商业银行中间业务的开展，信托、保险甚至金融危机的全球蔓延，金融风险的国际传染，都是金融实践活动的范畴。金融理论与金融实践的关系是"矢"与"的"的关系。

2. 金融研究过程是金融研究主体依据金融认识中介认识金融客体及其规律的探索过程。金融研究过程涉及三个要素：金融研究主体、金融认识中介和金融客体。金融论文写作是金融研究成果的"再现"过程。金融研究过程与金融论文写作是"源"与"流"的关系。

3. 金融研究方法论的作用体现在三个方面：提高效率，节约成本；掌握规范，避免错误；攀登高峰，获取自由。

第二章 经济学的历程

创立一种新的理论不同于毁掉一个旧仓库，并在原地建立起一座摩天大楼。它倒像爬一座山：你会不断获得新的更为广阔的视野，不断发现我们的出发点与其丰富多彩的环境之间新的联系。但我们的出发点依然存在，依然看得见，尽管它变得越来越小，成为我们征程中踏平坎坷之后所获得的广阔视野中的一个渺小的部分。①

——布赖恩·斯诺登、霍华德·文、彼得·温纳齐克

本章在第一章绪论的基础上，简要介绍经济学的演进历程、金融学的演进以及经济学、金融学在中国的传播和发展，揭示金融学的特征，为探讨金融研究的逻辑提供相对宏阔的经济金融理论背景。

一、经济学的演进

古希腊之后的漫长历史中，人类文明尚处于童年时期，科学的发展全部包容在作为百科之王的哲学中。1776 年，亚当·斯密出版《国民财富的性质和原因的研究》（简称《国富论》）之后，经济学才开始从哲学中逐步分离出来，成为一门相对独立的学科。

对于西方经济学说的演进历程，国内外学术界有各种不同的看法。北京大学胡代光教授有"六次革命"说。他认为亚当·斯密经济学说的产生是经

---

① （英）布赖恩·斯诺登，霍华德·文，彼得·温纳齐克. 现代宏观经济学指南——各思想流派比较研究引论［M］. 苏剑、朱泱、宋国兴、苏英姿译. 北京：商务印书馆，1998：493.

济学说史上的第一次革命；19 世纪 70 年代以后出现的边际主义革命是经济学说史上的第二次革命；20 世纪 30 年代出现的凯恩斯革命是经济学说史上的第三次革命；货币学派的产生成为经济学说史上的第四次革命；20 世纪 60 年代出现的斯拉法革命是经济学说史上的第五次革命；理性预期派的挑战是经济学说史上的第六次革命。[1]

时任中国社会科学院助理研究员樊纲认为，经济学说史上真正称为形成体系的只有三家：由卡尔·马克思创立的马克思主义经济学；由列昂·瓦尔拉斯开创的新古典主义经济学和约翰·梅纳德·凯恩斯创立的凯恩斯主义经济学。这是三个重要的、相互对峙、相互竞争的理论体系。[2] 杭州大学张旭昆、蒋自强教授曾提出经济学演进的"三次革命、三次综合"：亚当·斯密革命和约翰·S. 穆勒综合；边际革命和马歇尔—魏克塞尔综合；凯恩斯革命和萨缪尔森综合。[3] 浙江大学叶航教授在张旭昆、蒋自强教授"三次革命、三次综合"的基础上，提出了第四次革命和第四次综合。[4] 黄锦奎则认为，经济学发展史上存在六次革命与三次大综合。六次革命是：古典经济学革命、边际主义革命、凯恩斯革命、货币主义革命、斯拉法革命、理性预期革命；三次大综合是：约翰·穆勒综合、马歇尔—魏克塞尔综合；萨缪尔森综合。[5]

此外，还有西方学者提出的所谓"发展经济学革命"。[6]《发展经济学革命》一书的作者们充分运用新制度经济学、新增长理论、公共选择理论、产权理论等现代经济理论，结合大量案例分析，提示了强调中央计划和政府干预为主导的传统发展经济学的致命缺陷，指出市场经济才是发展中国家经济发展政策的正确选择。其实，发展经济学只是欧美经济学家由于国内缺乏有

①　胡代光. 西方经济学说史上的六次革命［J］. 社会科学战线，1987（2）.
②　樊纲. 现代三大经济理论体系的比较与综合［M］. 上海：上海三联书店、上海人民出版社，1994：1.
③　蒋自强. 一条可供选择的研究途径——西方经济学演化模式初探［J］. 经济研究，1992（3）.
④　叶航. 超越新古典——经济学的第四次革命和第四次综合［J］. 南方经济，2015（8）.
⑤　黄锦奎. 经济学发展史的六次革命与三次大综合——新经济学革命与大科学体系经济学（二）［J］生产力研究，2012（8）.
⑥　（美）詹姆斯·A. 道（James A. Dorn），（美）史迪夫·H. 汉科（Steve H. Hanke），（英）阿兰·A. 瓦尔特斯（Alan A. Walters）. 发展经济学的革命［M］. 上海：上海三联书店、上海人民出版社，2000.

价值的研究现象，而把目光投向发展中国家，用西方发达国家经济学研究发展中国家经济问题的一种尝试，并没有取得突破性成果，所谓"发展经济学"还谈不上"革命"的问题。

在《经济学百年》一书中，中国人民大学李义平教授将货币主义和供给学派视为对凯恩斯主义负面影响的理论研究，笔者认为完全符合事实；在《西方经济学说的演变及其影响》一书的"序"中，胡代光教授指出：据美国经济学家保罗·戴维森（Paul Davidson）的论断，现代宏观经济理论已沿着四个或五个不同的分析上、哲学上和政治上的路线而发展，以凯恩斯理论（或凯恩斯学派）为中心，向左右两方面变化而形成了中左的新凯恩斯学派（首领为罗宾逊夫人、卡尔多、帕西内蒂、斯拉法等），极左的社会主义的——激进的学派（代表人物为加尔布雷思和激进经济学者），中右的新古典综合派（代表人物为萨缪尔森、索罗、托宾等），极右的货币主义——新古典学派（首领为米尔顿·弗里德曼）。① 保罗·戴维森的论断实际上强调了凯恩斯经济学的基础地位。胡代光教授之所以引述保罗·戴维森的论断也清楚表明，胡代光教授认同其论断。

通过上述李义平教授只将货币主义和供给学派视为对凯恩斯主义负面影响的理论研究，以及胡代光教授依据美国经济学家保罗·戴维森的观点对凯恩斯革命后西方经济学的演进现状的描述，可以看出，货币主义、理性预期尚算不上革命，只构成对凯恩斯革命负面影响的批判。这里，仅依据张旭昆、蒋自强教授的"三次革命、三次综合"之说，简要介绍西方经济学的演进历程。

（一）经济学的"第一次革命"和"第一次综合"

近现代经济学的第一次革命，以亚当·斯密的《国富论》（1776）为标志，突破了自古希腊和中世纪以来只注重财富管理分析的前古典经济学研究范式，确立了以财富生产分析为主要目的的古典经济学研究范式。近现代经济学的第一次综合，以约翰·穆勒的《政治经济学原理及其在社会哲学上的

---

① 胡代光. 西方经济学说的演变及其影响 [M]. 北京：北京大学出版社，1998：2.

应用》（1848）为标志，对前古典经济学与古典经济学的研究范式进行了理论综合，把财富的管理和财富的生产整合为一个统一的分析框架，使之成为经济学并行不悖、相互补充的两大研究范式。

（二）经济学的"第二次革命"和"第二次综合"

近现代经济学的第二次革命就是"边际革命"，其标志性的人物和代表作分别包括赫尔曼·戈森的《人类交换规律与人类行为准则的发展》（1854）、卡尔·门格尔的《国民经济学原理》（1871）、利昂·瓦尔拉斯的《纯粹经济学要义》（1874）和威廉·斯坦利·杰文斯的《政治经济学理论》（1879）。"边际革命"突破了古典经济学此前以生产投入（包括劳动投入）作为分析对象的客观价值理论，提出了以人的心理因素作为分析对象的主观价值理论，即边际效用理论。如果说亚当·斯密的价值理论是生产者的价值理论，那么，边际效用理论则是消费者的价值理论。边际效用理论转移了价值理论的分析方向。

近现代经济学的第二次综合是新古典经济学的创立，以阿尔弗雷德·马歇尔的《经济学原理》（1890）为标志，将古典经济学的客观价值论和边际革命的主观价值论整合为一个统一的分析框架。其中，古典经济学的要素投入理论被作为新古典经济学的生产（供给）理论，而边际革命学派的边际效用理论则作为新古典经济学的消费（需求）理论；并以供给函数（供给曲线）和消费函数（消费曲线）的形式，统一于以数学（微积分）形式表达的均衡价格理论中。

（三）经济学的"第三次革命"和"第三次综合"

现代经济学的第三次革命，以约翰·梅纳德·凯恩斯的《就业、利息和货币通论》（1936）为标志，被世人称为"凯恩斯革命"（1950 年由克莱因命名）。凯恩斯革命突破了新古典经济学将经济分析的基点立足于个人与厂商的微观分析范式，第一次确立了以国民经济作为一个整体对象的宏观分析范式。这一范式的革命与转换，是在资产阶级意识形态内部对亚当·斯密以来"自由放任"的古典资本主义制度以及马歇尔均衡价格理论的深刻反思与批判，并由此开创了"国家干预"的现代资本主义制度。按照我国著名经济学家方福前教授介绍的观点，凯恩斯革命体现在三个方面，即经济理论上的革命、经济政策上的革命和经济学教科书的革命。① 这表明凯恩斯革命的影响是深刻的、空前的。

现代经济学的第三次综合，以保罗·萨缪尔森的《经济学分析基础》（1947）为标志，将新古典经济学的微观分析范式与凯恩斯主义的宏观分析范式整合为一个统一的分析框架。该理论以"充分就业"为界，把描述充分就业均衡状态的经济分析称为微观经济分析，把描述未能实现充分就业非均衡状态的经济分析称为宏观经济分析，从而创立了所谓的"新古典综合派"经济理论。以新古典综合派为代表的经济学理论体系，至今仍然是当代西方经济学的主流经济理论。

在近现代经济学的思想发展史上，曾经产生过三次大的"革命"与三次大的"综合"。其中，每一次"革命"都提出了与之前的经济学理论完全不同的研究范式，而每一次"综合"则把前后两种不同的研究范式统一在一个更大的理论框架中。这种以范式"革命"与范式"综合"交替形式出现的理论创新模式，事实上是科学发展的一般规律。就经济学而言，这种"革命"与"综合"的创新，既反映了人类经济历史不断前进的步伐，也反映了人类思想历史不断深化的过程。

当然，所谓"革命"与"综合"并不是完全对立的，"革命"是扬弃、是推陈出新，"革命"当中有继承，有创新；"综合"同样是一种难能可贵的继承创新。

1970 年诺贝尔经济学奖获得者萨缪尔森在其经典教科书《经济学》中有一张经济学的家谱图，比较准确地勾画了人类经济学两千多年的发展历程，历史和逻辑地再现了经济学演进的全貌，给人以非常清晰和鲜明的印象。②

就发展趋势而言，经济学的研究越来越专业化，分支越来越多，模型越

---

① 方福前，徐丽芳. 把握西方经济学的发展，促进西方经济学"中国化"[J]. 学术月刊，2007（10）.

② （美）萨缪尔森. 经济学（下册）[M]. 北京：商务印书馆，1982：361.

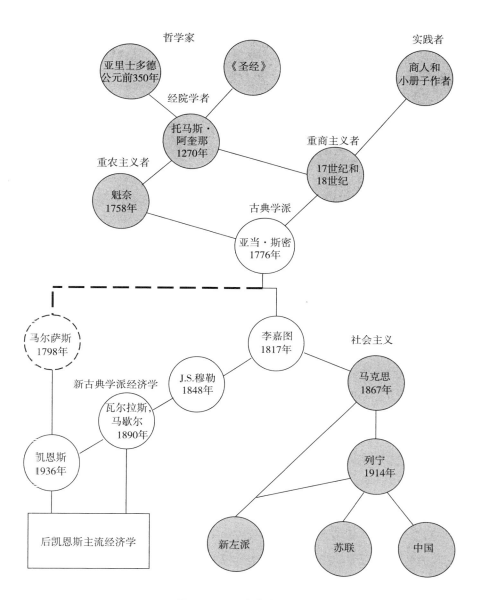

图 2-1 经济学的家谱

来越复杂，与其他学科的交叉渗透也越来越多。由此，在一定意义上可以说，经济学进入了纷纭的"战国时代"。

如果说，萨缪尔森的经济学家谱采用历史方法和逻辑方法对经济学的演进历程给予了清晰的描述，那么，中国人民大学方福前教授根据核心概念、研究主题和结论对当代西方经济学主要流派的归纳，则是对西方经济学现状的"横断面"剖析。①

表 2 - 1　　　　　不同经济学流派的核心概念、研究主题和结论

流派	核心概念	研究主题	结论
古典学派	理性人 无差异曲线 消费者均衡 一般均衡（市场出清） 需求曲线 供给曲线 瓦尔拉斯拍卖人 帕累托效率 完全竞争 外部性	消费者选择 交易 生产 市场结构 一般均衡和福利（效率） 资本理论 特性分析 空间经济学 风险和不确定性	消费者均衡条件； 生产者均衡条件； 一般均衡条件； 如果市场都是出清的，那么商品的边际替代率等于要素的边际替代率； 在一般均衡条件下不存在生产要素的非自愿失业； 不可能性定理
凯恩斯主义	边际消费（储蓄）倾向 资本边际效率 消费函数 乘数 对货币的投机需求 流动性陷阱 总需求	充分就业 总需求 非自愿失业 投资的社会化	非充分就业均衡； 私人自发支出会造成有效需求不足； 产品市场和货币市场一般均衡； 就业量和国民收入由消费倾向、资本边际效率、流动偏好和货币数量决定
货币主义	均衡：一般均衡 瓦尔拉斯拍卖人 帕累托效率 完全竞争 货币数量论 自然失业率 适应性预期	通货膨胀 货币供给 市场出清 预期 理性人 经济周期的货币理论	通货膨胀是一种货币现象； 资本主义市场经济是内在稳定的； 货币数量变化对（名义的和实际的）国民收入的影响在短期和长期是不同的； 货币政策时滞

---

① 方福前. 当代西方经济学主要流派（第二版）［M］. 北京：中国人民大学出版社，2014：6 - 8.

流派	核心概念	研究主题	结论
奥地利学派	需要 物品 经济物品 使用价值 机会成本 资本和时间 交换 商品 市场 交易费用 交易媒介	理性人 （技艺和环境的）知识 资本（异质的）和时间 （不可逆） 过程（手段），而不是结果 （目的）或均衡状态 个人通过市场相互作用 货币、信用和经济周期 计划和福利	经济活动不是决定性的； 未来是不能被预测的； 货币是一种无意识的产物 （是一种社会制度）； 集中计划不优于市场过程； 知识的增长是经济进步的主要原因； 福利不等于健康
后凯恩斯主义	有效需求 收入分配 均衡是历史时间中的稳定利息率，是货币现象 生产的货币理论 不确定性 习惯	货币与生产经济 有效需求原理 总需求和总供给 经济周期（短期动态学） 经济增长（长期动态学） 产业结构和定价行为 生产要素 货币 政策	可以通过微观和宏观经济学，以及现代的制度演化来解释滞胀； 资本主义经济是内在不稳定的（周期性波动），通常在小于充分就业状态下运行，有内在的通货膨胀趋势——由于争夺收入分配份额
制度（演化）学派	习惯 权利关系 价值体系和伦理行为	社会变革，（人为的）制度变迁的过程，及其对经济绩效的影响 社会控制和集体选择 政府的经济作用 技术—创造力—发明—创新 作为资源配置和收入分配的主要决定因素的组织—制度和权力结构 价值概念	例如，大公司不一定总是剥削消费者，但是它们的计划过程经常抑制了个人的创造力

流派	核心概念	研究主题	结论
马克思主义	阶级 价值（使用价值和交换价值） 剩余价值 利润 财富 福利 资本（不变资本和可变资本） 产出 资本的有机构成 剥削率 商品（资本主义的细胞） 生产 竞争 最低生活费用 资本主义发展的不同阶段	劳动价值论 剥削理论 转形理论（价值如何转化为生产价格，剩余价值如何转化为平均利润） 收入分配的阶级分析 资本家全体和工人全体之间的斗争 两部门增长模型 马克思关于资本主义未来的预言 国家在维护资本主义制度方面的作用	例如，斯蒂德曼认为，生产的物质条件、实际工资和资本家积累的需要共同决定利润率、产品价格和劳动的社会配置

二、金融学的演进

20 世纪初期，货币银行学（金融学）作为一门独立的科学从经济学中分离出来之后，由于生存空间的扩大，货币金融理论取得了突飞猛进的发展。货币金融理论百年来的演进历史，大致可划分为两个时期、两种思潮。

两个时期的前期（20 世纪初至 1951 年），主要是宏观金融理论的勃兴；后期（1952 年至今），金融理论研究主要转向微观金融领域。

对于两种学术思潮，我国金融学术界归纳为"经济学院模式"的金融学理论（代表作为米什金的"The Economics of Money，Banking and Markets"）

和"商学院模式"的金融学理论（代表作为博迪和默顿的"Finance"）①；有的学者简单地称为"货币经济学"与"金融经济学"②、"宏观金融学"与"微观金融学"③，莫顿·米勒则谓之为"经济系方法"与"商学院方法"的分野④。

宏观金融理论的发展，主要是凯恩斯主义货币理论的繁荣。其主要内容是货币理论，其落脚点是货币政策（还包括作为两大需求管理政策之一的财政政策），其研究视角是基于政府对经济运行和金融业的宏观调控。

近百年来，宏观金融研究取得了巨大的成就。主要表现在货币理论与货币政策方面。具体情况如下。

凯恩斯（1936）开创了货币政策研究的先河。⑤ 希克斯（Hicks，1937）首创、汉森（H. Hansen，1949，1951，1953）等人完善的 IS – LM 模型丰富完善了凯恩斯主义货币政策理论并成为西方宏观经济学的标准分析工具。⑥汉森（H. Hansen，1941）提出了货币政策有效性的非对称性原理。⑦ 菲利普斯（Phillips，1958）根据英国近百年的历史资料，用曲线反映了英国货币工资变动与失业之间存在的一种稳定的负值关系，即原始的"失业—工资"的菲利普斯曲线。⑧

① 江其务. 货币银行学［M］. 西安：陕西人民出版社，2002：2.

② 比如清华大学宋逢明教授认为，国内传统的金融学科的内容主要包括货币银行学和国际金融，而西方把前者看作宏观经济学的一部分（货币经济学），后者则是国际经济学的一部分（国际经济学由国际贸易和国际金融两部分组成）。因此，国内传统的金融学专业，基本上是和西方国家的经济学科对口的。同时，宋逢明教授根据自己在西方学习和工作的经历，认为西方管理学门类下的金融学应包括公司财务（即企业金融）和资本市场（投资学）。麻省理工学院斯隆商学院把微观金融研究者直接称为金融经济学，而沃顿经济学院把它称为 Finance Theory。参见金融学科建设与发展战略研究［M］. 北京：高等教育出版社，2002：159 – 160、369. 诺贝尔经济学奖得主马柯维茨在接受采访时也公开讲："我的专业是金融经济学。"参见经济学消息报. 诺贝尔经济学奖得主专访录［M］. 北京：中国计划出版社，1995：120.

③ 余力，崔建军. 宏观金融学［M］. 西安：西安交通大学出版社，2003：4.

④ （美）默顿·米勒. 现代金融学的历史——一位目击者的叙述［J］. 经济导刊，2000（2）.

⑤ （英）凯恩斯. 就业、利息和货币通论［M］. 北京：商务印书馆，1983：323、325.

⑥ Hicks J. R. "Mr. Keynes and the 'Classics': A Suggested Interpretation". *Econometrica*，1937，5（2）：147 – 159.

Alivn H. Hansen. *Monetary Theory and Fiscal Policy*. New York：McGraw – Hill，1949.

Alivn H. Hansen. *Business Cycles and Nation Income*. New York：W. W. Nortion and Company，1951.

Alivn H. Hansen. *A Guide to Keynes*. New York：McGraw – Hill，1953.

⑦ Alivn H. Hansen. *Fiscal Policy and Business Cycles*. New York：W. W. Nortion and Company，1941.

⑧ Phillips A. W. The Relation between Unemployment and the Rate of Change of Money Wages in the United Kingdom 1861 – 1957. *Economics*，1958，283 – 299.

萨缪尔森（Samuelson）和索罗（Solow，1960）命名并完善了菲利普斯曲线，即标准的"失业—物价"菲利普斯曲线。[①] 在凯恩斯主义的巨大压力下，自由主义学派的代表人物弗里德曼（Friedman，1968）不得不承认货币政策的作用有三个，即防止货币本身成为经济波动的一个主要根源；为经济运行提供一个稳定的环境；有助于抵消经济体系中来自其他方面的主要波动。[②] 卢卡斯（Lucas，1973）、萨金特（Sargent）和华莱士（Wallace，1975）引入了政策无效性的命题（PIP），他们认为只有未预期到的货币政策才能影响宏观经济变量。[③]

在货币政策理论发展中，还有一个分支专注于研究货币政策国际协调的问题，并取得了令人惊叹的学术成就。

米德（Meade，1951）提出了内外均衡的思想，并指出在固定汇率制度下存在导致内部平衡目标和外部平衡目标的冲突即"米德冲突"。[④] 丁伯根（Tinbergen，1952）提出了要实现多个宏观经济目标，当局必须拥有等于或多于目标数的政策工具的"丁伯根法则"。[⑤] 斯旺（Swan，1955）提出了著名的"斯旺图示"，他以国内总支出和汇率水平构造了内外均衡研究的二维分析框架。[⑥] 特里芬（Teriffin，1960）提出了著名的揭示国际货币体系存在内在矛盾的"特里芬两难"。[⑦]

蒙代尔（Mundell，1960，1963）和弗莱明（Fleming，1962）提出了

[①] Samuelson P. A., Solow R. M. Analytical of Anti – inflation policy. *American Economics Review*, 1960, 50：177 – 194.

[②] Friedman M. The Role of Monetary Policy. *American Economic Review*, 1968, 58：1 – 17.

[③] Lucas Robert E. Expectations and Neutrality of Money. *Journal of Economic Theory*, 1973, 4：103 – 124.
Lucas Robert E. Some International Evidence on Output Inflation Tradeoffs. *American Economic Review*, 1973, 63（3）：326 – 334.
Sargent T. J., Wallace N. "Rational", the Expectations, the Optimal Monetary Instrument, and the Optimal Money Supply Rule. *Journal of Political Economy*, 1975, 83（2）：241 – 254.

[④] Meade J. E. The Theory of International Economic Policy. In *the Balance of Payments*. London：Oxford University Press, 1951.

[⑤] Tinbergen J. *On the Theory of Economic Policy*. North – Holland：Amsterdam, 1952.

[⑥] Trevor Swan. Non – traded Goods and the Balance of Payment. *Journal of Economic Literature*：1955, 462.

[⑦] Teriffin Robert. *Gold and the Dollar Crisis the Future of Convertibility*. New Haven：Yale Press, 1960.

IS－LM－BP 模型。作为早期对著名的 IS－LM 模型的扩展，IS－LM－BP 模型在产品市场和货币市场均衡分析的基础上，又引进了第三个均衡条件——国际收支均衡（*BP* 曲线）。[①] 蒙代尔（Mundell，1961）认为相关区域的要素是否流动，是该区域能否组成最优货币区的关键。他通过研究各个国家怎样能够处理好需求转移所带来的问题，为最优货币区理论的发展作出了重要贡献。[②] 克鲁格曼（Krugman，1999）在蒙代尔—弗莱明模型即 IS－LM－BP 模型的基础上，提出了"三元悖论"（Trilemma of the Exchange Rate Regime），又称克鲁格曼"不可能三角"（impossible triangle）。[③]

微观金融研究的主要进展是在宏观金融理论的基础上，成功地深入金融领域内部，开启了金融学研究的另一个方向即微观金融研究的新方向。

1952 年，马柯维茨在《金融学杂志》上发表了"资产组合选择"的著名论文。[④] 该论文后来被视为现代金融学的开端；它开启了金融学研究视角从宏观转向微观，从政府如何调控经济运行和管理金融到投资者（企业、家庭）如何理财的新的研究方向。之后，出现了威廉·夏普的资产定价模型（CAPM）、[⑤] 莫迪利安尼—米勒定理（MM 定理）、[⑥] 布莱克—斯科尔斯—默顿的期权定价公式[⑦]等。以 1991 年国际金融工程师协会的诞生为标志，出现了

---

① Mundell Robert A. "The Pure Theory of International Trade." *American Economic Review*, 1960, 50（1）: 67－110.

Mundell Robert A. "Capital Mobility and Stabilization Policy Under Fixed and Flexible Exchange Rate." *Canadian Journal of Economics and Political Science*, 1963, 29（4）: 475－485.

Fleming M. "Domestic Financial Policy Under Fixed and Under Floating Exchange Rates." In *IMF Staff Papers*, 1962（9）: 1－45.

② Mundell Robert A. "A Theory of Optimum Currency Areas". *American Economic Review*, 1961, 51（4）: 657－664.

③ Krugman Paul, The Return of Depression Economics ［J］. *Foreign Affairs*, 1999: 60－101.

④ Markowits. H., Portfolio Selection. *Journal of Finance*, 1952, （7）: 71－93.

Markowits. H., Portfolio Selection: Efficient Diversification of Investment. *New York*: *John Wiey & sons*, 1959.

⑤ William F. Sharpe. Capital Assets Prices: A Theory of Market Equilibrium Under Conditions of Risk ［J］. *Journal of Finance*, 1964, 19（3）: 425－442.

⑥ Modigliani and Miller. "The Cost of Capital, Corporatition Finance and the Theory of Investment." *The American Economic Review*. Vol. 48, No. 3（Jun., 1958）, pp. 261－297.

⑦ Fischer Black and Myron Scholes the Pricing of Options and Corporate Liabilities. *The Journal of Political Economy*, vol. 81. No. 3（May _ Jun., 1973）, pp. 637－654.

Robert C. Merton. Theory of Rational Option Pricing. *The Bell Journal of Economics and Management Science*, Vol. ，No. 1（Spring, 1973）, pp. 141－183.

相对成熟的金融工程学。1992 年，美国圣约翰大学教授马歇尔与助手班塞尔合著的《金融工程学》（*Financial Engneering*）的出版，标志着金融工程学科正式走向成熟。1997 年，瑞典皇家科学院将该年度诺贝尔经济学奖授予在金融工程领域有过杰出贡献的两位美国经济学家罗伯特·默顿（Robert C. Merton）和马龙·舒尔斯（Myron Scholes），将金融工程学推向新的热潮。

20 世纪 80 年代，行为金融学开始兴起。2002 年的诺贝尔经济学奖授予了行为金融学家美国普林斯顿大学的丹尼尔·卡拉曼教授和乔治梅森大学的弗农·史密斯教授，标志着行为金融学正式被主流经济学家所接受。不过，行为金融学与现代金融学并没有本质的区别，只是对同一研究对象（金融市场）采用了有差别的研究方法。行为金融学利用了投资者信念、偏好以及与决策相关的情感心理学、认知心理学和社会心理学的研究成果。微观金融学理论成就见表 2 - 2。

表 2 - 2　　　　　　　　　微观金融学理论成就一览

学者	理论
马柯维茨（1952）	"资产组合选择理论"
威廉·夏普	资产定价模型（CAPM）
莫迪利安尼、米勒	MM 定理
布莱克—斯科尔斯—默顿	期权定价公式
马歇尔、班塞尔	金融工程学（*Financial Engneering*）
丹尼尔·卡拉曼、弗农·史密斯	行为金融学

三、经济学在中国的传播

中国近现代经济学不是从中国古代传统经济思想中"内生"出来的，而是从西方"外在"地移植过来的。

经济学在中国的传播和发展，主要是两个方面：一是"走出去"（中国学子海外留学、学习西方的经济学及其文化）；二是"请进来"（中国学者大量译介西方之经济学的重要论著）。当然，"走出去"和"请进来"是交织进行、互相促进的。

（一）译介西方之经济学

中国学者大量译介西方经济学重要论著，在中国传播西方经济学，以我之愚见，影响最大的有五大里程碑事件：严复翻译《原富》；郭大力、王亚南翻译《资本论》；徐毓枏翻译《就业、利息和货币通论》；高鸿业翻译《经济学》；何畏、易家祥、朱泱、杨敬年、李宏、陈锡龄等人翻译《经济发展理论》《经济分析史》。

1. 严复翻译《原富》。1902 年（清光绪二十八年），严复（1853—1921）历时五年精心翻译的《原富》即古典经济学家的集大成者、英国经济学家亚当·斯密的名著《国民财富的性质和原因的研究》（*An Inquiry into the Nature and Causes of Wealth of Nations*，1776）由上海南洋公学译书院公开出版，这是近代中国出版业和经济学传播历史上的第一桩盛大事件。在近代西学东渐的大潮中，《原富》的翻译出版为亚当·斯密的古典经济学在中国的传播奠定了基础，一定程度上为屡试走自强富裕之路的近代中国提供了一种崭新的发展资本主义经济的思路以及经济、国家、文明的思想基础，其理论先驱地位不容忽视。梁启超称赞严复为"清季输入欧化之第一人"。①此评论可谓千古定论。当然，囿于其所处时代环境的局限，《原富》以文言文译出，"文笔太务渊雅"（梁启超语），因而流传范围仅限于读古书的士大夫阶层，一般人恐怕很难理解。当然，瑕不掩瑜，《原富》作为亚当·斯密著作的第一个中译本，严复作为中国近代最卓越的教育家、翻译家和启蒙思想家的崇高地位却无可动摇。

2. 郭大力、王亚南翻译《资本论》。郭大力（1905—1976）、王亚南（1901—1969）先生均为我国著名的马克思主义经济学家、著名教育家、翻译家。1938 年，郭大力、王亚南翻译的完整的三卷本《资本论》由上海读书生活出版社出版发行，开创了马克思主义经济学在中国传播的先河。为了翻译《资本论》，郭大力、王亚南还翻译出版了作为马克思经济学来源的英国古典经济学的经典著作即亚当·斯密的《国富论》（严复之后的著名重译本）、大卫·李嘉图的《政治经济学及赋税原理》等一系列西方经济学名著。他们为

---

① （英）亚当·斯密. 原富 [M]. 上海：商务印书馆，1981：iv.

西方经济学在中国的传播也作出了重大贡献。

3. 徐毓枬翻译《就业、利息和货币通论》。徐毓枬（1913—1958）是我国著名的经济学家、教育家、翻译家。他 1935 年毕业于清华大学经济系，后留学英国剑桥大学，1940 年获英国剑桥大学经济学博士学位，回国后执教于西南联大和清华大学，1952 年院系调整后任北京大学经济系教授。他是第一个获得剑桥大学经济学博士学位的中国人，亲耳聆听过凯恩斯、琼·罗宾逊的讲课。1949 年，他编写了一本《当代经济理论》（商务印书馆出版，1949 年 3 月初版，大学丛书）。这是当时唯一的一本用规范的西方经济学范式写作的教科书，书中对西方的经济理论，包括各个流派都做了一次梳理，这在西方经济学的传播上是具有划时代意义的，这部著作即便在现在读起来也毫不过时。更难能可贵的是，徐毓枬是中国最早的凯恩斯《就业、利息和货币通论》的翻译者。实际上早在 1948 年他的译稿已经完成，但由于时局动荡不安，时至 1957 年，生活·读书·新知三联书店才出版了他翻译的《就业、利息和货币通论》。该书后由商务印书馆出版，列入汉译名著丛书，直到今天该书还在出版发行。应该说，徐毓枬译本为中国经济学界学习当代最主流的凯恩斯经济学，作出了不可磨灭的贡献。①

4. 高鸿业翻译《经济学》。高鸿业（1921—2007）是我国著名的经济学家、教育家，中国人民大学教授，获美国科罗拉多大学经济学博士学位。1979 年、1980 年、1981 年，高鸿业教授独立翻译出版了萨缪尔森的《经济学》（第十版）。在改革开放初期，萨缪尔森《经济学》中译本的出版，对我国读者了解现代西方经济学发挥了巨大的积极作用。现在中国经济学界的风云人物应该都读过高鸿业先生翻译的萨缪尔森的《经济学》，说先生的翻译教育了整整一代中国经济学人应不为过。1988 年，高鸿业教授全面系统地介绍、

---

① 然而，令人百思不得其解的是，当代中国经济学界对徐毓枬先生的介绍文字却语焉不详，少得可怜：没有照片、没有籍贯、没有性别、没有家庭、没有儿女。徐毓枬先生曾先后担任清华大学、北京大学教授。但是，清华大学出版社出版的《老清华的社会科学》（钱颖一、李强主编，2011 年 12 月出版）一书对徐毓枬先生的介绍，也是寥寥千字，一笔带过；北京大学出版社出版的《百年华章——北京大学经济学院（系）100 周年纪念文集》（2012 年 5 月出版）中，也没有一篇单独纪念徐毓枬的文字，只有胡代光教授的文章《索怀往事感念多》一文中有一段话——早在 1956 年，北大就在国内最早开设了当代西方经济学课程，其时，首先担任这门学科教学和研究工作的是著名经济学家樊弘教授和徐毓枬教授。——提到过徐毓枬教授的名字。

评价现代西方经济学体系的系列论文《评萨缪尔森〈经济学〉》由中国人民大学出版社出版。这一专著在当时代表了国内系统研究和评论西方经济学的最高水平，对青年学子正确研读西方经济学产生了导向性的正面影响。

1999 年，高鸿业先生按照商务印书馆的要求，用标准的现代汉语重译了《就业、利息和货币通论》全书，并对书中许多疑难之处加了重要译注，为我国读者阅读《就业、利息和资本通论》提供了很大方便。2002 年，为了全面评价凯恩斯的《就业、利息和货币通论》，正确引导读者研读此书，高鸿业先生又撰写并出版了《一本拯救资本主义的名著：解读凯恩斯〈就业、利息和货币通论〉》。此书是国内学者对凯恩斯《就业、利息和资本通论》的权威解读，对凯恩斯经济学在中国的传播发挥了积极的作用。

5. 何畏、易家祥和朱泱等翻译《经济发展理论》《经济分析史》。约瑟夫·熊彼特是 20 世纪西方经济学界的著名人物，哈佛大学经济学教授，其经济学理论研究的巨大成就完全可以与凯恩斯经济学比肩而立，共争光辉。并且，约瑟夫·熊彼特可能是唯一的一位或为数不多的不依傍凯恩斯经济学而可以卓立西方经济学舞台中央的经济学家。1912 年，约瑟夫·熊彼特出版《经济发展理论》，书中首次提出的创新理论独树一帜，当时曾轰动西方经济学界，并且一直享有盛名；而其三大卷的《经济分析史》更以博大精深著称于世。1990 年，由何畏、易家祥等先生翻译的《经济发展理论》出版，在中国经济学界首次传播了熊彼特的创新理论。1991 年、1992 年、1994 年，约瑟夫·熊彼特的《经济分析史》相继由商务印书馆出版。其中，第一卷译者为朱泱、孙鸿敞、李宏、陈锡龄先生；第二卷译者为杨敬年先生；第三卷译者为朱泱、易梦虹、李宏、陈国庆、杨敬年、陈锡龄先生。《经济分析史》的出版是中国翻译家集体智慧的结晶，为中国经济学界研究经济思想史和经济学方法论打开了一扇大门。[①] 应该说，何畏、易家祥和朱泱、孙鸿敞、李宏、陈锡龄、杨敬年、易梦虹、陈国庆诸位先生为熊彼特经济学在中国的传播作出了巨大贡献。

在上述为西方之经济学在中国传播中作出重大贡献的卓越学者中，严复、

---

① 可惜的是，中国经济学界真正能够静下心来，认真阅读《经济分析史》的人恐怕为数寥寥。

郭大力、王亚南、高鸿业等诸位先生名满天下、誉满天下，受到学术界的公认和尊崇，其道德文章完全系实至而名归，令人敬仰；而徐毓枏、何畏、易家祥和朱泱、孙鸿敞、李宏、陈锡龄、杨敬年、易梦虹、陈国庆诸位先生却默默无闻。事实上，他们作为杰出的翻译家也为在中国传播西方之经济学作出了巨大贡献。在此，我谨向他们和其他译介西方之经济学名著的翻译家们表达由衷的崇敬之情和诚挚的感谢之忱！

（二）中国学子海外留学

伴随近代留学潮，中国经济学人曾接近甚至在个别问题研究上领先于世界水平。在近代留学潮中，不少人留学欧美著名高校并取得经济学博士学位。

据不完全统计，在中国经济学界富有影响并成为一代学术领袖和宗师者计有陈锦涛（1906 年耶鲁大学经济学博士）、陈焕章（1911 年美国哥伦比亚大学博士）、马寅初（1914 年美国哥伦比亚大学博士）、潘序伦（1924 年美国哥伦比亚大学博士）、何廉（1926 年美国哥伦比亚大学博士）、陈岱孙（1926 年美国哈佛大学博士）、张培刚（1945 年美国哈佛大学博士）、蒋硕杰（1945 年英国伦敦经济政治学院经济学博士）、浦寿海、浦寿昌、浦寿山三兄弟（1946 年、1946 年、1949 年美国哈佛大学博士）、陈振汉（1940 年美国哈佛大学博士）、巫宝三（1949 年美国哈佛大学博士）、费孝通（1938 年英国伦敦大学博士）、徐毓枏教授（1940 年英国剑桥大学博士）、宋则行（1948 年英国剑桥大学博士）。其中，陈锦涛是近代中国第一个留美经济学博士；陈焕章的著作《孔门理财学》出版后，曾获得著名经济学家凯恩斯的高度关注。凯恩斯曾撰写书评推介。[①] 得到这一殊誉者，中国经济学界恐怕没有第二人；马寅初归国后在中国经济学界叱咤风云；何廉在南开大学编制"南开物价和生活指数"，驰名中外；张培刚的博士学位论文《农业与工业化》荣获哈佛大学1946—1947 年度最佳博士论文奖和威尔斯奖，并被列入《哈佛经济丛书》于1949 年由哈佛大学出版社出版英文版，1951 年又被译成西班牙文在墨西哥出

---

① 凯恩斯 . 评陈焕章著《孔子及其学派的经济原理》 ［J］. 经济学杂志，1912，12（22）：584 - 588. 转引自狄拉德. 凯恩斯经济学：货币经济理论［M］. 陈彪如译 . 上海：上海人民出版社，1963：329.

版，1969 年英文版在美国再版。该论文被国际经济学界公认为发展经济学的奠基性文献之一。蒋硕杰回国后任中国台湾中华经济研究院院长，是中国台湾经济起飞的"设计师"；费孝通则成为中国社会学的奠基人并作为国务活动家担任全国人大常务委员会副委员长多年；浦寿海、浦寿昌、浦寿山三兄弟同为哈佛经济学博士，可谓"浦门三杰"；[①] 郭大力和留学日本的王亚南于1938 年在极其艰难困苦的环境下翻译出版了三卷本的马克思主义经济学经典《资本论》，开创了马克思主义在中国传播的先河。虽然近代中国经济学界可谓群星灿烂，[②] 但由于历史的原因，近代中国经济学研究只能是一度辉煌，虽然有接近甚至赶超西方经济学前沿的机遇，但还是令人痛惜地无可挽回地失去了。

从 1949 年开始，中国经济学走上了两条不同的道路。有些经济学家随国民党政权去了台湾，有些漂流海外，大陆本身则走向了另外一个发展方向。计划经济时期，大陆主要是翻译出版和普及马克思主义经济学说，对西方的经济学理论一概排斥，斥之为庸俗经济学。改革开放后，中国的经济学迎来了发展的春天。马克思经济学研究走向深入，现代西方经济学文献大量流入中国，经济学研究开始呈现百家争鸣、百花齐放的新局面。[③]

就金融学研究而言，其发展基本上是与经济学同步的。高度集中的计划经济时期，使金融学的研究同样陷入完全停滞状态。改革开放后则取得了长足的发展，与西方金融学理论发展的"经济学院模式"与"商学院模式"相适应，我国也是宏观金融研究与微观金融研究并举。当然，宏观金融研究过去一直处于统治地位，目前仍居主流地位，但微观金融理论研究正在兴起且大有与宏观金融理论"平起平坐"之势。[④] 就发展趋势看，宏观金融理论与

---

① 此盛况不禁令人想起中国古代文学史上的"三曹"（曹操和曹丕、曹植父子）和"三苏"（苏洵和苏轼、苏辙父子）以及经济学说史上的穆勒父子（詹姆斯·穆勒和约翰·斯图亚特·穆勒）和凯恩斯父子（约翰·内维尔·凯恩斯和约翰·梅纳德·凯恩斯）。

② 邹进文. 近代中国经济学的发展——来自留学生博士论文的考察［J］. 中国社会科学，2010（5）.

③ 林毅夫，胡书东. 中国经济学百年回顾［J］. 经济学（季刊），2001（1）.

④ 一个明显的表现是，高等院校金融学专业课程体系中，微观金融方面的课程越来越多，大有不断膨胀之势。进一步的考察，可参阅王广谦，张亦春，姜波克，陈雨露. 金融学科建设与发展战略研究［M］. 北京：高等教育出版社，2002.

微观金融理论研究力量的彼消此长，既取决于中国金融改革和实践（研究对象）的发展状况，亦取决于年轻一代金融学者的自由选择。

四、金融学的特征

金融学的特征是由其研究对象的特征所客观决定的。依我之愚见，金融学的特征主要体现在下列五个方面。

1. 金融学的研究对象是经济运行的价值方面，是社会总需求即 $AD = C + I + G + (X - M)$。一切金融活动都会影响总需求，推动总需求曲线的移动。金融活动特别是中央银行金融宏观调控，目标就是保持合理的总需求水平，为经济运行提供合理的总需求环境。当然，金融学科内部亦有较明显的分工。就金融学本科专业的六门核心课程而言，"金融学"（从前称"货币银行学"）是整个金融学科的门户，是概论性质的课程，综合介绍宏观金融和微观金融的基本原理；"中央银行学"主要研究总需求、金融与经济的关系；"国际金融学"主要研究内外均衡；"商业银行经营学"和"金融市场学"主要研究金融资源配置及其效率；"保险学"研究如何保持经济体系的稳定以及社会的稳定。此外，伴随防范金融风险的任务越来越沉重，不少高校开设了"金融监管学"课程，主要研究金融风险及其防范，追求金融体系的内部稳定。

就目前学术界热烈讨论的财政政策、货币政策、产业政策和区域政策协调机制的问题，笔者认为真正影响或总揽总需求的只有货币政策。财政政策主要影响总需求存量，形成增量的只是其国债政策部分。但如果财政部发行的国债由工商企业、商业银行和家庭购买，同样对增量需求部分没有影响，它只是改变了存量需求结构，使工商企业资金、商业银行信贷资金和家庭储蓄存款资金转化为财政资金用途。产业政策和区域政策本身不是需求管理政策，它们可以引导需求，但不能有效增加总需求水平。基此，财政政策、货币政策、产业政策和区域政策协调机制的构建，必须以总揽总需求的货币政策为中心构筑并展开。①

---

① 在《就业、利息和货币通论》中，凯恩斯对财政政策寄予厚望，认为增加有效需求财政政策是强有力的工具，对货币政策则抱持怀疑的态度。后继的凯恩斯主义者萨缪尔森、托宾等人倒是给予了货币政策更高的评价，甚至认为作为总揽总需求的货币政策比财政政策更重要。

2. 金融资金具有同质性。作为商业银行经营对象的金融资金只有量的区别，没有质的区别。正是因为金融资金的同质性，决定了金融业务的同质性。这也正是当前各商业银行业务"同质化"的原因之所在。

3. 金融市场具有无疆界性。金融市场就其本质而言，具有无疆界性，故所谓国际金融和国内金融的说法是不科学的。在全球化浪潮和互联网时代，金融市场的无疆界性这种特征表现得异常明显甚至无限地放大了。金融业务可以全天候交易，这与农业、工业、建筑业等其他实体经济产业形成强烈的对照。同时，金融的触角无孔不入，它可以延伸到国民经济的任何领域、任何行业以至任何角落。

4. 金融运行具有不稳定性（或脆弱性）。金融具有天生的不稳定性（或脆弱性）和高度流动性。正因为金融市场具有无疆界性、高度流动性，使得金融具有天生的不稳定性（或脆弱性）。而且金融风险、金融危机很容易传染，很容易被放大，非系统性风险有可能转变为系统性风险，导致金融危机甚至社会的经济危机。2008 年爆发于美国的次贷危机迅速转变为国际金融危机就是很好的证明。也正因为金融运行具有不稳定性（或脆弱性），我国政府才高度重视系统性金融风险防范，筑牢不发生系统性金融风险的底线。

5. 金融资金运动具有乘数性。与金融资金具有同质性、金融市场无疆界性、不稳定性（或脆弱性）等相适应，金融资金运动具有乘数性。在现代信用货币制度下，金融活动的结果往往不是 $1 + 1 = 2$，而是 $1 + 1 = x$。也就是说，金融活动具有一定的乘数效应。当然，这种乘数效应是有限度的。它可能是好的，也可能是坏的。因此，对于金融活动或金融领域，世界各国都高度重视，实施了比较严格的金融宏观调控。我国政府多次强调要筑牢不发生系统性金融风险的底线，也是基于对金融资金运动具有乘数效应的清晰认识。

本章小结

1. 1776 年，亚当·斯密出版《国民财富的性质和原因的研究》之后，经济学才开始从哲学中逐步分离出来，成为一门相对独立的学科。近现代经济学的思想发展史上，曾经产生过三次"革命"与三次"综合"。三次"革命"分别是亚当·斯密革命、"边际革命"、凯恩斯革命；三次"综合"分别是约翰·穆勒综合、马歇尔和魏克塞尔综合、萨缪尔森综合。

2. 20 世纪初期，货币银行学（金融学）作为一门独立的科学从经济学中分离出来。货币金融理论百年来的演进历史，大致可划分为两个时期、两种思潮。前期（20 世纪初至 1951 年），主要是宏观金融理论的勃兴，后期（1952 年至今），金融理论研究主要转向微观金融领域；针对两种学术思潮，我国金融学术界归纳为"经济学院模式"的金融学理论和"商学院模式"的金融学理论，有的学者干脆简单地叫"货币经济学"与"金融经济学"、"宏观金融学"与"微观金融学"，默顿·米勒则谓之为"经济系方法"与"商学院方法"的分野。

3. 中国近现代经济学不是从中国古代传统经济思想中"内生"出来的，而是从西方"外在"地移植过来的。经济学在中国的传播和发展，无外乎两个方面："走出去"和"请进来"。"请进来"主要是中国学者大量译介西方之经济学重要论著；"走出去"主要表现为中国学子海外留学、学习西方的经济学及其文化。

4. 金融学的特征是由其研究对象的特征所客观决定的。金融学的特征主要体现在下列五个方面：金融学的研究对象是经济运行的价值方面；金融资金具有同质性；金融市场具有无疆界性；金融运行具有不稳定性（或脆弱性）；金融资金运动具有乘数性。

第三章　研究者的学养

读史使人明智，读诗使人灵秀，数学使人周密，科学使人深刻，伦理学使人庄重，逻辑修辞使人善辩，凡有所学，皆成性格。

——（英）培根

我们研究一门学问，不能说限定在那一门学问里的书我才念，别的书我不念。你如果不读别的书，只陷于你搞的那一门的书里边，这是很不足取的，一定念不好，因为你的知识面太窄了，碰到别的问题你就不懂了。过去有个坏习惯，研究生只是选个题目，这题目也相当尖，但只写论文了，别的书都没念，将来做学问就有很大的局限性。[①]

——王力（著名语言学家）

研究者的学养，主要体现在知识结构、素质修养和创新能力等三个方面。这三个方面具有内在的逻辑关系，即知识结构是基础，素质修养是条件，创新能力是建筑在强有力的知识结构和优秀过硬的素质要求之上的研究者学养的集中体现。

一、知识结构

金融学专业研究生究竟应该具备怎样的知识结构，不同的导师可能有不同的看法，研究生自己也可能存在不同的理解。笔者认为，金融学专业研究生的知识结构大致体现在以下五个方面。

[①]　浙江日报编辑部. 学人论治学 [M]. 杭州：浙江文艺出版社，1983：136.

1. 经济学基础。金融是经济活动的主要领域之一，金融学是应用经济学的一个分支。因此，要研究金融，首先必须打好扎实的经济学理论基础。没有扎实的经济学理论基础，金融研究者在金融研究的道路上就走不下去，更难以取得较大的学术成就。就经济学基础而论，首先要熟读经典的经济学教科书。目前在我国高校使用的经济学教科书主要有三本：萨缪尔森的《经济学》、斯蒂格利茨的《经济学》和曼昆的《经济学原理》。这三本书当中，萨氏的《经济学》教科书已经走过半个多世纪的历程，被喻为"金色的诞辰"，被翻译成数十国文字，是全球公认的经济学教科书的巅峰之作，在经济学教育史上发挥了巨大的作用。萨氏的《经济学》博大精深，不仅可以当作经济学的入门教科书阅读，也可以作为经济思想史著作阅读。对萨氏的《经济学》教科书，我们应该格外重视。

2. 金融学基础。金融学发展已有百年的历史，已有相对深厚的学术积淀。金融研究生宜首先继承已有的学术传统，而后在继承的基础上实现创新。就金融学基础而言，首先要学习米什金的《货币金融学》、博迪和默顿的《金融学》、饶余庆的《货币银行学》和黄达的《金融学》。以此作为入门，可奠定进一步学习、研究金融学的初步基础。

3. 作为经济学基础、金融学基础的基础。在熟读经济学、金融学教科书的基础上，方可沿着经济学说史的指导，循序阅读经济学和金融学名著，以打下从事经济学和金融学研究的扎实理论功底。

作为经济学基础、金融学基础的基础，这里是指潜藏于经济学、金融学基础教科书背后的经济学著名论著，比如：亚当·斯密的《国富论》、马克思的《资本论》、凯恩斯的《就业、利息和货币通论》、约瑟夫·熊彼特的《经济发展理论》和《经济分析史》、阿尔文·汉森的《货币理论与财政政策》、弗里德曼的《美国货币史》，等等。一个人读的经济学、金融学名著越多，其学术功底越深厚，也才能深入研究经济学和金融学并取得显著的学术成就。

4. 数学和统计学基础。历史上，经济学素有崇尚数理分析的传统。英国古典政治经济学之父威廉·配第的《政治算术》（1690）是人类历史上最早使用数学方法研究经济问题的著作，我国著名经济学家王亚南先生在《威廉·配第〈赋税论〉出版三百年》一文中明确指出，威廉·配第"在现代计量经济学上的开山祖的地位，和他在政治经济学上的奠基者的地位，是一样无可争议的"。① 1930 年欧美经济学家发起成立计量经济学会，标志着西方经济学界对经济学数理研究方向的集体努力；1969 年计量经济学家拉格纳·弗里希（Ragnar Frisch）和简·丁伯根（Jan Tinbergen）荣获首届诺贝尔经济学奖金，在一定意义上进一步强化了经济学的数理研究方向。经济学作为一门演化的科学一直沿着数理分析的方向前进。伟大的经济学家熊彼特也明确指出：一位经济学家，如果不同时是一位数学家，一位统计学家，特别最重要的是一位史学家，那就不配作为经济学家。② 而今，作为应用经济学的重要组成部分的金融学已发展出金融工程学分支。因此，金融学专业研究生应该具备一定的数学基础和统计学基础。

5. 文、史、哲、外语基础。除了上述经济学基础，金融学基础，作为经济学基础、金融学基础的基础，数学和统计学基础外，金融学专业研究生还应该具备一定的文、史、哲、外语基础。其实，文、史、哲、外语基础不仅是金融学专业研究生的知识结构，它是一切接受过高等教育的学生都应该具备的基础。

金融学专业研究生的知识结构见表 3-1。

表 3-1   金融学专业研究生的知识结构

知识结构	经典著作
经济学基础	萨缪尔森的《经济学》、斯蒂格利茨的《经济学》和曼昆的《经济学原理》、经济史、经济思想史等
金融学基础	米什金的《货币金融学》、博迪和默顿的《金融学》、饶余庆的《货币银行学》和黄达的《金融学》、金融史、金融学说史等

---

① （英）威廉·配第. 赋税论、献给英明人士、货币略论［M］. 北京：商务印书馆，1963：xiii.

② （美）约瑟夫·熊彼特. 经济分析史（第一卷）［M］. 北京：商务印书馆，1991：xxii.

续表

知识结构	经典著作
作为经济学基础、金融学基础的基础	亚当·斯密的《国富论》、马克思的《资本论》、凯恩斯的《就业、利息和货币通论》、约瑟夫·熊彼特的《经济发展理论》和《经济分析史》、阿尔文·汉森的《货币理论与财政政策》、弗里德曼的《美国货币史》等
数学、统计学基础	数学分析、国民经济统计学、数理统计学等
文、史、哲、外语基础	唐诗、宋词、《古文观止》、经典哲学和历史学著作、英语等

自然，上述金融学专业研究生的知识结构，只是笔者认为的金融研究者应该具备的理想的学术修养。有一点是非常清楚的，在相同的经济学、金融学专业理论基础的背景下，一个人取得成就的大小，则毫无疑问取决于专业理论基础之外的数学、统计学以及文、史、哲、外语基础的厚薄。此恐怕就是大诗人杜甫所说的"汝果欲学诗，功夫在诗外"了。

对于扩大读书范围的重要性，我国著名语言学家王力先生更有朴实、深刻的说明："我们研究一门学问，不能说限定在那一门学问里的书我才念，别的书我不念。你如果不读别的书，只陷于你搞的那一门的书里边，这是很不足取的，一定念不好，因为你的知识面太窄了，碰到别的问题你就不懂了。过去有个坏习惯，研究生只是选个题目，这题目也相当尖，但只写论文了，别的书都没念，将来做学问就有很大的局限性。"[①] 很清楚，王力先生的上述话，就是教导青年学子读书要尽可能广博些。鲁迅先生讲的"采过许多花，这才能酿出蜜来"，也有广泛读书的意思。

就金融学专业研究生的知识结构而言，应该以经济学、金融学基础为核心，向外圈逐步推进。并且，向外圈推进的范围越广阔、越深远，其知识结构越强大。有些博士生将自己的学习目标定位为"博大精深"，这种愿望自然是美好的，也是值得肯定的。但是，博士生学习时间有限，只3~5年，要实现"博大精深"的学术目标不太现实。"博大精深"往往是一切学者终生追

---

① 浙江日报编辑部. 学人论治学 [M]. 杭州：浙江文艺出版社，1983：136.

求的目标，但也不是所有人都能如愿以偿。博士生就读期间，只能追求有限目标，充分优化知识结构，为生平学术研究奠定坚实的基础。

金融学专业研究生的知识结构，见图3–1。

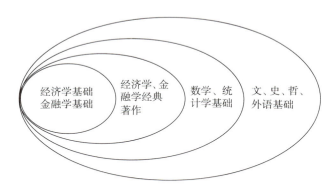

图3–1　金融学专业研究生的知识结构

金融学基础越牢靠，作为金融学基础的经济学基础越扎实，作为经济学基础、金融学基础的基础越厚实，文、史、哲、外语基础越厚重，其研究能力越强，取得卓越学术成就的概率越大。美国历史学家史华兹说："最根本的一点是（话虽陈旧，但说的是实情），一个人无论是什么学科背景，他的整体文化素养（或者说他的'整个教育'）越广博，越深厚，他就越愿意调动（事实上是越有能力调动——引者注）他所拥有的一切才智来作用于他正在探讨的问题。这种才智不论是否来自其学科的'方法论'，都能够增加他说出有意义的东西的可能性。相反，如果用独立自足的（self–contained）'模式'或'体系'来狭隘地看待某个孤立的'学科'，并把它机械地运用于一种文化（无论是当代的还是'传统的'），而一个文化修养有限的人对这种文化的任何其他方面又没有做过什么研究，就会导致没有创造性的，甚至是荒谬的结果。"[1] 史华兹的话并不陈旧，确是实情，值得我们高度重视。

一切有志于攀登金融科学理论高峰的青年学子，都应该努力，最大限度地扩展自己的读书范围。

---

① 李剑鸣. 历史学家的修养与技艺［M］. 上海：上海三联书店，2007：4–5.

二、素质修养

历史学家几乎公认的历史研究工作者的素质是：史才、史学、史识、史德，可简称为才、学、识、德。此对金融学专业研究生的素质要求而言，同样完全适用。笔者认为，"才"主要体现为研究者的天赋和抽象思维能力；"学"体现为研究者的读书量和知识积累；"识"是统驭"才"和"学"的能力，体现为研究者的洞察力和将知识转化为能力的能力和有效配置"才"和"学"的能力；"德"主要是对研究者个人在品质上的要求，此关乎治学的境界和目的。心胸是事业的容器，心胸的宽广与否直接关乎治学的气度和格局。

在才、学、识、德的普遍要求下，在经济学基础，金融学基础，作为经济学基础、金融学基础的基础，数学和统计学基础，文、史、哲以及外语基础等五个方面的知识结构之上，金融学专业研究生的素质修养具体体现在以下四个方面：系统掌握经济学、金融学的理论基础；熟练使用经济学、金融学的分析方法；具有提出问题、分析问题、解决问题的研究能力；具备"再现"金融研究成果的写作能力。金融学专业研究生的素质修养可简单归纳，见图3-2。

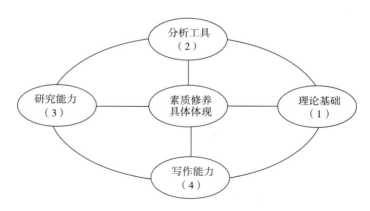

图3-2　金融学专业研究生的素质要求

在图3-2中，构成素质修养的四个因素分别是：理论基础、分析工具、研究能力和写作能力。诚然，四个方面素质要求不是等量齐观的并列关系，其中，理论基础和分析工具更具基础性质，它们共同决定后两个素质要求即研究能力和写作能力。研究能力和写作能力是理论基础和分析工具的具体表现。

三、创新能力

讨论金融学专业研究生的知识结构和素质要求，其目的在于达成金融学专业研究生的创新能力。那么，什么是创新能力呢？在《王蒙论创作》一书中，著名作家王蒙对一个短篇小说作家应当具备的能力——发现力、感受力、想象力、表现力——有过非常精彩的描述。① 这里王蒙所说的"应当具备的能力"可以理解为创新能力。下面，套用金融学专业研究生并结合金融学专业研究生金融研究过程与金融论文写作实际给予进一步说明。创新能力由发现力、感受力、想象力、表现力四个因素构成。

（一）发现力

作家王蒙认为："发现力是指一种能从司空见惯的东西中，发现新的事物。发现特别强烈、很奇妙的东西这样一种能力；是从平凡无奇的生活当中，发现其所有的惊心动魄的或者感人肺腑的东西的这样的一种能力；是从一些细枝末节当中，发现那些具有重大的有时代意义的事实的能力，从这些很细小的事物里能够感受时代的脉搏，能够看到社会生活，能够感到人与人之间的关系发生了变化的征兆，我指的就是这样一种能力。"

王蒙所说的发现力，同样是金融学专业研究生需要具备的一种创新能力。事实上，不仅作家需要观察社会生活，金融学专业研究生同样需要观察社会生活及其细微变化。所不同者，金融学专业研究生需要观察的是社会生活的经济金融方面，而作家的观察则可能宽泛得多。

美国著名经济学家克鲁格曼就有令人惊叹的发现力，他准确地预见了1997 年的东南亚金融危机。也正是由于 2008 年在美国爆发了席卷全球的比东南亚金融危机更为深重的金融危机，在 2008 年克鲁格曼获得了诺贝尔经济学奖金。应该说，他是当之无愧的。

① 王蒙. 王蒙谈创作 ［M］. 北京：中国文艺联合出版公司，1983：42 – 55.

（二）感受力

感受力指的是感觉，即对实际经济金融生活有敏锐的、丰富的感觉。

感受力可分为两个方面：一是对实际经济金融生活的感受力；二是指对经济金融理论的感受力。对经济金融理论的感受力也可以称为欣赏力或理解力。这种欣赏力或理解力中包含着分析能力。比如，对一篇金融研究论文或一本金融学术专著，其观点是否正确？其材料是否可靠、全面？其结构是否合理？其论证是否科学、严密、有力？其结论是否准确？若一个金融学专业研究生感受力强，他会作出准确的判断；若感受力差，做出判断可能会比较困难甚至很难作出判断。由此，在一定意义上讲，感受力制约着创新能力。

（三）想象力

想象力是非常重要的，一个金融学专业研究生想象力的强弱，决定了他（她）学术发展的高度。一个金融学专业研究生的想象力既包括他（她）运用经济金融理论的能力，也包括他（她）对经济金融事实、数据的加工能力和重新排列综合的能力。如果一个金融学专业研究生能够熟练地将经济金融范畴转化为经济金融变量，能够对经济金融变量进行推导分析，能够在影响金融运行及其效率的众多变量中迅速找到关键变量特别是众多变量当中的外生变量并提出相应的解决方法，那么，可以判定他（她）的想象力就是非常强的。学术创新的程度取决于自己的想象力能否比别人走得更远。

（四）表现力

你有感受、有想象、有发现，还得有表现感受、想象和发现的能力。表现力的内涵非常丰富，但主要因素是语言能力和结构能力。金融研究论文主要靠语言表达，因此语言能力或文字能力就显得非常重要。当然，金融学论著还有图表、曲线、数学模型等表现形式。另一个重要因素是结构，结构也是构成表现力的重要部分。比如，一篇论文的研究框架，有的作者写了一大堆，读者还是看不太懂；另有作者画了一幅框架图，读者却能一目了然。再比如，一篇论文的研究结论，有的作者不分段写了几页，读者读后不得要领；

另有作者条陈，仅写了半页，读者却能清楚地理解其要表达的内容。这充分说明结构本身也是一种语言，而且结构本身是有表现力的。流传甚广的曾国藩和太平军作战时的战报"臣屡战屡败"与"臣屡败屡战"的传说，也说明了结构的表现力。

关于金融学专业研究生的创新能力，可简单归纳，见图 3-3。

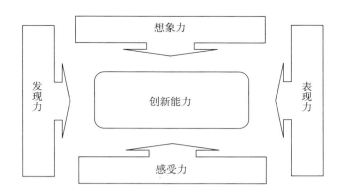

图 3-3　创新能力的构成

同时，也可以从另外一个角度解读创新能力。著名哲学家冯友兰先生在其《中国现代哲学史》中多次论及"照着讲"和"接着讲"这一对范畴。[①]依他的本意"照着讲"就是述而不作，就是只有继承，没有创新；"接着讲"就是在继承的基础上有所发现，有所前进。欣赏冯友兰先生的"接着讲"。"接着讲"三个字精辟极了，它可以理解为"扬弃""继承创新""推陈出新"，也就是一种难能可贵的创新能力。

四、三者的关系

构筑金融学专业研究生的知识结构目的在于达到系统掌握经济学、金融学的理论基础，熟练使用经济学、金融学的分析方法，具有提出问题、分析问题、解决问题的研究能力，具备"再现"金融研究成果的写作能力等四个方面素质要求。归根到底则在于金融学专业研究生创新能力的养成。因此，

① 冯友兰. 中国现代哲学史［M］. 北京：生活·读书·新知三联书店，2009：85、161、185.

三者之间的内在逻辑关系是：知识结构决定素质要求，素质要求决定创新能力。

简言之，知识结构是素质要求的基础；素质要求是创新能力的基础。卓越的创新能力是由强有力的知识结构和优秀、过硬的素质支撑的。一定意义上，创新能力反过来又是综合素质和知识结构的具体体现。

知识结构、素质要求和创新能力三者之间的关系可简单归纳，见图3-4。

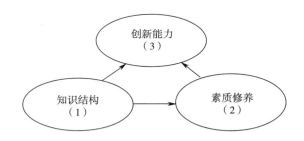

图3-4　知识结构、素质修养和创新能力关系图

毫无疑问，我们讨论金融学专业研究生的知识结构和素质要求，其最终目标还在于金融学研究生创新能力的养成。易言之，金融学专业研究生的创新能力必须建筑在强有力的知识结构和优秀、过硬的素质要求之上；否则，所谓创新能力就是一句空话。

至于究竟如何实现创新，此为科学研究过程中最高深莫测和最令人神往的部分，是激动人心的科学史的研究领域。无数的科学家作出了令人敬仰的科学发现，但发现过程及其机制连作出科学发现的科学家自己也难言清楚。"眼前有景道不得"，创新能力也只有在不断的科学实践中逐步学习、积累，舍此别无他途。

本章小结

1. 研究者的学养体现在三个方面：知识结构、素质修养和创新能力。

2. 金融研究者的知识结构包括五个方面：经济学基础；金融学基础；作为经济学基础、金融学基础的基础；数学、统计学基础；文、史、哲、外语基础。

3. 金融研究者的素质修养具体体现在以下四个方面：系统掌握经济学、金融学的理论基础；熟练使用经济学、金融学的分析方法；具有提出问题、分析问题、解决问题的研究能力；具备"再现"金融研究成果的写作能力。简言之，就是理论基础、分析工具、研究能力和写作能力。

4. 金融研究者的创新能力由发现力、感受力、想象力、表现力四个因素构成。

5. 知识结构、素质修养和创新能力三者的关系表现为：知识结构是素质修养的基础；素质修养是创新能力的基础。卓越的创新能力是由强有力的知识结构和优秀、过硬的素质支撑的。一定意义上，创新能力反过来又是知识结构和素质修养的具体体现。

第四章　继承与创新

旧学商量加邃密，新知培养转深沉。

——朱熹

采过许多花，这才能酿出蜜来。

——鲁迅

我不知道在别人看来，我是什么样的人；但在我自己看来，我不过就像是一个在海滨玩耍的小孩，为不时发现比寻常更为光滑的一块卵石或比寻常更为美丽的一片贝壳而沾沾自喜，而对于展现在我面前的浩瀚的真理的海洋，却全然没有发现。

——牛顿

研究世界上的任何学问甚至成就任何领域的实际工作，都存在继承与创新的问题。本章主要围绕经济学和金融学的研究讨论继承与创新问题，内容涉及学术史的梳理是"继承"；由"博"返"约"是"研究过程"；由"述"而"作"是"写作过程"；问题与方法讨论提出重大问题的重要性；学问的境界则是"创新及其程度"。

一、学术史的梳理

现代学者的治学之路，一般从继承开始。

因此，学习经济学的研究生，对古希腊两千多年来的经济思想史，应该有所了解；对1776年亚当·斯密《国民财富的性质和原因的研究》出版以来240多年的经济思想史，更应该有比较深入的掌握。当然，人类经济学长期发展过程中，已经积累了相当丰厚的资源。继承是沉重的负担，继承基础之上的"推陈出新"才是非常严峻的挑战。博士、硕士生虽然不能完全掌握这些资源，但必须从中汲取必要的营养成分，形成基本的知识储备，之后才能开始独立的研究。

经济学发展到今天，从未有前人涉猎的问题少之又少。[①] 即使是全新的问题，也往往需要依赖相关的经济学知识才能准确发现和界定。由此，无论选择何种问题研究，首先必须面对经济学前人留下的研究文献。于是，在选取研究方向和确定选题的过程中，就所选择的题目梳理学术史，就成为不可或缺的工作。

梳理学术史具有十分重要的意义。任何科学研究的前提都是提出问题，经济学研究亦不例外。同时，任何研究问题都不可能凭空产生，而只能产生于以往研究取得的知识当中。由此，要提出自己的研究选题，就必须先阅读相关的研究文献。就此而论，梳理学术史，不仅是研究的起点，更是研究过程能否取得成就的关键之所在。只有了解前人的研究成果以及研究现状，才能避免不必要的重复劳动。同时，只有掌握了前人的研究成果，才能为自己进一步研究找到逻辑起点，继而搭建后续研究的平台。

近年来，我国经济学研究日益走向成熟。学术期刊发表论文一般都要求有文献综述。国家社会科学基金、自然科学基金项目申报，甚至在课题论证（研究现状和选题价值）中开始要求有"国内外相关研究的学术史梳理和综述"。应该说，这是巨大的进步，也是经济学研究取得成就的必由之路。

当然，研究一个专题，不能只看与研究专题直接相关的论著，更不能仅仅关注研究现状，而必须回溯历史。研究的范围宜大一些，时间跨度宜长一些，最好从研究问题的源头开始梳理学术史。

梳理学术史的关键，还在于对已有研究文献做出准确、公允的评价。此工作既取决于研究者占有研究文献的数量和质量，更取决于研究者的洞察力。高水平的研究者往往能够"同中求异""异中求同"，迅速抓住所研究问题的关键之所在，并找到现有理论的裂痕，然后提出新的学术观点。

---

① 此正是20世纪六七十年代欧美经济学家，由于缺乏有价值的研究现象而将目光转向"第三世界"，开始研究发展中国家经济问题（所谓发展经济学）的理由；亦是当今欧美经济学家由于缺乏有价值的研究现象，而只能在老问题上玩弄越来越复杂的数学模型的理由。

最后，需要强调说明的是，研究者应该对前人研究成果抱持尊敬的态度，虔诚地面对已有研究成果。不要漠视前人研究成果，不能下"某某研究有明显缺陷""某人对某个问题缺乏深入研究"这样的草率结论。只有站在巨人的肩膀上，才能看见更远方的学术风景。

至于如何梳理学术史，读者可以参阅本书第十一章提出的由"宽"到"窄"、由"远"到"近"文献综述写作原则与文献综述"倒三角形"写作方法，这里从略。

二、由"博"返"约"

"博"和"约"是我国史学界经常讨论的问题。"博"与"约"是相对而言的。一定范围内的"博"放到更大范围可能只是"约"；一定范围的"约"若在缩小范围又可能变成"博"。比如，经济学对金融学而言是"博"，如放大范围，对整个社会科学而言却又是"约"。

"博"永远是一个经济学家毕生的追求。博士、硕士学习阶段的重要目标应该是"约"，能够单就某一经济问题进行深入仔细的研究就是很高的境界了。为此博士、硕士研究生最可行的学习方法是带着问题学习。通过问题的研究，深化理论的学习和研究素质的养成，或许就是一条节约成本的捷径。

中国的教育体系讲求由"博"返"约"的教育过程：中学阶段打基础：数、理、化、史、语、政，涉猎范围比较广泛，但只是基础性的东西；大学阶段开始专业学习，但各所学专业也比较基础，所谓"三基"（基本理论、基本知识、基本技能）；研究生阶段，转为更专业的学习，此时，各专业均设置有不同的专攻方向。当然，博士生的学习和硕士生的学习课程也有所差别。

2011 年 3 月，中华人民共和国国务院学位委员会和教育部颁布修订的《学位授予和人才培养学科目录（2011 年）》规定，我国的科学分为哲学、经济学、法学、教育学、文学、历史学、理学、工学、农学、医学、军事学、管理学、艺术学共 13 个学科门类。经济学门类一级学科和二级学科目录，见表 4 - 1。

学科门类 代码及名称	一级学科 代码及名称	二级学科 代码及名称	
02 经济学	0201 理论经济学	020101	政治经济学
		020102	经济思想史
		020103	经济史
		020104	西方经济学
		020105	世界经济
		020106	人口、资源与环境经济学
	0202 应用经济学	020201	国民经济学
		020202	区域经济学
		020203	财政学（含：税收学）
		020204	金融学（含：保险学）
		020205	产业经济学
		020206	国际贸易学
		020207	劳动经济学
		020208	统计学
		020209	数量经济学
		020210	国防经济

实际上，"理论经济学"和"应用经济学"也只是相对而言，不能认为，理论经济学就是"纯理论的"，而应用经济学就是"纯应用的"。事实上，理论经济学不可能只讲理论而不联系实际；应用经济学也不可能只讲"应用"而不涉及"理论"。

就经济思想史而言，从古希腊到当代的贯通研究（2000 多年的历史）可谓"博"；专门研究某一学派，甚至某一学派的某位经济学家经济思想的专题研究可谓"约"。

硕士博士学位研究生学习时间较短。硕士只有二至三年，博士也只有四至六年，因而研究生阶段的学习必须正确处理"博"和"约"的关系。笔者认为，硕士、博士阶段的学习，一定得对经济学说史有所了解，知道人类历史上各个阶段经济学的大致研究状况，以此奠定经济学的比较广博的基础。接下来，依自己的研究兴趣，对自己比较喜爱的经济学流派、经济学著作进行深入细致的研读，打下自己写作硕士、博士学位论文的理论基础，实现由"博"返"约"，达到硕士、博士对"约"的要求。

当然，对于"博"的追求，也有技巧的问题。对此，著名学者金克木先生曾有精彩的论述。[①] 他写道：有人记了一则轶事，说历史学家陈寅恪曾对人说过，他幼年时去见历史学家夏曾佑，那位老人对他说："你能读外国书，很好；我只能读中国书，都读完了，没得读了。"他当时很惊讶，以为那位学者老糊涂了。等到自己也老了时，他才觉得那话有点道理：中国古书不过是那几十种，是读得完的。

在讲完轶事后，金克木先生提出了自己的观点：有些书是绝大部分书的基础，离了这些书，其他书就无所依附。因为书籍和文化一样都是累积起来的。因此我想，有些不依附其他而为其他所依附的书，应该是少不了的必读书。在提出自己的观点之后，先生又举例说明了了解西方文化、西方哲学、西方文学和中国文化所必须阅读的经典著作。这里简要列表，见表 4 - 2。

表 4 - 2　　　　　　　　　必须阅读的经典人物和著作

了解对象	阅读经典人物、著作
西方文化	《圣经》
西方哲学	柏拉图、亚里士多德、笛卡尔、狄德罗、培根、贝克莱、康德、黑格尔
西方文学	荷马、但丁、莎士比亚、歌德、巴尔扎克、托尔斯泰、高尔基、塞万提斯
中国文化	《易》《诗》《书》《春秋左氏传》《礼记》《论语》《孟子》《荀子》《老子》《庄子》

其实，金先生所讲的轶事和观点以及推荐的著作含义深远，它告知我们一条继承的途径，通"博"的方法：熟读经典著作，围绕经典著作所演绎出来的书可以绕过去或者不读。应该说，这是先生终生治学的经验之谈，值得高度重视并深思之。

当然，先生的论述和举证是文史哲方面。

这里，不揣冒昧，推荐几本学习经济学的书籍和人物。就经济学而言，若要泛览经济思想史，可以阅读埃里克·罗尔的《经济思想史》；若要进一步

---

① 金克木. 书读完了 [M]. 上海：上海文艺出版社，2017：13 - 20.

深入研究经济思想史，可以阅读约瑟夫·熊彼特的《经济分析史》（第一、二、三卷）；就古典学派经济学而言，可以读亚当·斯密的《国民财富的性质和原因的研究》、马歇尔的《经济学原理》；就边际效用学派而言，必须读杰文斯的《政治经济学理论》、门格尔的《国民经济学原理》和瓦尔拉斯的《纯粹经济学要义》，还有作为边际效用学派主力的奥地利经济学派的维塞尔的《经济价值的起源及主要规律》、庞巴维克的《资本与利息》、路德维希·冯·米塞斯的《货币与信用原理》、弗里德里希·奥古斯特·冯·哈耶克的《通向奴役的道路》；就凯恩斯学派而言，必须阅读凯恩斯的革命性巨著《就业、利息和货币通论》，还有阿尔文·汉森的《货币理论与财政政策》等；就货币学派而言，必须读弗里德曼的《弗里德曼文萃》《价格理论》；就理性预期学派（或新古典宏观经济学）而言，必须读卢卡斯的《理性预期与经济计量实践》、萨金特的《理性预期与通货膨胀》；就产权经济学而言，可以阅读科斯的《企业的性质》；就新制度经济学而言，可以阅读诺斯的《制度、制度变迁与经济绩效》。同时，20世纪经济学绕不开的、硕大无朋、无门无派、不倚靠凯恩斯经济学而仍然卓立经济学舞台中央位置的约瑟夫·熊彼特的著作以及约翰·希克斯的著作都非常值得一读。

上已说明，"博"和"约"的关系是相对而言的。年轻硕士、博士由于学制的原因，应该切合实际带着问题学习，追求"约"的目标。至于"博"和"约"的境界，胡适先生有过非常精彩的说明："理想中的学者，既能博大，又能精深。精深的方面，是他的专门学问。博大的方面，是他的旁搜博览。博大要几乎无所不知，精深要几乎唯他独尊，无人能及。"[1] 胡适先生关于"博"和"约"的境界，应该成为一切有志攀登金融科学高峰的青年学子终生追求的学术目标。

三、由"述"而"作"

"述"讲的是继承，"作"讲的是创新。中国古代有"述而不作"的传统。所谓"述而不作"，讲的是忠实的、不折不扣的继承。这种"述而不作"

---

① 胡适. 读书与治学［M］. 北京：生活·读书·新知三联书店，1999：11.

的传统表明中国古代士子对治学的严肃态度和对学问的敬畏之情，在当今学风浮躁的情况下，一定意义上是值得赞赏的。

中外学术界中"述"与"作"的典范人物，笔者这里仅介绍中国著名哲学家冯友兰先生、美国著名经济学家阿尔文·汉森和海曼·P. 明斯基。中国著名哲学家冯友兰先生对"述"与"作"或继承与创新的关系曾有精彩通俗的说明："照着讲"和"接着讲"。其实，冯友兰先生的"照着讲"就是"述"和"继承"；"接着讲"就是"作"和"创新"。"照着讲"和"接着讲"，寥寥六字就把"述"与"作"或"继承"与"创新"的关系讲尽了，令人拍案叫绝！事实上，冯友兰先生知行合一，忠实地实践着自己的"照着讲"和"接着讲"。他的《中国哲学史》就是"照着讲"和"接着讲"，也就是"继承"；他的新理学体系就是"接着讲"，也就是创新。

美国著名经济学家阿尔文·汉森、海曼·P. 明斯基是经济学说史中继承与创新的典范人物。

阿尔文·汉森的《凯恩斯学说指南》就是继承，他的《货币理论与财政政策》《经济政策与充分就业》就是创新。正因为有扎实的继承，汉森提出了著名的 IS－LM 曲线（也就是希克斯－汉森曲线）、货币政策有效性的非对称性原理、补偿性财政政策等一系列创新性理论模型，为宣传、发展凯恩斯主义作出了巨大的贡献，赢得了"美国的凯恩斯"的美誉。

海曼·P. 明斯基的《凯恩斯〈通论〉新释》就是继承；他的《稳定不稳定的经济》就是创新。正因为有扎实的继承，海曼·P. 明斯基在凯恩斯《就业、利息和货币通论》中关于投资具有不确定性假说的基础上，提出了著名的"金融不稳定性假说"，造就了闻名世界的"明斯基时刻"。

表 4－3   "述"与"作"的经典案例

经典作家	"述"（继承）	"作"（创新）
冯友兰	《中国哲学史》	贞元六书：《新理学》《新事论》《新世训》《新原人》《新原道》《新知言》
阿尔文·汉森	《凯恩斯学说指南》	《货币理论与财政政策》《经济政策与充分就业》
海曼·P. 明斯基	《凯恩斯〈通论〉新释》	《稳定不稳定的经济》

当然，在著名学者的论著清单中，人们或许不能明显地看到"述"与"作"的清晰表现痕迹，但是，大凡有巨大成就的学者，必然有扎实的、真正的"述"（继承），也可能他们没有将"述"以论著的形式呈现世人。即使没有相对纯粹的"述"的论著，人们依然能够从他们"作"（创新）的论著中，清晰地看到"述"（继承）的影子，看到著名学者治学的源流和路径。这是毫无疑问的。约翰·内维尔·凯恩斯就曾经明确说过："亚当·斯密没有讨论过经济研究的正确方法问题，因此，他的观点只能从他对问题的研究的过程中抓到。"[①]

四、"新"与"旧"

在我国经济学界，对待博士、硕士论文以及期刊发表论文，有一种倾向，认为文献综述应该是最新的研究现状。如果文献综述比较久远，好像就存在继承不够的问题。对此，笔者有不同看法。

其实，真正伟大的学问无所谓"新"与"旧"，真正伟大的学问历久弥新。一定意义上，知贵求新，学贵求旧。知识是会折旧的，变化很快；知识一旦上升到"学"或"学理"的高度，就相对地稳定下来了，就变成一门学问的"硬核"。学问的"硬核"就是知识中沉淀下来的为数不多的精华部分，是值得我们真正下苦功追求的，这恐怕也是人们通常说"求学"而不说"求知"的原因之所在。

老子《道德经》中有言：道生一，一生二，二生三，三生万物。其本意是说宇宙的起源。就学问而言，值得学习的就是其中的"道"，也就是最本源的东西，而不是支离破碎的"万物"性质的东西。

这里，笔者列举一个经济学方面的例子。众所周知，古典经济学是现代西方经济学及其各主要流派的发源地，古典经济学中的一个重要的理论支柱就是著名的萨伊定理。萨伊（1767—1832）是法国的著名经济学家，货币中性论的最著名的代表人物之一。萨伊断言：货币只是一种交换媒介，产品最

[①] （英）约翰·内维尔·凯恩斯. 政治经济学的范围与方法［M］. 北京：华夏出版社，2001：6.

第四章 继承与创新

51

后是要用产品来购买的。"在以产品换钱、钱换产品的两道交换过程中，货币只是一瞬间起作用。当交易最后结束时，我们将发觉交易总是以一种货物换另一种货物。"① 既然一种产品总是用另一种产品购买的，而作为购买手段的这另一种产品又是在生产领域产生的，因此，萨伊说："生产给产品创造需求"，②"一种产物一经产出，从那时刻起就给价值与它相等的其他产品开辟了销路。"③ 这就是著名的"萨伊定理"。萨伊定理的影响非常之大，得到了著名经济学家李嘉图的赞扬和支持，得到了著名经济学家穆勒父子的大力宣扬。凯恩斯在其著名的《就业、利息和货币通论》中评价说："从萨伊及李嘉图以来，经典学派都说：供给会自己创造自己的需求（supply creates its own demand）。"④

萨伊定理表明供给自创需求，有供给就有需求，因而会得出一个推论，即资本主义不会发生经济危机。但是现实是资本主义多次发生了经济危机。此时，不少的经济学家就由于经济危机的存在而开始批判萨伊定理，说萨伊定理破产了。马克思和凯恩斯都强烈地批判过萨伊定理，凯恩斯主义者也主张凯恩斯的消费函数理论取代萨伊定理。其实，萨伊定理提出于1803年（萨伊出版《政治经济学概论》的那一年），当时世界上没有发生过经济危机，只是到了1825年，人类历史上（在英国）才发生了第一次经济危机。也就是说，萨伊定理提出的时候，人类尚处于短缺经济当中，萨伊定理概括了当时的经济现象（由于短缺，有供给就有需求甚至是有供给就有大于供给的超额需求），是完全正确的。即使今天，自萨伊定理的提出200多年过去了，人类仍然存在短缺现象。比如在非洲仍然有许多人口因为短缺、因为贫困而挨饿；世界其他地区甚至西方发达国家也存在贫困人口，有所谓贫困线的标准；时至2017年末，我国农村贫困人口仍然高达3 046万人（这3 046万人当中还没有包括城市贫困人口），因而正在进行精准扶贫。⑤ 因此，萨伊定理仍然有效，并未失灵。

---

① （法）萨伊. 政治经济学概论［M］. 陈福生，陈振骅译. 北京：商务印书馆，1963：144.
② （法）萨伊. 政治经济学概论［M］. 陈福生，陈振骅译. 北京：商务印书馆，1963：142.
③ （法）萨伊. 政治经济学概论［M］. 陈福生，陈振骅译. 北京：商务印书馆，1963：144.
④ （英）凯恩斯. 就业、利息和货币通论［M］. 徐毓枬译. 北京：商务印书馆，1983：19 - 20.
⑤ "我国农村贫困人口去年再减1 289万［N］. 人民日报，2018 - 02 - 08.

其实，萨伊定理有约束条件：当供给小于或等于需求时，萨伊定理完全成立；当供给大于需求时，萨伊定理不成立。这种约束条件可以用表4-4给予相对准确的表述。

表4-4   萨伊定理的约束条件

商品市场供求状况	萨伊定理是否有效
单个商品市场：S < D 整体市场：AS < AD	是 是
单个商品市场：S = D 整体市场：AS = AD	是 是
单个商品市场：S > D 整体市场：AS > AD	否 否

萨伊定理的约束条件表明，萨伊定理仍然具有一定的生命力。只有当人类全面消灭短缺、消灭贫困，进入全面过剩经济时代后，萨伊定理才会完全失效，从而退出历史舞台。但是，这一天还远远没有到来。

虽然流行观点都认为萨伊定理已经过时，但笔者认为，对萨伊定理不可忽视，一个理论观点能够上升到定理的高度自有其理由。对此，阿尔文·汉森说得对："为任何一大群有资格的经济学家长期接受的任何经济学说，永远不会全无价值。"① 萨伊重视供给，在当今国际金融危机、金融资产泡沫遍地、炒风硝烟四起的情况下，萨伊定理重视物质生产或者发展实体经济的价值应该得到更多的重视。

当然，知识在不断更新之中，知识是会折旧的。有些知识甚至折旧率很高，因而价值不大。我们在学习已有知识时要注意甄别，有所选择。

五、问题与方法

问题无疑是智力的引擎。不能提出有价值的研究问题就不可能有创新性的思考和成果。一个经济学家在研究中如果没有带着问题，就只能茫无目标

---

① （美）汉森. 凯恩斯学说指南［M］. 徐宗士译. 北京：商务印书馆，1963：11.

地游荡。经济学家的威望往往是和其所研究的问题连在一起的。提起某位经济学家，人们往往会想起他所研究的领域和问题；提起某个经济学研究领域或问题，人们往往会想起研究此领域或问题并取得巨大成就的经济学家。比如，一提起"自由放任"，人们会想起亚当·斯密"看不见的手"；一提起国家干预，人们会想起凯恩斯的《就业、利息和货币通论》；一提起创新，人们会想起熊彼特；一提起产权理论，人们会想起科斯；一提起新制度经济学，人们会想起诺斯；一提起经济学教科书，人们会想起萨缪尔森的《经济学》；一提起金融危机，人们会想起海曼·P.明斯基；等等。

客观地说，中国经济学界未能提出与上述等量齐观的问题，为此，中国经济学界应该反思。经济学的科学研究必须是问题导向而不是方法导向。问题是研究对象，方法是解决问题的手段；方法是依附于研究问题而存在的，没有问题即不需要研究方法。

经济学家林毅夫教授曾经写过一篇很好的文章，即《本土化、规范化、国际化——贺〈经济研究〉创刊 40 周年》。[①] 虽然我完全不同意他的 21 世纪将会是中国经济学家的世纪这一太过乐观的估计，但文章中所强调的研究问题要本土化、研究方法要规范化、研究成果要国际化的观点则是非常正确的，这是中国经济学研究取得成就的必由之路。

找到了有价值的研究问题，应用科学的研究方法进行研究，取得有别于别人的有创新性的研究成果，恐怕才是经济学研究的正途。

六、学问的境界[②]

关于做学问的境界，我国学术界津津乐道的是王国维的"三境界说"——"古今之成大事业、大学问者，必经过三种之境界：'昨夜西风凋碧树。独上高楼，望尽天涯路'，此第一境也。'衣带渐宽终不悔，为伊消得人憔悴'，此第二境也。'众里寻他千百度，蓦然回首，那人却在灯火阑珊处'，

---

① 林毅夫. 本土化、规范化、国际化——贺《经济研究》创刊 40 周年 [J]. 经济研究，1995（10）.

② 崔建军. 也谈做学问的境界 [N]. 中国社会科学报，2014 – 05 – 12.

此第三境也。"①

　　笔者个人冒天下之大不韪，对"三境界说"提出自己的不同看法。

　　其一，所谓境界，"指事物所达到的程度或表现的情况"。② 由此，境界是指相对静态的"结果"而非动态的"过程"。王国维的治学第一、二、三境界都很难理解为"结果"，而只是"过程"。"昨夜西风凋碧树。独上高楼，望尽天涯路"给人的感觉是苦闷、是彷徨；"衣带渐宽终不悔，为伊消得人憔悴"给人的感觉是执着、是痴迷；"众里寻他千百度，蓦然回首，那人却在灯火阑珊处"给人的感觉是发现、是惊喜。

　　这种苦闷、彷徨、执着、痴迷、发现、惊喜只能理解为人一时一地的情绪，与做学问的过程有些相似，但与做学问的境界至少有些距离。

　　其二，王国维的"三境界说"分别取自晏殊的《鹊踏枝》、柳永的《凤栖梧》和辛弃疾的《青玉案》词作。晏殊的《鹊踏枝》全词为："槛菊愁烟兰泣露。罗幕轻寒，燕子双飞去。明月不谙离恨苦，斜光到晓穿朱户。昨夜西风凋碧树。独上高楼，望尽天涯路。欲寄彩笺兼尺素，山长水阔知何处？"柳永的《凤栖梧》全词为："伫倚危楼风细细，望极春愁，黯黯生天际。草色烟光残照里，无言谁会凭阑意。拟把疏狂图一醉，对酒当歌，强乐还无味。衣带渐宽终不悔，为伊消得人憔悴。"辛弃疾的《青玉案》全词为："东风夜放花千树，更吹落，星如雨。宝马雕车香满路。凤箫声动，玉壶光转，一夜鱼龙舞。蛾儿雪柳黄金缕，笑语盈盈暗香去。众里寻他千百度，蓦然回首，那人却在，灯火阑珊处。"显而易见，王国维所引三首词作本意全是言情，与成大事业、大学问相去甚远。抽取转意，难免给人以牵强附会之嫌。③

　　王国维的"三境界说"只能理解为治学的三个过程，即立志、求索、发现，而不是治学的境界。将"三境界说"作为治学的过程予以理解，似乎更贴切，也更能体现出所引词作与做学问之间的关系。与王国维的"三境界说"看法不同，笔者认为冯友兰、林毅夫的观点很好地总结了做学问的境界。

　　① 王国维．人间词话［M］．上海：上海古籍出版社，1998：6.

　　② 中国社会科学院语言研究所词典编辑室．现代汉语小词典［M］．北京：商务印书馆，1982：282.

　　③ 当然，我这里只是针对王国维的治学"三境界"提出点不同意见，先生道德文章之超迈绝伦，天下已有公论。我个人是没有资格置评的，也绝不敢妄评。

哲学家冯友兰多次提到"照着讲"与"接着讲"这样一对范畴。① 他本人没有进一步地展开说明。其实,"照着讲"就是"述",就是"继承";"接着讲"就是在继承的基础上有所创造,有所突破。自然,"照着讲"是治学的第一阶段,就境界而言,是初级的;"接着讲"是治学的第二阶段或高级阶段,是治学的高级境界。

林毅夫教授把经济学家分成三个层次:第一层次是"经济学教授",第二层次是"经济学家",第三层次是"经济学大师"。② 他进一步解释,一位好的经济学教授必须对现有的理论、文献非常熟悉,能做很好的归纳、总结,并能够很好地讲解;一位经济学家则必须能够根据新的现象提出新的理论,为经济学科的发展作出贡献;经济学大师的贡献则是创建一个新的理论体系。

林毅夫教授关于经济学家三个层次的观点,虽然是针对经济学家而言的,但对金融学乃至所有学科的治学境界也完全适用。令人遗憾的是,按其标准,中国恐怕难有令人信服的经济学大师和金融学大师,而真正的经济学家和金融学家也为数太少。当下,中国的金融学所面临的最大挑战是货币经济学、金融经济学等教材中没有一条中国人提出的原理。编写较好的,也是在西方原理的基础上再加上中国的实际材料。简言之,中国的经济学、金融学也都是"西方的"。

做学问的高深境界是所有学者毕生追求的梦想,但对境界的清晰把握是必要的前提。时下中国,"大师"遍地走,但真正的大师太少了。没有大师的"大师时代"对真正称得上大师的人、对普罗大众来说,都是一种难言的悲哀。

本章小结

1. 现代学者的治学之路,一般从继承开始,基此,梳理学术史具有十分重要的意义。梳理学术史的关键,在于对已有研究文献做出准确、公允的评价,以找到自己继续研究的逻辑起点。

---

① 冯友兰. 中国现代哲学史[M]. 北京:生活·读书·新知三联书店,2009:85、161、185.
② 林毅夫. 论经济学方法[M]. 北京:北京大学出版社,2005:3.

2. "博"和"约"的关系是相对而言的。"博"永远是一个经济学家和所有领域的学者毕生的追求。年轻硕士、博士由于学制的原因，也由于学术积累的原因，应该切合实际带着问题学习，求学阶段暂时追求"约"的目标。

3. "述"讲的是继承，"作"讲的是创新；只有真正的"述"才有真正的"作"；由"述"进而"作"，是一切治学的必由之路。

4. 真正伟大的学问无所谓时间上的"新"与"旧"，真正伟大的学问历久弥新。一定意义上，知贵求新，学贵求旧。知识是会折旧的，但知识一旦上升到"学"或"学理"的高度，就相对地稳定下来，就变成一门学问的"硬核"。学问的"硬核"是人类千万知识中沉淀下来的为数不多的精华部分，值得下苦功追求。

5. 问题永远是智力的引擎。不能提出有价值的研究问题就不可能有创新性的思考和成果。经济学的科学研究必须是问题导向而不是方法导向。问题是研究对象，方法是解决问题的手段；方法是依附于研究问题而存在的，没有问题即不需要研究方法。找到有价值的研究问题，应用科学的研究方法进行研究，取得有别于他人的有创新性的研究成果，才是经济学研究的正途。

第五章 研究选题

什么叫问题？问题就是事物的矛盾。哪里有没有解决的矛盾，哪里就有问题。①

——毛泽东

提出一个问题往往比解决一个问题更重要。因为解决问题也许仅仅是一个数学上或实验上的技能而已，而提出新的问题，新的可能性，从新的角度去看待旧的问题，却需要创造性的想象力，而且标志着科学的真正革命。②

——爱因斯坦

课题的形成与选择，无论作为外部的经济需求，抑或作为科学本身的要求，都是研究工作中最复杂的阶段。一般来说，提出课题比解决课题更困难。……所以，评价与选择课题，便成了研究战略的起点。③

——贝尔纳

批判的对象的伟大性衡量了评论者的伟大性。④

——熊彼特

选题是科学研究的开端，在科学研究过程中具有极其重要的地位。本章分别介绍选题的战略地位、选题的原则、选题的来源、选题的类型和艺术、学位论文选题中常见问题。

---

① 毛泽东. 毛泽东选集（第三卷）［M］. 北京：人民出版社，1991：839.
② （德）爱因斯坦，英费尔德. 物理学的进化［M］. 上海：上海科技出版社，1962：66.
③ 中国社会科学院情报研究所. 科学学译文集［M］. 北京：科学出版社，1981：28–29.
④ （美）熊彼特. 从马克思到凯恩斯十大经济学家［M］. 北京：商务印书馆，1965：157.

一、选题的战略地位

（一）什么是选题

科学研究的目标是探索未知。任何研究工作都是一个提出问题、分析问题、解决问题的过程。金融研究亦不例外。因此，选择金融研究课题，就成为金融研究活动第一阶段的任务。

那么，究竟什么是选题呢？笔者认为选题包括两个层次的含义。

第一层次的选题（这里当名词用）是指一定时代的科学认识主体（研究者）在所处时代知识背景制约下所提出的科学认识和科学实践中需要解决而又未能解决或未能很好解决但通过努力可以解决的问题。选题不是"问题"，而是"问题"当中有必要研究又有可能研究的部分。

一般而言，第一层次含义的选题包含着求解目标、求解范围和求解方法，但是尚没有确切的答案。换句话说，可能的选题不是问题，而是一系列问题中有研究价值也可能研究的课题部分。

第二层次含义的选题（这里当动词用）是指形成、选择和确定所要研究和解决的课题的过程。其具体包括下列程序：文献调研和实地考察—提出选题—初步论证—评议和确定选题。

选题的基本程序，见图5-1。

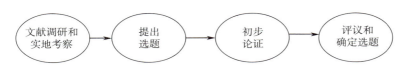

图5-1 选题的基本程序

在这一程序中，选题本身是一个不断反馈调整的过程，也是反复凝练、提纯、净化的过程，常常需要反复调研和多次论证。

第二层次含义的选题（这里当动词用，意指选择过程）是向第一层次的选题（这里当名词用，意指选择结果）的成功转化，标志着选题过程的实际完成。

在我国现行教育体制下，理论经济学和应用经济学是并列的一级学科。不少高校将研究生学位论文划分为"理论研究"和"应用研究"两大类。严格地说，此种划分是不太科学的。我们很难做到理论研究中不涉及实际应用，应用研究中没有理论研究的成分。客观现实是理论和应用很难截然分离。

经济学说史上的经典理论都是在特定的历史环境下，针对实际存在的问题从具体到抽象而提炼出来的。在这个意义上讲，一切经典理论都带有"应用"的性质。另一方面，应用研究就其实质而言也是应用现有理论分析和研究实际问题，这当中自然存在有"理论"的成分。

（二）选题的战略地位

选题是科学研究的起点，在科学研究中具有举足轻重的地位。

爱因斯坦说过："提出一个问题往往比解决一个问题更重要。因为解决问题也许仅仅是一个数学上或实验上的技能而已，而提出新的问题，新的可能性，从新的角度去看待旧的问题，却需要创造性的想象力，而且标志着科学的真正革命。"[①] 贝尔纳说："课题的形成与选择，无论作为外部的经济需求，抑或作为科学本身的要求，都是研究工作中最复杂的阶段。一般来说，提出课题比解决课题更困难。……所以，评价与选择课题，便成了研究战略的起点。"[②] 可见，爱因斯坦将选题提高到了"科学的真正革命"的高度；贝尔纳则将选题明确为"研究战略的起点"。

具体而言，选题的重要性体现在以下几个方面。

1. 选题的价值决定研究成果的价值。不少的研究生导师在指导学生选题时都强调：选题宜小不宜大。这仅是从选题的难度方面讲的，特别是学生刚开始从事科学研究和写作论文时这种宜小不宜大的要求自然有其道理。但是，必须客观地承认，研究有关科学技术和国民经济全局的宏大的问题较之较小的选题，当然意义要重大得多。在此意义上说，选题的价值决定研究成果的价值这一命题无疑是正确的。

---

① （德）爱因斯坦，英费尔德．物理学的进化［M］．上海：上海科技出版社，1962：66．

② 中国社会科学院情报研究所．科学学译文集［M］．北京：科学出版社，1981：28－29．

2. 选题的重要性决定研究成果的重要性。选题不同，其研究对象也不同。不同研究对象在科学技术和经济社会发展中的地位、重要性不同，其研究取得的成果的重要性就自然有别。经济学家林毅夫认为："社会科学理论贡献的大小决定于被解释现象的重要性。进入近代社会以后，各国的经济关联十分密切，发生在大国的经济活动不仅影响大国本身，而且会对世界上许多其他国家产生重大影响。因此，研究世界上最大、最强国家的经济现象，并将之总结成理论的经济学家，他们也就容易被认为是世界级的经济学家。"① 自1969 年颁发诺贝尔经济学奖以来，43 届中共有 68 人获此殊荣。获奖者当中，美国及后来加入美籍者共 49 人，英国 5 人，前苏联、瑞典、挪威、德国各 2 人，荷兰、奥地利、意大利、法国、印度、加拿大各 1 人。美国及后来加入美籍者（49 人）占全部获奖人数（68 人）的 70%。这个数字也印证了林毅夫教授的强国、大国经济学家容易获得世界级影响的判断，也说明了选题即研究对象的重要性决定了研究成果的重要性和影响力。用林毅夫教授自己的话说，就是"世界经济中心就成了世界经济学的研究中心"。② 就一个国家内部而言，也是一样的。如果在首都（往往是政治中心和经济中心）形成影响力，其级别是国家级的；在首都之外形成影响力则只能是地方级的。

3. 选题的高度决定科研成果创新的高度。所谓选题的高度是指选题在学科前沿中的重要程度，选题研究的成果可能在理论、政策、方法创新中所发挥的作用。若选题不在学科前沿地带，就可能导致重复劳动，就可能沦为我国著名剧作家、南京大学陈白尘教授所说的"武大郎放风筝，出手太低"③ 的命运。一定意义上可以说，选题相当于"圈地"，选题确定了，地下有没有矿藏也就确定了；选题确定了，由选题所决定的主题就确定了，进而可能的创新点也确定了。不可能有超越选题之外的主题和创新点。

当然，上述体现选题重要性的三点都是仅就选题本身的理论价值和现实意义而言的。选择了有价值的、具有重要性的、具有高度的选题并不代表一

① 林毅夫. 论经济学方法［M］. 北京：北京大学出版社，2005：103.
② 林毅夫. 论经济学方法［M］. 北京：北京大学出版社，2005：4.
③ 陈白尘. 我的"文学修养"和家训［M］//陈九平. 谈治学（下）. 北京：大众文艺出版社，2000：499.

定能做出有价值的高质量的研究成果。毕竟，研究对象不等于研究成果。良好的开端也只是成功的一半而不是成功的全部。

4. 选题的成败决定科研工作的成败。布尔马基学派在《数学的建筑》一书中将数学问题划分为六类：（1）没有希望解决的问题；（2）没有后代的问题；（3）产生方法的问题；（4）产生一般理论的问题；（5）日渐衰落的问题；（6）平淡无聊的问题。① 我国老一辈著名经济学家于光远先生曾在阅读《布尔巴斯学派的兴衰》一书的读后感中写道：在选择经济研究课题时，"我只是想请大家注意这本书中所指出的在选择一个题目时要考虑的问题，即它有没有意义（是否属于'平淡无聊的问题'）；它的发展前途如何（是否属于'日渐衰落的问题'）；它对研究其他问题有无帮助（所谓'没有后代的问题'就是它的解决对于解决其他问题没有帮助）；它是否具有一般的方法论的意义（是否属于'产生方法的问题'）；是否具有一般的理论意义（是否属于'产生一般理论的问题'）；它的难度如何（是否属于'没有希望解决的问题'，当然也要看是否自己的能力和知识所及）。"② 于光远先生对《布尔巴斯学派的兴衰》一书中所列举的六类问题的阐释，对于从事经济学（包括金融学）研究的青年学子具有重要启示。

上述划分对经济学、金融学研究特别是选题是完全适用的。其中，第（1）（2）、（5）、（6）类问题的选题就是失败的。分析其原因：第一类问题难度太大，没有办法解决，属无解问题，故不宜研究，即使硬着头皮研究也属于无效劳动，也得不出什么有价值的成果（所谓没有希望解决的问题）；第二类问题的研究，对解决其他问题没有作用和价值，没有帮助，这就是孤立的问题（所谓没有后代的问题）；第五类问题没有时代性。时代在前进，研究时空变换了，有些问题会淡出学术界的视野而无人问津（所谓日渐衰落的问题）；第六类问题简单地说是没有研究价值，不值得浪费时间（所谓平淡无聊的问题）。

由此可见，选题直接关乎研究工作的成败，这个道理不难理解。

---

① （法）布尔马基等. 数学的建筑［M］. 南京：江苏教育出版社，1999：12 - 14.

② 于光远. 写给青年研究工作者［J］. 中国社会科学院研究生院学报，1986（3）.

5. 选题水平关乎一个学者科研能力的养成。选题是金融研究过程的首要因素，它关乎一个学者科研能力的养成。如果不会选题，就不可能具有独立的科学研究能力，就只能充当项目组成员而不是项目主持人，也很难达到《中华人民共和国学位条例》中授予博士学位所要求的"具有独立从事科学研究工作的能力"的学术水平。

日常学习中，经常有研究生向导师要学位论文题目，有些研究生导师也热衷于把自己的研究项目分解给研究生完成。这样，懒惰的学生不用费心选题就可以拿到题目去做，比较省事；导师让学生承担项目研究任务，也有利于项目完成。双方互惠互利，皆大欢喜。岂不知这样做的结果，一是研究生学习过程中缺乏应有的选题环节，白白失去了非常宝贵的学习机会（一个学生一生可能只有一次写硕士、博士论文的机会），自动放弃选题这一难得的学习实践机会，损失自然是巨大的；二是研究生导师亵渎了"传道、授业、解惑"的师道尊严。

在我国高校，常听到学生背后甚至当面将导师称为"老板"，一些研究生导师也欣然领受。这种"打工仔"和"老板"之间的商业关系严重毒化了神圣的师生关系，是不正常的。享有"天、地、君、亲、师"中"师"这一崇高地位的导师沦为"老板"，岂不呜呼哀哉！

二、选题的原则

关于选题的原则，我国学术界进行过热烈的讨论，比如，刘奇、贺新华、陈九龙主编的《自然辩证法概论》将科研选题的基本原则归纳为五条，即需要性原则、科学性原则、创造性原则、可行性原则、合理性与效益性原则。[1] 朱成全将科研选题的基本原则归纳为四条，即需要性原则、创新性原则、科学性原则、可能性原则。[2] 戴起勋、赵玉涛认为科研选题应遵循五大基本原则，它们是：需要性原则、科学性原则、创造性原则、可能性原则、经济性原则。[3] 叶继元认为选题应符合以下要求：应选择具有意义的课题、应选

---

[1] 刘奇等. 自然辩证法概论（第二版）[M]. 北京：北京大学医学出版社，2004：141-143.
[2] 朱成全. 经济学方法论 [M]. 大连：东北财经大学出版社，2003：272-273.
[3] 戴起勋，赵玉涛. 科技创新与论文写作 [M]. 北京：机械工业出版社，2004：5-6.

择具有创新性的课题、应选择自己最熟悉的课题、应选择具有专业特色的课题。①

应该承认，学术界关于选题的原则已基本形成共识，在具体文字表述上也基本一致，甚至完全相同。

笔者则认为，无论选题的原则有多少条，其称谓如何变化，但以下两条选题原则却是最重要的，也是我们选题时所必须遵守的。

（一）理论价值与现实意义

创新是科学研究工作的生命线，也是科学研究工作的灵魂。一项科学研究课题若没有理论价值，将是不可思议的。同时，科学研究工作又是为社会实践服务的，若科学选题没有现实针对性，选题研究的目的不是为了解决问题，同样是不可取的。因此，理论价值与现实意义就成为科研选题的首要原则，即必要性原则。

（二）研究者的创新

研究者的创新就是研究者对选题比较熟悉，有自己独特的有价值的研究发现。

法国伟大作家维克多·雨果说过："每个作家都要有一块适合自己耕耘的土地。"美国作家杰克·伦敦也说过："我的创作天堂，就是描写我脚下巴掌大的这块土地。"两位作家所指的这片土地，就是他们最熟悉的生活和人物。这两句话适用于任何类型的写作。有"中国的契诃夫"之誉的著名作家王汶石说："要在自己的山上唱自己的歌。"② 南京大学叶继元教授认为"应选择自己最熟悉的课题"。中外著名作家的认识是深刻的。

一般而言，研究者对自己要选择的课题并非一无所知，相反是有比较清楚的认识，只是这种认识还没有达到有别于别人的有价值的创新的高度。

研究者若没有对选题的创新认识，其结果可能是"选题是选题，自己是

---

① 叶继元. 学术规范通论 [M]. 上海：华东师范大学出版社，2005：54 – 59.
② 王汶石. 亦云集 [M]. 西安：陕西人民出版社，1983：144.

自己'，两条平行线奔向远方，永不相交。如果是这样，选题就绝难成立，实际研究工作也无从开展。

诚然，科学无禁区，但选题有约束。这种约束从客观方面讲，要受时代环境的限制和材料的限制；从研究者主观方面讲，要受到个人的学术积累和学识修养的限制。

学术价值和现实意义是选题的必要性，研究者的创新是选题的可能性。必要性和可能性的有机结合才有现实性，两者缺一不可。缺乏理论价值与现实意义，就没有研究的价值；没有研究者的创新，则难以完成论文的写作。

有些题目可能学术价值很高，也有强烈的现实意义，即题目本身有价值，有研究的必要性。但作者可能学术积累不够，写不出来，没有能力写。这样的题目虽有意义但不能选作题目。比如"新中国的金融事业"或"新中国金融 60 年"这样的题目需要占有的资料非常多，涉及的金融领域非常宽广，要投入大量的人力和物力方可完成。因而就不宜作为硕士、博士论文的选题。

有些题目作者可能非常熟悉，也有心得体会，但题目本身学术价值不高，也缺乏现实针对性。这样的题目容易写，但学术价值上打了折扣，也不值得写。比如"商业银行中间业务研究"或"商业银行信用卡业务研究"这样的题目太实际，属工作研究，对商业银行业务发展固然重要，但缺乏理论性，也不宜作为研究生论文的选题。

除了约束条件外，还有三个具体的观测指标：一是选题所必不可少的研究文献资料；二是选题研究和论证部分所必不可少的实际统计数据；三是完成选题的时间限制。没有相应的必不可少的文献资料，无法撰写文献综述，也缺乏对选题进一步深入研究的理论基础；没有实际统计资料，则难以完成有理有据、令人信服的分析论证；攻读博士、硕士学位都有明确的时间限制——学制的限制，博士、硕士学位论文选题必须在规定的时间内完成，否则有可能被取消学籍。选题的原则、约束条件和能否成立的标志，见表 5 – 1。

表5-1　　　　　　　　选题的原则、约束条件和能否成立的标志

选题的原则	理论价值与现实意义； 研究者的学术积累
选题的约束条件	时代环境和材料的制约； 研究者的学术积累和学识修养； 时间限制
选题的实质	依靠战略眼光，寻求新的学术生长点
选题能否成立的标志	有无参考文献； 有无实际统计数据

可行的题目可能处于学术价值和写作能力之间的均衡地带。这个均衡地带就是选题的可选范围，见图5-2。

图5-2　选题的可选范围

当然，这个均衡地带不好把握。选题的实质是要解决"写什么"的问题，也就是发现问题。这是从事科学研究和论文写作的开端和前提。发现有价值的选题需要学术眼光和智慧，简言之，选题本身是科学，更是艺术。

三、选题的来源

一般而言，科学问题归根结底来源于社会生产实践和科学实践，时代的需要就是科学问题的最基本的来源。当然，科学理论的发展有其相对独立性，科学问题或选题就存在丰富的多样性。

（一）从社会需求中寻找选题

任何理论都是时代的产儿。时代需求是科学理论发展的最大动力，也是

选题的最主要的来源。恩格斯指出："社会一旦有技术上的需要，则这种需要就会比十所大学更能把科学推向前进。"① 毛泽东也特别强调："什么叫问题？问题就是事物的矛盾。哪里有没有解决的矛盾，哪里就有问题。"②

经济学说史中，一切具有重要影响的经济学理论都是时代的产物。这样的例子举不胜举：

——亚当·斯密的自由放任理论是英国资本主义自由发展的客观要求的产物。此一理论为英国资本主义以及世界资本主义的发展发挥了巨大的促进作用。

——马克思的剩余价值理论是西欧资本主义经济内部阶级矛盾不可调和的理论总结。此一伟大理论曾改变了半个地球的颜色，成为全球社会主义运动的强大思想武器。

——为了保护德国处于相对落后状态的民族工业基础，李斯特提出了关税壁垒理论，力倡国家经济学而反对世界经济学。进入 21 世纪，尽管在 WTO 框架下，自由贸易已成为全球共识，但世界各国为了自身的国家利益，不时提出、实施妨碍自由贸易的各种政策限制，贸易保护主义从来不曾消失。由此，我们仍然能够看到李斯特所倡导的关税壁垒政策主张的影子。

——20 世纪 30 年代的大危机彻底粉碎了作为古典经济学理论基础的"萨伊定理"，凯恩斯的国家干预主义理论应运而生。面对国际金融危机，全球似乎又迎来了凯恩斯主义的新时代。从当前全球各国不约而同应对金融危机的政策刺激措施中，从我国积极的财政政策和宽松的货币政策实践中，人们不难发现凯恩斯经济思想特有的影响力。

——布雷顿森林货币体系的内在固有矛盾导致了全球金融体系的多次震荡和美元危机，催生了揭示国际货币体系内在矛盾的"特里芬难题"。今天，席卷全球的金融危机再次证明"特里芬难题"仍是难题。

上述经济学说史上的经典理论见表 5－2。

① 马克思、恩格斯. 马克思恩格斯选集（第四卷）［M］. 北京：人民出版社，1972：505.
② 毛泽东. 毛泽东选集（第三卷）［M］. 北京：人民出版社，1991：839.

表 5 - 2 经济学说史上的几个经典理论

	时代背景	理论	著作
亚当·斯密	18 世纪英国资本主义得到发展，但仍然遭受到残余的封建制度和流行一时的重商主义的限制政策的束缚	自由放任理论	*An Inquiry into the Nature and Causes of Wealth of Nations*（国民财富的性质和原因的研究，1776）
马克思	18 世纪英法资本主义经济内部不可调和的阶级矛盾	剩余价值理论	*Capital*（资本论，1867）
李斯特	19 世纪德国经济相对于英法的落后、积弱	关税壁垒理论	*The National System of Political Economy*（政治经济学的国民体系，1841）
凯恩斯	20 世纪 30 年代的大危机	国家干预理论	*The General Theory of Employment Interest and Money*（就业、利息和货币通论，1936）
特里芬	布雷顿森林货币体系下的全球金融动荡和美元危机	"特里芬难题"	*Gold and the Dollar Crisis*（黄金与美元危机，1961）

从上述经典理论赖以产生的时代背景中，可以看到社会需求对选题的制约。当然，也可以强烈感受到社会需求所带来的巨大机遇。

（二）从理论与实践之间的矛盾中析出选题

歌德有句名言：理论是灰色的，而生活之树常青。其含义是理论具有相对稳定性，而实际生活则是变动不居的。理论与实践之间经常存在着矛盾。实践发展了，理论就可能落伍、过时，这时就需要发展出新的理论，对新的实践重新进行新的理论概括。换句话说，理论必须顺应时代潮流，与时俱进。

比如，传统经济理论认为经济增长与充分就业之间是正相关，但中国的现实却不然。改革开放 40 年来，中国经济一直高速增长，平均增长速度高达 9% ~ 10%，但就业压力却越来越大。原因何在？需要深入研究。可能的思路恐怕在于找出经济增长与就业之间正相关的约束条件。也就是在何种经济发展状态下，才有经济增长与充分就业的正相关。只有找出此约束条件，才能找到中国经济增长与就业不相关甚至负相关的根源，为解决中国就业问题寻找切实可行的解决之道。

需要强调说明的是，"如果理论与事实不符，不应让事实迁就理论，而应该对理论本身再行探讨"。① 这就是从理论与实践之间的矛盾中析出选题的理由。

（三）从理论内部的矛盾中推导选题

"任何理论都不是真理本身。"② 对于同一问题，不同的理论、不同的学派可能有不同的解释。这样，就产生了理论内部的深刻矛盾。比如，对货币政策操作，凯恩斯学派主张"相机抉择"，货币学派则主张"单一规则"，曾任美联储主席的美国著名经济学家伯南克则主张"通货膨胀目标制"，孰是孰非？需要研究。可行的解决办法可能在于弄清楚凯恩斯学派、货币学派以及伯南克提出各自政策主张的理论背景，在此基础上再进一步寻求"相机抉择""单一规则"和"通货膨胀目标制"的适用条件。找出三者的适用条件后，在相应的约束条件下，实施符合适用各自条件的政策操作，才可能是行之有效的。由此，从理论内部的矛盾中推导选题就成为选题的重要来源之一。

（四）从实践内部的矛盾中寻求选题

实际经济生活总是丰富多彩的，也是充满矛盾的。举例来说，在当前国际金融危机背景下，世界各国遭受金融危机的影响是不同的：美国经济复苏举步维艰；欧洲不断爆出债务危机，先是冰岛，再是希腊，接着是西班牙；日本情况也不妙；"金砖国家"情况较好些。简单地说，全球经济冷热不同，情况迥异。在此复杂状态下，中国选择什么样的政策？是宽松？是紧缩？要继续宽松的话，中国经济增长势头不错，同时面临通货膨胀的巨大压力；要

---

① （日）现代经济学研究会. 世界十五大经济学 ［M］. 北京：求实出版社，1990：43.
② 林毅夫. 论经济学方法 ［M］. 北京：北京大学出版社，2005：3.

继续紧缩的话，全球外围环境似乎又不允许。宏观经济政策究竟何去何从？这是当前需要深入研究的问题之一。火热的实际经济与金融生活是选题的广阔天地。

（五）从金融学科与其他学科的交叉地带寻找选题

"科学中的交叉是指科学研究中为实现对对象世界及其变化进行探测，在两种或两种以上不同学科间进行概念移植、理论渗透、方法借鉴等活动，最终形成独立的、跨越单一学科的科学理论体系。"[1]

当今世界，科学的分工越来越细，与此同时，在各学科分工的基础上又存在多学科之间的整合，以便对复杂性社会经济与金融问题进行深入的探索。比如，金融工程学已发展为金融学的一个分支，它是应用工程方法研究金融问题的一种探索；金融地理学也是作为自然科学的地理学与作为社会科学的金融学的一种交叉研究学科。

这种学科之间的交叉融合对研究对象的深入探索发挥了巨大的作用。控制论的创始人维纳认为："在科学发展上可以得到最大的收获的领域是各种建立起来的部门之间的被忽视的无人区。"[2] 科学交叉的具体表现形式主要有：一是科学理论的移植和综合；二是科学方法的转移与借用；三是研究对象的转移和综合。科学交叉的程度越大，越容易产生原创性的成果。

因此，金融研究选题也应关注与金融学科形成交叉的领域，在此领域辛勤耕耘，会收获令人欣喜的成果。

四、选题的类型和艺术

（一）选题的类型

靳达申、车成卫在《如何提高国家自然科学基金申请质量》一书中将自然科学基金课题划分为基础研究与非基础研究两大类，并进一步将非基

---

① 戴起勋，赵玉涛. 科技创新与论文写作 [M]. 北京：机械工业出版社，2004：7.

② （美）N. 维纳. 控制论 [M]. 北京：科学出版社，1963：2.

础研究区分为应用基础研究（目的基础）、应用研究、开发研究和工程技术四种，[①] 见表5–3。

表5–3　　　　　　　　　　　基础研究与非基础研究

纯基础研究	Know Why or What（Discovery）
应用基础研究（目的基础）	Know Why and Know How
应用研究	Know How
开发研究	Know Market
工程技术	Know Need

范国睿将人文社会科学体系归纳为基础研究和应用研究，在基础研究中又区分哲学理论和科学理论，以此为基础，对哲学理论、科学理论和作为应用研究的实践理论的研究目标、研究对象和研究价值进行了科学的概括。[②] 见表5–4。

表5–4　　　　　　　　　　　人文社会科学体系

基础研究		应用研究
哲学理论	科学理论	实践理论
为什么 （应当是什么）	是什么 （曾经是什么）	怎么办
价值—规范陈述体系	事实陈述体系	技术—规范陈述体系
确立社会理想或价值	描述社会现象，揭示社会发展规律	指导社会实践

史晋川将经济学家区分为学院经济学家、政府经济学家和公司经济学家，并进一步将学院经济学家所从事的经济学研究区分为三大类型：学术问题导向的经济理论研究、现实经济问题导向的经济理论研究和跨学科问题导向的经济理论研究。[③]

应当说，靳达申、车成卫、范国睿和史晋川的划分是有价值的。它有利

① 靳达申，车成卫. 如何提高国家自然科学基金申请质量 [M]. 上海：上海科学技术文献出版社，2003：20.

② 范国睿. 走进人文社会科学 [J]. 学位与研究生教育，2011（11）.

③ 史晋川. 经济学家与经济理论研究 [J]. 学术月刊，2005（6）.

于金融研究论文写作中主题的提炼。现在，不少的研究生论文中数学模型一大堆，既有格兰杰因果检验，又有协整分析，但分析结果没有针对性，没有回答"为什么""是什么"和"怎么办"的问题，与研究问题的学术价值和现实意义挂不上钩，也和自己论文的主题没有关系。

明确选题的类型有利于提高金融研究论文写作的针对性。

（二）选题的艺术

1. 大处着眼，小处着手。这是学者胡适极力倡导的史学研究方法。对经济学、金融学的研究特别是选题同样是完全适用的。当然，此话说起来容易，做到却难。常见的研究类型是"小处着眼，小处着手"，此种类型的研究，学问固然扎实，但格局终究狭隘；另一类研究是"大处着眼，大处着手"，此种类型虽然有排场，虽然"时髦"，到底只是花架子而已。至于"大处着眼，无处着手"则根本不入流。

毛泽东在《矛盾论》中对"大处着眼，小处着手"有过清晰的概括："就人类认识运动的秩序说来，总是由认识个别的和特殊的事物，逐步地扩大到认识一般的事物。人们总是首先认识了许多不同事物的特殊的本质，然后才有可能更进一步地进行概括工作，认识诸种事物的共同的本质。"[①] 我国经济史学者严中平教授对"大处着眼，小处着手"这种选题方法的论述非常清楚、具体。他指出："不论从科研能力的正常秩序方面看，还是从科研能力的锻炼成长说，我劝青年在选题时要考虑这样的次序：先个别，后一般；先局部，后全体；先断代，后通代；先分析，后综合；先具体，后抽象；先把局部的具体的历史事实搞清楚，然后进行全面的发展规律的抽象概括。总的一句话，从小处着手。"[②]

我国数学家张素诚先生也语重心长地指出："我们过去讲搞科研是叫宝塔式的，基础要广，然后上去。这从打基础的角度来讲是对的，基础要广，塔才造得高。但搞科研开始的时候是先深入，然后再扩大，再继续深入。不要

---

① 毛泽东. 毛泽东选集（第一卷）[M]. 北京：人民出版社，1991：309–310.
② 严中平. 科学研究方法十讲 [M]. 北京：人民出版社，1986：50.

盲目地搞一个很大的领域，这样是不行的。应该先把特殊的东西搞透了，再把不同领域的有关东西综合起来，在这个基础上再搞别的新的东西。"①

应该说，无论是作为革命领袖的毛泽东，还是作为学者的胡适、经济史学家的严中平和数学家的张素诚，他们对人类认识的一般规律和科研选题的规律的看法是完全一致的。

初学写作的时候选择题目宜小些，这样好驾驭，过大的题目，需要较深厚的学术修养。中国社会科学院研究员李扬的博士学位论文题目是《财政补贴经济分析》，此题目初看起来比较小。仔细分析却是"大处着眼，小处着手"的典范之作：从财政补贴这一财政支出的子项目入手，考察其对生产、分配、消费、积累等宏观经济变量的影响。该论文1999年由上海三联书店出版后，受到学术界的广泛赞誉并荣获孙冶方经济科学著作奖。当然，李扬拥有非常优异的知识结构。他本科在安徽大学读政治经济学（教过他的老师中有早年留学英国剑桥大学的藤茂桐教授），硕士阶段在复旦读货币银行学（其导师是金融学家陈观烈教授），博士阶段在中国人民大学读财政学（其导师是财政学家王传伦教授）。这样的知识结构在同辈人中间是相当罕见的。

2. 论题要集中。一篇论文集中解决一个问题甚至某一个问题的某一个方面，不要漫山遍野，四面出击。论题不集中容易导致选题的发散化，很难深入下去。论题不集中常见于平行选题。比如，"论商业银行中间业务与核心竞争力"这一题目就有选题不集中的毛病。观此题目，我们不知道作者的研究重点在哪里？作者的意图是通过优化中间业务来提高核心竞争力？还是通过提高核心竞争力来拓展中间业务？

一言以蔽之，最好的选题应该是一个"点"而不是"面"。当然，这个"点"要有伸缩性，只有这样，方能进可以攻，退可以守，并最大限度地获得自由。对此，蒋慰孙教授有非常清晰、生动的说明："博士论文题目要注意深度和广度，要有回旋余地，攻进去以后，要能层层深入。登堂入室，屋宇要

---

① 张素诚. 努力奋发，不虚此生［M］//浙江日报编辑部. 学人论治学. 杭州：浙江文艺出版社，1983：76.

深，攀顶登山，峰峦宜密。上了一个峻岭，还应该有其他奇巅，依据条件和可能，达到一定的高度。最怕的是一座小高峰，即使较陡，但四周都是平地，则一上顶以后，再无余地，这样就很难办。我们在选题中遭遇到这种情况，只有及时更换调整。"① 李剑鸣教授也指出："在选题时，最好多考虑题目的相关性，从大问题中选取小题目，完成一个，再接着研究其他相关的题目，如此生发，最终可以写成大论著。"② 蒋慰孙教授和李剑鸣教授之言都是长期治学得来的宝贵经验，可谓金针度人。

3. 选好切入点。选好切入点同样非常重要，同一个问题从不同角度切入进行研究，效果殊异。古人讲"横看成岭侧成峰"就是这个道理。观察问题要有新的切入点、新的视角。选好切入点，有些问题就豁然开朗了，甚至有些很难缠的题目看似"山重水复"，由于新切入点的选取也可能"柳暗花明"。比如，2008 年 9 月国际金融危机爆发之后，世界各国都面临需求不足和通货紧缩的巨大压力。我国则是奋力"保八"，千方百计推动经济增长。在消费不振、投资下降、出口受阻这一国内外环境下，为了应对金融危机挑战，决定实施积极的财政政策与宽松的货币政策。为此，我国政府出台了 4 万亿元一揽子投资计划，货币信贷天量增长（2009 年新增信贷 95 957 亿元，同比增长 98.72%；新增货币供给 131 034 亿元，同比增长 27.58%）。这项政策对经济"V"形复苏和"保八"任务的完成功不可没，但货币信贷天量增长不仅诱发了强烈的通胀预期，更延缓了转变经济增长方式的进程，进一步扭曲了经济结构（比如所有制结构上的国进民退、经济增长更依赖于投资驱动等）。

从理论讲，为了应对国际金融危机，就是在 $C + I + G + (X - M) = GDP$ 的左端 C、I、$(X - M)$ 都下降的情况下进一步增加政府变量 G，将 G 转化为 ΔC 和 ΔI；同时，通过扩大银行信贷投放来刺激消费 C，使其转化为 $C + \Delta C$，鼓励投资 I，使其转化为 $I + \Delta I$。诚然，我们必须明确认识到，在 $C + I + G + (X - M)$ 中，C、I 和 $(X - M)$ 都是内生变量，只有 G 是外生变量。要推动

① 蒋慰孙. 博士生培养之我见 [J]. 学位与研究生教育，1987 (5).
② 李剑鸣. 历史学家的修养与技艺 [M]. 上海：上海三联书店，2007：350.

经济增长，从政府角度看，只有从外生变量入手。显而易见，这里存在最佳切入点的选择问题。自然，在经济形势发生逆转，存在通货膨胀压力时，则只有推动相反方向的政策操作。

经济学说史上，凯恩斯是选题艺术的高手，在其革命性著作《就业、利息和货币通论》中，凯恩斯进行了一系列革命性创新：挪移了经济学的研究对象（从充分就业均衡到非充分就业均衡）；改进了经济学研究方法（从个量分析到总量分析）；更新了经济调控手段（从自由放任到国家干预）。更重要的是，凯恩斯在经济学说史上第一次找到了政府干预经济的外生变量："我们的最后任务，也许是在我们实际生活其中的经济体系中找出几个变数，可以由中央当局来加以统制或管理。"①

4. 自由选题与命题作文。一般而言，选题应自己定，你对什么选题感兴趣，有心得体会，就选什么题目去写。这样，往往会自然而然，水到渠成。这是科学研究与论文写作的一般状态即常态。当然，也可以命题作文。在导师非常熟悉研究生知识结构、学术专长和个人性情的情况下，也可以给学生出题目让学生去写作，这就是研究生命题作文了。中国高校金融学专业中有多少硕士、博士学位论文属命题作文，笔者没有调查研究，讲不清楚。但我国古代散文中却有许多命题作文写得非常出色，成为传世之作甚至千古绝唱。比如，范仲淹的《岳阳楼记》、王勃的《滕王阁序》、曹植的《七步诗》等都是受命之作。其中，《岳阳楼记》在古代散文中更堪称峰巅之作，其"先天下之忧而忧，后天下之乐而乐"的境界千百年来谁人又能逾越？

五、学位论文选题常见问题

为了更清晰地把握选题，这里列示出金融学专业硕士、博士论文选题中常见的问题并给予简单分析。

（一）选题发散化

选题发散化是指选题范围过大且涉及领域过于宽泛。

---

① （英）凯恩斯．就业、利息和货币通论［M］．北京：商务印书馆，1983：210．

举例1：博士论文

论文选题：公共资源配置、交易效率与地区经济差距

分析：此选题明显范围过大且涉及领域过于宽泛，涉及公共经济学、产权经济学和区域经济学等多个领域。根据题目，我们不知道作者要研究什么问题，是想讲公共资源配置、交易效率对地区经济差距的影响吗？从公共资源配置、交易效率到地区经济差距中间有许多环节，一篇博士论文很难讲得清楚。是想讲公共资源配置、交易效率与地区经济差距的关系吗？三者的相关性并不太强。

结论：选题发散化，不是好的选题。

举例2：博士论文

论文选题：对外贸易、产业结构与环境—收入曲线——理论与中国数据的实证研究

分析：此选题思路混乱。给人的感觉好像是要从理论与实证两个方面研究对外贸易、产业结构与环境—收入曲线三者的关系。但头绪实在太多了。

结论：选题发散化，不是好的选题。

举例3：硕士论文

论文选题：中国经济增长、城市化对能源消费影响的研究

分析：此选题明显范围过大。题目可以简化为 A、B 对 C 影响的研究。论文中既要研究 A 对 C 的影响，又要研究 B 对 C 的影响。难免顾此失彼。同时，读者一定要问：你的论文中 A 和 B 又是什么关系呢？事实上，作为硕士学位论文，仅写 A 和 B 之一对 C 的影响就足够了。

结论：选题发散化，不是好的选题。

举例4：硕士论文

论文选题：陕西省能源—经济—环境绿色投入产出核算研究

分析：此选题明显范围宽泛。既要研究能源—经济—环境三者之间的关系，又要研究三者之间的绿色投入产出核算。绿色投入产出核算中又要剔除环境污染的代价和损失。研究头绪太多。不适合作为硕士学位论文选题。

结论：选题发散化，不是好的选题。

（二）平行选题

此种选题可归纳为关于 A 和 B 的研究模式。

需要强调说明的是，选题发散化和平行选题会带来论文结构上令人头痛的问题，会对科学的符合逻辑的论文结构形成巨大的困扰。与此同时，选题发散化和平行选题还会对文献综述造成巨大的麻烦，可能的结果是会出现多种文献综述杂然并陈的混乱格局。对此，本书第五章结构与语言、第八章文献综述中会进一步讨论。

（三）选题缺乏理论价值

作为博士、硕士学位论文，一般需要理论上的创新。自然，博士、硕士学位论文在理论的创新程度上会有所区别。

当前，我国经济学、金融学博士和硕士学位论文的选题，一定程度上普遍缺乏理论价值，同时存在令人忧虑的方法论导向。

就题目看，上述博士学位论文和硕士学位论文选题一定程度上都缺乏理论价值或理论创新方面空间太小，有些题目本身甚至就是工作研究、一般业务研究。不适合作为博士学位论文和硕士学位论文的选题。

（四）选题过大或过小

选题的大与小一般而言是指选题的难易程度、选题的工作量大小。

在选题过程中，导师一般都要求学生尽可能"小题大做"而不是"大题小做"。理工科大学的导师更讨厌学生动辄"中国"或"世界"，因为那是讲不清楚的。从研究生角度讲，宁可选题较大些，这样不仅容易完成字数上的要求，容易写出规模，而且题目大些也容易找材料。

其实，选题的大与小还有更本质的内涵，那就是研究价值的大小。若选题的研究价值非常大，具有重大的理论价值和现实意义，即使难度大和选题的工作量大些也值得花费精力去完成。若选题的研究价值不大，没有理论空间和现实意义，即使难度小、工作量小、容易完成也不值得去写作。

中国社会科学院法学研究所研究员、著名民法大家梁慧星先生认为："硕士论文题目的设计，要避免过大；博士论文题目的设计，要避免过小。"[①] 此观点值得我们重视。题目过大，必然空泛，题目过小，分量不够。题目的大小，直接关乎论文写作的成败，不可小觑。

（五）选题陈旧

选题陈旧亦是博士学位论文和硕士学位论文选题中常见的问题。比如，中小企业融资问题、商业银行竞争力问题等，每年的论文评审、答辩中都会有。给人的感觉是老生常谈，缺乏新意。好像改革开放 30 多年来，我国的经济金融问题都有人研究过了，没有新问题了。有些同学找不到新的研究问题、新的研究现象，就干脆在老问题上玩弄起方法来了。对已研究过的老问题，既"格兰杰因果检验"，又"协整分析"，又"稳定性检验"，结果得出的研究结论了无新意，有些研究结论只是经济学、金融学的常识甚至连常识都算不上。这一教训，值得后来者吸取。

本章小结

1. 选题包括两个层次的含义：第一层次的选题（这里当名词用）是指一定时代的科学认识主体（研究者）在所处时代知识背景制约下所提出的科学认识和科学实践中需要解决而又未能解决或未能很好解决但通过努力可以解决的问题。第二层次含义的选题（这里当动词用）是指形成、选择和确定所要研究和解决的课题的过程。第二层次含义的选题（这里当动词用，意指选择过程）向第一层次的选题（这里当名词用，意指选择结果）的成功转化，标志着选题过程的实际完成。

2. 选题的战略地位体现在五个方面：选题的价值决定研究成果的价值；选题的重要性决定研究成果的重要性；选题的高度决定科研成果创新的高度；选题的成败决定科研工作的成败；选题水平关乎一个学者科研能力的养成。

---

① 梁慧星. 法学学位论文写作方法 [M]. 北京：法律出版社，2006：24.

3. 选题的原则包括两个方面：一是理论价值与现实意义，二是研究者的创新，两者缺一不可。缺乏理论价值与现实意义，就没有研究的价值；没有研究者的创新，则难以完成论文的写作。

4. 选题的来源主要有五个方面：从社会需求中寻找选题、从理论与实践之间的矛盾中析出选题、从理论内部的矛盾中推导选题、从实践内部的矛盾中寻找选题、从学科与学科的交叉地带寻找选题。

5. 选题的艺术：大处着眼，小处着手；论题要集中；选好切入点。

6. 学位论文选题中常见的问题是：选题发散化、平行选题、选题缺乏理论价值、选题过大或过小、选题陈旧。

第六章　材料积累

即使只是在一个单独的历史实例上发展唯物主义的观点，也是一项要求多年冷静钻研的科学工作。因为很明显，在这里只说空话是无济于事的，只有靠大量的、批判地审查过的、充分地掌握了的历史资料，才能解决这样的任务。[①]

——恩格斯

如果从事实的全部总和、从事实的联系去掌握事实，那么，事实不仅是"胜于雄辩的东西"，而且是证据确凿的东西。如果不是从全部总和、不是从联系中去掌握事实，而是片断的和随便挑出来的，那么事实就只能是一种儿戏，或者甚至连儿戏也不如。[②]

——列宁

要研究事实，对比事实，积累事实。无论鸟翼是多么完美，但如果不凭借着空气，它是永远不会飞翔高空的。事实就是科学家的空气。如果你们不凭借事实，就永远不能飞腾起来。[③]

——巴甫洛夫

材料积累在科学研究和研究论文写作中具有举足轻重的地位，它是科学研究和论文写作的基础和前提。一项科学研究如果没有足够的材料，研究工作就

[①]　恩格斯. 卡尔·马克思. 政治经济学批判 ［M］//马克思，恩格斯. 马克思恩格斯选集（第二卷）. 北京：人民出版社，1972：118.

[②]　列宁. 统计学和社会学 ［M］//列宁全集（第23卷）. 北京：人民出版社，1958：279.

[③]　（俄）巴甫洛夫. 给青年们的一封信 ［M］//巴甫洛夫选集. 北京：科学出版社，1955：31－32.

无法开展；一篇论文写作若没有足够的材料，论文写作也就"巧妇难为无米之炊"。本章分别讨论材料积累的意义、材料的来源、材料的使用等问题。

一、材料积累的意义

（一）什么是材料

材料是构成金融研究论文的基本要素之一。金融研究过程和金融论文写作都必须首先占有材料。那么，什么是材料呢？

简言之，为着某一特定的写作目的，作者从学习研究过程中搜集、摄取、写入论文的（包括未写入论文而对论文形成具有价值的）一系列理论文献、事实、数据等，统称材料。

前已说明，金融研究过程是具有一定金融学理论素养的金融研究主体，依据现有的金融认识中介（金融理论知识系统），研究金融客体并得出有价值的新的金融认识成果的探索过程。

依据这一不成熟的定义，金融研究过程中的材料概念至少包括两个方面的内容。一是关于金融理论知识体系的材料；二是关于金融客体即金融研究对象的材料。前者是金融研究主体有关金融理论知识的储备，后者则是金融研究主体对自己所要研究的金融对象方面的知识积累。自然，一个金融研究工作者研究水平的高低以及其所能取得的研究成果的多少主要取决于两个因素，一个是自己的理论素养、理论水平的高低；另一个则是自己所掌握的金融研究问题的多少以及对所要研究问题的实际认识程度。

就金融研究过程而言，材料的积累主要是对金融理论知识的积累和对实际金融生活的观察。前者取决于金融研究主体读书量的多少；后者则是金融研究者对实际金融生活是否熟悉以及熟悉的程度。对于金融研究者的理论资料准备和实际经验积累，套用文学界的话说就是要"一手伸向传统，一手伸向生活"。

诚然，金融研究工作者在选择某一金融研究课题之前，已经初步对研究课题有所认识，可能已有一定的理论知识准备，也可能有一些实际经验。接下来则是进一步深入研究的问题。

（二）占有材料的意义

恩格斯强调研究问题"只有靠大量的、批判地审查过的、充分地掌握了的历史资料"；列宁倡导科学研究要"从事实的全部总和，从事实的联系来掌握事实"；巴甫洛夫告诫青年科技工作者"要研究事实，对比事实，积累事实"；鲁迅讲"采了许多花，然后才能酿出蜜"。"事实"就是"材料"，"积累事实"就是"积累材料"；"事实的全部总和"就是"全部的材料（历史的、现实的、正面的、反面的、理论的、实际的……）"；"花"就是"材料"，"许多花"也就是"许多材料"。上述革命领袖、科学家、作家所讲的无非是积累材料的重要性。

道理何在呢？

因为从事科学研究、撰写研究论文总要为人们提供一种有价值的思想或认识，但无论思想或认识都不是凭空臆想或杜撰出来的。一种思想或认识无论是正确的或错误的，先进的或落后的，它总是社会现实的反映。这里，人的头脑就好比"加工厂"，如果没有原料，那么"加工厂"就只有"停工待料"，无法生产。俗话讲"巧妇难为无米之炊"，就形象地说明了材料的重要性。没有材料，无论厨艺有多高，都不能做出可口的饭菜来。同理，金融研究有严格的材料（事实、实际金融统计数据）约束，受研究对象的严格限制。如果一个金融研究者未占有有用的理论材料和实践材料，不管论证方法多么高妙，也研究不出有价值的成果，从而也难以写出高质量的有创造性的研究论文。

1. 材料是形成创新观点的基础。金融学硕士、博士论文能否通过答辩，一个主要的条件就是论文必须有创新观点。创新观点如何形成呢？靠材料。材料是形成创新观点的基础，创新观点要从材料中提炼出来。革命导师马克思的光辉巨著《资本论》是如何产生的呢？列宁说："《资本论》不是别的，正是'把堆积如山的实际材料总结为几点概括的、彼此紧密联系思想'。"[1]这就是说，《资本论》的主要"思想"，是大量实际"材料"的科学"总结"。

---

① 列宁. 什么是"人民之友"以及他们如何攻击社会主义者［M］//列宁. 列宁全集：第一卷，北京：人民出版社，1958：121.

没有事实、材料，就不能产生任何正确的思想，更不能产生任何有价值的学术创新观点。正因为如此，毛泽东在《改造我们的学习》一文中谆谆告诫我们：学习与研究问题应当"不凭主观想象，不凭一时的热情，不凭死的书本，而凭客观存在的事实，详细地占有材料，在马克思列宁主义一般原理的指导下，从这些材料中引出正确的结论"[①]。金融学研究是如此，金融学研究论文的写作也是如此。正确的"结论"是在金融学一般原理指导下，从占有的详细"材料"中"引"出来的。既然如此，材料就成为形成创新观点的基础。能否占有详尽可靠的材料，就成为一切科学研究工作的前提。

2. 材料是表现创新观点的支柱。利用材料形成创新观点后，则可进入论文写作阶段。论文写作中，创新观点要依靠材料表现出来。日常生活中，我们常常说要"摆事实，讲道理"。"事实"就是材料，"道理"就是观点。不摆事实，不证以材料，道理就说不清，观点就道不明。我们评价硕士、博士论文时，也常说某论文"材料不足"或"缺乏材料"。缺乏丰富材料的论文，自然就显得单薄，分量不足，其立论就可能持之无据或论据不足，甚至"空话连篇，言之无物"[②]。没有事实、材料的支撑，观点根本无法树立；没有适当的、足够分量的材料的支撑，观点即使是树起来了，也不能立牢。因此，一篇学术论文材料是否真实，是否能说明观点表现主题，绝非无足轻重，它直接关系到一篇论文是否具有科学性，是否具有说服力的关键问题。

3. 材料是论文写作的基础。诚然，选题要从材料中产生，主题与创新点也是从材料中提炼，因此，材料就是论文写作的基础。占有了大量的有价值的材料，论文写作就相对顺利得多。对此，著名作家路遥有过"过来人"的谆谆忠告。为了创作反映1975—1985年这10年间中国城乡广泛的社会生活，路遥进行了艰辛的材料准备。"我找来了10年间的《人民日报》《光明日报》、一种省报、一种地区报和《参考消息》的全部合订本。房间里顿时堆起了一座又一座'山'。我没明没黑地开始了这件枯燥而必需的工作。一页一页

---

① 毛泽东. 改造我们的学习［M］//毛泽东. 毛泽东选集（第三卷）. 新2版. 北京：人民出版社，1991：801.

② 毛泽东. 反对党八股［M］//毛泽东. 毛泽东选集（第三卷）. 新2版. 北京：人民出版社，1991：833.

翻着，并随手在笔记本上记下某年某月某日的大事和一些认为'有用'的东西。工作量太巨大，中间几乎成了一种奴隶般的机械性劳动。眼角糊着眼屎，手指头被纸张磨得露出了毛细血管，搁在纸上，如同搁在刀刃上，只好改用手的后掌（那里肉厚一些）继续翻阅。"① 正是这种为积累材料所从事的苦役般的劳作为路遥后来创作三卷本的《平凡的世界》带来了极大的方便，为创作打下了比较扎实的背景基础。"用了几个月的时间，才把这件恼人的工作做完。以后证明，这件事十分重要，它给我的写作带来了极大的方便——任何时候，我都能很快查找到某日某月世界、中国、一个省、一个地区（地区又直接反映了当时基层各方面的情况）发生了什么……"②

自然，路遥所说的上述材料工作只是为了弄清自己创作的时代背景。创作三卷本百万字的皇皇巨著《平凡的世界》所需要的材料远远不止这些。没有丰富的有价值的材料，就很难进行高质量的论文写作，甚至根本无法开展研究工作。诚如巴甫洛夫所言："要研究事实，对比事实，积累事实。无论鸟翼是多么完美，但如果不凭借着空气，它是永远不会飞翔高空的。事实就是科学家的空气。如果你们不凭借事实，就永远不能飞腾起来。"③

4. 占有材料的质量决定研究成果和论文写作的质量。从事科学研究，占有材料是基础性的工作，此不言自明。同时，也应该强调占有材料的质量。你占有什么样的材料，只能做什么样的研究工作，取得什么样的研究成果，写出什么样的研究论文。一定意义上讲，研究成果是由建筑材料构成的，没有阅读高质量的材料，要作出高水平的研究，几乎是不可能的。

总之，占有材料、熟悉材料是极其重要的。一个优秀的金融研究工作者，一个重要的素质就是要熟悉自己研究领域和研究专题的学术史，要熟悉所要研究问题的国内外研究现状以及研究对象的实际发展状况。

二、材料的来源

材料的来源是很多的。只有我们做有心人，便"处处留心皆学问"。就金

---

① 路遥. 早晨从中午开始 [M]. 西安：西北大学出版社，1992：54.
② 路遥. 早晨从中午开始 [M]. 西安：西北大学出版社，1992：54 - 55.
③ （俄）巴甫洛夫. 给青年们的一封信 [M] //巴甫洛夫. 巴甫洛夫选集 [M]. 北京：科学出版社，1955：31 - 32.

融学研究而言，其材料来源大致有如下几个方面。

（一）金融期刊论文

从事金融科学研究，自然必须高度关注集中刊载金融问题研究成果的金融类期刊。

金融期刊主要是由金融机构主办的，不完全统计，主要有以下几个。

1. 中国金融学会：《金融研究》《金融研究动态》《金融学季刊》。

2. 中国人民银行：《中国金融》。

3. 中国国际金融学会：《国际金融研究》《国际金融》。

4. 中国城市金融学会：《金融论坛》《中国城市金融》。

5. 中国农村金融学会：《农村金融研究》。

6. 中国保险学会：《保险研究》。

7. 中国投资学会：《投资研究》。

8. 地方金融学会主办的金融期刊。

9. 中国金融年鉴编辑部：《中国金融年鉴》。

上述期刊和年鉴的材料是比较集中的，主要在金融领域，是从事金融研究的重要参考资料。其中，《金融研究》由中国金融学会主办，一定意义上代表了当代中国金融研究的最高水平，需要特别重视；中国国际金融学会主办的《国际金融研究》在金融学界亦享有较高的学术声誉；中国人民银行机关刊物《中国金融》是反映中国金融政策、方针、措施以及金融工作的重要刊物，带有政策指导性，需要密切关注；至于地方金融学会主办的学术期刊，虽理论水平比不上《金融研究》等，但它们可以反映实际金融现实问题，特别是微观的各地区情况，也应当加以重视；《中国金融年鉴》是中国金融界最权威的金融统计数据和事实的汇编材料，并且是逐年编写出版的，具有连续性，是从事金融研究不可缺少的材料。

（二）CSSCI 期刊

经中文社会科学引文索引指导委员会审定 2010—2011 年 CSSCI 期刊目录中计有经济学 72 种、综合性社会科学 50 种、高校综合性社科学报 70 种。参见附录1。

附录的期刊是由中文社会科学引文索引指导委员会从中国上千种学术期刊中审定的，是比较优秀的中文期刊，可以成为金融学研究的重要资料来源。不过，由于上述各种学术期刊中收录的分别是经济学、综合性社会科学、高校综合性社科学报、管理学方面的论文，因而发表的金融专题论文要少些。由于上述期刊质量较高，亦是从事金融研究者需应该密切关注的。

（三）报纸文章

主要是《人民日报》《光明日报》《经济日报》《经济参考报》《金融时报》等。这些报纸上刊登的财经专栏文章可以作为我们从事金融研究的重要参考材料。

当然，有人对报纸文章颇有微词。理由是，报纸文章学术性不高，缺乏严密的论证。更有甚者，认为报纸是党和政府的"喉舌"，所反映的材料都是"正面的"，缺乏对"真实问题"的暴露，而科学研究主要是研究问题，因而报纸文章不足为凭。这些观点是有失偏颇的。

对报纸文章的学术性不可一概而论。有些学术质量很高的文章也发表在报纸上。比如，改革开放初，《光明日报》发表的由南京大学胡福明所撰写的、经《光明日报》和中央党校许多学者参加修改完成的、以本报评论员署名发表的《实践是检验真理的唯一标准》的文章，不仅理论水平很高，更由此拉开了真理标准问题讨论的序幕从而成为中国改革开放的先声。所谓"一言兴邦"，其为中国改革开放作出的巨大贡献是难以估量的。

诚然，报纸文章由于篇幅所限，不可能有模型推导，论证可能不充分，但观点是鲜明的，理论分析是富有逻辑的，所探讨的问题一般也都是现实生活中的热点问题，而这些热点问题正是需要密切关注和进一步深入研究的。至于说报纸文章都反映正面问题或对存在问题总是正面反映的，此亦不足为虑。我们研究问题所需要占有的材料本来就既包括正面的，也包括反面的；既包括历史的，也包括现实的；甚至要宽容错误的东西，学术研究既要鼓励创新，更要宽容失败。只有百家争鸣、百花齐放，才有益于我们的学术事业。

（四）经典著作

我国南宋大儒朱熹有诗云："旧学商量加邃密，新知培养转深沉。"[①] 研究问题，必须熟读某一方面的经典论著，也就是要梳理某一研究问题的学术史。著名历史学家、北京大学李剑鸣教授认为："在选取研究方向和确立课题方案的过程中，就本课题做一番学术史的梳理，就成了一项不可缺少的工作。"[②] 这是需要金融研究者所高度重视的问题。

现在有一种比较流行的说法是，研究问题要熟悉所研究问题的国内外研究现状。这种说法自然无错。但我个人认为，研究问题不仅要熟悉研究问题的国内外研究现状，更要熟悉所研究问题的国内外研究历史，熟悉国内外关于所要研究问题的经典论著。否则，我们就不知道自己所研究问题"从哪里来"，更难准确判断所研究问题"向何处去"，我们所做的学问可能游学无根。

熟读经典著作，就是向传统学习。要真正做好学问，就得"守牢一本经典"，得有自己的"根据地"，得抢上一个"制高点"。对经典著作，必须读熟、读透、读通，然后再扩展开来。我国杰出的山水画家钱松嵒透露："许多人对齐白石的画，大刀阔斧，雄伟奔放很感兴趣，其实他在古人堆里翻过不少跟头。他甘愿在青藤、八大、石涛、吴昌硕门下'饿而不去'。"[③] 我国著名作家路遥在创作自己的名著《平凡的世界》之前，也是首先阅读了许多具有榜样力量的中外长篇小说。"在《平凡的世界》进入具体的准备工作之后，首先是一个大量的读书过程。有些书是重读，有些书是新读。其间我曾列了一个近百部的长篇小说阅读计划，后来完成了十之八九。…… 这次，我在中国的长篇作品中重点研读《红楼梦》和《创业史》。这是我第三次阅读《红

---

① 朱熹的全诗是："德义风流凤所钦，别离三载更关心。偶扶藜杖出寒谷，又枉蓝舆度远岑。旧学商量加邃密，新知培养转深沉。却愁说到无言处，不信人间有古今。"此诗是朱熹对当时另一大儒陆九渊的和诗，也是对自己治学方法的申辩。陆九渊《鹅湖示同志诗》：墟墓兴哀宗庙钦，斯人千古不磨心。涓流积至沧溟水，拳石崇成太华岑。易简功夫终久大，支离事业竟浮沉。欲知自下升高处，真伪先须辨只今。

② 李剑鸣. 历史学家的修养与技艺 [M]. 上海：上海三联书店，2007：206.

③ 钱松嵒. 业精于勤 [M] //浙江日报编辑部. 学人论治学，杭州：浙江文艺出版社，1983：291.

楼梦》，第七次阅读《创业史》。"① 大画家齐白石和著名作家路遥深入研读经典名著的精神自然是值得我们学习的。更重要的是，他们不仅研读经典名著，也为后世留下了不朽的经典和艺术创作的方法和经验。

比如，要研究宏观调控，就得深入研读宏观经济学的开山论著——凯恩斯的《就业、利息和货币通论》以及阿尔文·汉森的《货币理论与财政政策》、弗里德曼的《美国货币史》、伯南克的《大萧条》《通货膨胀目标制：国际经验》、李成瑞的《财政、信贷与国民经济的综合平衡》、黄达的《财政信贷综合平衡导论》《宏观调控与货币供给》等。只有从中外有关宏观调控的经典论著中吸收营养，才能丰富我们的思维和视野，为进一步深入研究和创新奠定坚实的基础。

虽然，我强调研读经典著作，但丝毫没有贬低准确把握研究现状的意思。不过是想说明，既要重视现状，亦要重视历史。套用朱熹的著名诗句就是"商量旧学"才能"培养新知"。

（五）政府的相关政策文件

在强调金融研究过程中的材料积累时，提出要关注党和政府的相关政策文献，可能会令人产生误解。有人会问，你研究金融问题，关注党和政府的相关政策文件做什么，这两者之间并没有必然的联系嘛。其实有联系。在当代中国，研究中国金融问题，自然要关注党和各级政府的相关政策文献了。比如，如要研究中央银行，你就得知道新中国中央银行的历史，而新中国的中央银行起始于 1984 年。1984 年中国人民银行开始专门行使中央银行的职能，这是 1983 年 9 月国务院《关于中国人民银行专门行使中央银行职能的决定》这一政策文献确定的。还有，如要研究中央银行，你也要熟悉《中华人民共和国中国人民银行法》，其中规定了中国人民银行的性质、地位、职能、业务范围等。

除需要关注党和政府的相关政策文献、党和国家领导人的金融论述外，还应该关注金融界领导人的论著。比如，刘鸿儒、戴相龙、吴晓灵、周正庆、周小川、林毅夫、易纲、朱民等金融界领导人的论著。从这些金融界领导人

---

① 路遥. 早晨从中午开始 [M]. 西安：西北大学出版社，1992：50－52.

的论著中，不仅可以学习理论（这些人当中，不少人亦仕亦学。比如，刘鸿儒是留苏经济学副博士；吴晓灵是中国人民银行"五道口"首届硕士；林毅夫、朱民和易纲是留美博士），更可以了解中国金融业改革开放过程中的现实问题和若干重大问题的决策过程。

政策往往是理论联系实际的桥梁。不重视中国的金融政策，自然很难做好中国的金融问题研究工作。作为金融专业的研究生，在研究金融问题和从事金融论文写作中，自然需要对党和政府的相关金融政策给予应有的关注，这样至少有利于廓清自己所研究的金融问题的政策背景。

（六）英文期刊

人类已进入 21 世纪，全球化水平已经有很大的提高。在此背景下，从事金融研究还必须具有国际视野，关注全球金融科学研究的发展潮流。因此，金融研究工作者还应关注和搜集英文期刊上发表的重要论文，作为研究中国金融问题的借鉴材料。

这里，仅列举《西安交通大学经济与金融学院科研奖励条例》中的一档国外权威期刊：（1）Amer. Econ. Rev；（2）J. Polit. Econ；（3）Econometrica；（4）Quart. J. Econ；（5）Rev. Econ. Stud；（6）Econ. J；（7）Rev. Econ. Statist；（8）J. Monet. Econ；（9）J. Econ. Theory；（10）J. Public Econ；（11）J. Econ. Lit；（12）J. Econ. Perspect；（13）Int. Econ. Rev；（14）J. Econometrics；（15）Brookings Pap. Econ. Act。

（七）经济统计年鉴

经济统计年鉴包括《中国统计年鉴》《中国经济年鉴》《中国金融年鉴》等。从事金融研究，必须关注经济金融现实，而经济金融现实大多是由数据、事实体现的。由此，阅读刊载原始统计数据的各种年鉴就成为积累金融统计数据和事实材料的最便捷的途径。

自然，统计年鉴上的各种统计数据，只是经济金融运行的定量记录，是"原料"，需要研究者加工处理，寻求其内在联系，揭示其内在规律，进而作为自己研究问题的论证依据，作为所提出的创新观点的支撑。

阅读、积累统计数据、事实是非常重要的，这是由金融学研究的内在特色决定的。毕竟，金融研究不同于艺术创作，金融研究需要"戴着镣铐起舞"。这个"镣铐"就是经济事实、金融数据。金融研究不可虚构，不能单纯凭借想象力（自然，金融研究需要想象力）。

上述材料的七个来源中，可从金融期刊、CSSCI 期刊、报纸文章、经典著作、党和政府的相关政策文件、外文期刊中获得理论材料和思想材料；从经济年鉴、金融年鉴、统计年鉴中获取数据和事实材料。前者是形成主题和提炼创新观点的基础；后者则是分析论证的基础。

三、材料工作的环节

材料工作有四个紧密相连的环节：材料的占有、材料的鉴别、材料的加工和材料的选用。兹分述之。

（一）材料的占有

占有材料是全部材料工作的第一步。如果不占有材料，就根本谈不上鉴别；而占有材料不丰富，也难以对材料做出选择；没有鉴别、选择，就不能对材料进行有效的使用。

对材料占有的要求可以用一个"多"字来表述。所谓"多"就是尽可能地"博采"。可谓"韩信将兵，多多益善"。材料多了，才便于比较、鉴别；材料多了，才有选择的余地。

毛泽东说："任何质量都表现为一定的数量，没有数量就没有质量。"清初画家石涛讲"搜尽奇峰打草稿"。鲁迅讲"采过许多花，这才能酿出蜜来"。现代著名史学家傅斯年更强调"史学便是史料学"，强调史学研究要"上穷碧落下黄泉，动手动脚找东西"。从事金融研究和金融论文写作亦然。不广泛积累理论材料和实证材料，就难以进行有效的金融研究过程进而撰写出有价值的金融研究论文。

就广泛占有材料而言，主要必须把握以下要点：

（1）既要占有现实的材料，又要占有历史的材料；

（2）既要占有正面的材料，又要占有反面的材料；

（3）既要占有理论的材料，又要占有实际统计材料；

（4）既要占有直接的材料，又要占有间接的材料。

（二）材料的鉴别

大量占有材料之后，还需要对占有材料进行鉴别。毛泽东说："感觉到了的东西我们不能立刻理解它，只有理解了的东西才能更深刻地感觉它。感觉只解决现象问题，理论才解决本质问题。"[1]通过调查研究，积累了大量研究材料，但如果缺乏对材料的鉴别，没有对材料进行细致的分析研究，那么，我们占有的感觉到了的材料，就不能为我们所深入理解。由此，鉴别材料是十分必要的。一代学术宗师郭沫若根据自己的切身体验，语重心长地指出："无论作任何研究，材料的鉴别是最必要的基础阶段。材料不够固然大成问题，而材料的真伪或时代性如未规定清楚，那比缺乏材料更加危险。因为材料缺乏，顶多得不出结论而已，而材料不正确便会得出错误的结论。这样的结论比没有更为有害。"[2]

我国著名文艺评论家戴不凡先生写给其胞弟不庸的信中讲："得随时注意搜集自己认为有用的材料（最好做笔记——自书本材料以致社会上的'活'材料），积而久之，把各种不同的材料加以对比，看看谁说对了，谁错了；对在何处，错在何处；它们为什么对，为什么错。这些积累起来的材料，其'背后'实质上说明什么问题，这些问题和你平时所见所闻有何联系……总而言之，在材料的基础上（材料要'博'），要善于思考问题。孔夫子说：'学而不思则罔，思而不学则殆'，我看还是说对了的。你有大量材料而不去研究思考其中的问题，那就等于一无所有（材料还是'材料'，是人家的）；你只会思考、议论问题，可没有材料（'学'），那就成为空头作者了。而目前，后一种风气是很盛的。在搜集材料时，先要辨别材料本身的真伪。这一点，应当学一下吾家东原公的实事求是精神（他是乾嘉学派最出色的人物之一）。一不要被假材料蒙住眼，二不要被材料牵着鼻子走（这两点，搞文艺创作和

① 毛泽东．实践论［M］//毛泽东．毛泽东选集（第一卷），新 2 版．1991：286.

② 郭沫若．古代研究的滋味批判［M］//郭沫若全集：历史编（第 2 册），转引自杜经国、庞卓恒、陈高华．历史学概论［M］．北京：高等教育出版社，1990：202.

治学是共同的）。要有自己的见解。"① 应该说，戴不凡先生对其弟的信是语重心长的，也是自己治学的精髓。其内容是非常丰富的，涉及材料的积累、材料的鉴别、材料的应用以及材料与形成创新的关系等多个方面。值得我们深入思考。

对材料鉴别的过程，实际上就是对材料进行分析、选择的过程。

比如，过去我们的金融学教科书介绍中国的金融机构体系时，通常讲中央银行（中国人民银行）、三家政策性银行（国家开发银行、中国进出口银行、中国农业发展银行）、四大国有商业银行（中国工商银行、中国农业银行、中国建设银行、中国银行）、12 家股份制商业银行等。现在不少的学位论文仍然因袭过去的金融机构体系显然就不对了，作为政策性银行之一的国家开发银行已转制为商业银行；四大国有商业银行中的中国银行、中国工商银行、中国建设银行、中国农业银行已分别于 2006 年 7 月、2006 年 10 月、2007 年 9 月、2010 年 7 月改制上市，成为股份制商业银行了。由于工、农、中、建四大行的改制上市，中国的股份制商业银行已经不是 12 家而是 16 家了。对于这些变化，金融研究论文写作中应仔细鉴别、准确使用。当然，这个例子只是常识性问题，只要稍加留心，就不会犯常识性的错误。

再比如，关于 2008 年爆发于美国的国际金融危机原因的探讨，就有消费过度论、储蓄不足论、政策宽松论、监管缺失论、创新过度论、华尔街贪婪论种种观点，要真正对国际金融危机的成因做出准确科学的诠释，就得对上述各种观点及其观点所依据的材料进行仔细鉴别，判断正误，并提出自己的观点。

（三）材料的加工

研究论文是有结构的建筑。积累的材料，不可能完全原样进入论文之中，要经过自己周密的加工处理，成为符合主题精神并能够反映主题思想的内容后，才能够进入论文。

---

① 戴不凡. 治学絮语［M］//浙江日报编辑部. 学人论治学. 杭州：浙江文艺出版社，1983：80－81.

（四）材料的选用

有的读者认为，材料的鉴别和选择是一回事。其实不然。鉴别反映作者对材料的认识；选择体现作者对材料的取舍。鉴别是选择的基础，选择是鉴别的目的。没有正确的鉴别，就难有对材料的取舍。不同的作者对同一材料也可能有不同的鉴别从而有不同的取舍。这体现了作者科研能力的差异。

材料的鉴别工作做好了，材料"吃透"了，材料的选择和应用就相对容易得多。前面已经说过，材料的占有求其"多"。材料的选用则要取其"精"。

选择使用材料，一般而言要遵守下列原则。

1. 围绕主题选择材料。选择材料不是目的，目的是为科学研究与论文写作服务。

论文动笔之前，材料是形成主题和创新点的基础；论文写作之际，材料是主题与创新点的支柱；论文完成之后，材料则应与论文主题及创新点水乳交融、浑然一体。

初学写作者，往往对辛苦积累的材料不愿"忍痛割爱"，而是把自己积累的所有材料都放入论文中。其实，此大可不必。研究过程中，材料自然是越多越好。只有丰富的材料，才能形成有价值的主题和创新点；论文写作中，则要求选择最能表现主题和创新点并与主题、创新点相匹配的材料。将积累的所有材料，甚至相互矛盾的材料都放进论文中，必然会破坏论文内在逻辑上的一致性。这是论文写作的大忌。

不少硕士、博士论文作者之所以将所积累材料都塞进论文，恐怕还有一种心理在作怪，这就是要完成论文的规模（字数）。对这种心理的正确态度是"情有可原，法无可恕"。如果材料和论文主题不统一或者不能形成有机的整体，那至多只是"材料汇编"而不是硕士、博士论文了。

2. 选用真实、准确的材料。严格地说，材料的真实、准确是材料鉴别的任务，材料的真实、准确是要求材料来源可靠、权威、出处有据。材料虽多，但不真实、准确、可靠，错误百出或者都是间接材料，并且翻译、转述不准确，如何能确保研究成果的科学性？

在确保材料真实、准确的问题上，马克思主义经典作家为我们树立了光辉的典范。马克思在写作时"从不满足于自己的著作，不满足于间接得来的材料，总要找原著寻根问底，不管这样做有多麻烦。即使是为了证实一个不重要的观点，他也要到大英博物馆去一趟"。由于马克思"所引证的任何一种观点或者任何一个数字都是得到最有威信的权威人士的证实"，因而即使是"反对马克思的人从来也不能证明他有一点疏忽，不能指出他的论证是建立在受不住严格考核的事实上的"[①]。

在我国，前人对材料的真实、准确问题也同样高度重视。伟大的历史学家司马迁为写《史记》读万卷书，行万里路。行万里路就是要读"活"的书，也是为了鉴别所读万卷书的客观性和真理性。

马克思、司马迁务实求真的治学精神是值得我们学习的。

本章小结

1. 为了某一特定的写作目的，作者在学习研究过程中搜集、摄取、写入论文的（包括未写入论文而对论文形成具有价值的）一系列理论文献、事实、数据等，统称材料。

2. 占有材料的价值体现在四个方面：材料是形成创新观点的基础；材料是表现创新观点的支柱；材料是论文写作的基础；占有材料的质量决定研究成果和论文写作的质量。

3. 就金融学研究而言，其材料来源大致有以下几个方面：金融期刊论文、CSSCI 期刊、报纸文章、经典著作、党和政府的相关政策文件、英文期刊、统计年鉴。自然，获取材料的来源还有很多，此取决于作者的学术视野和阅读范围。

4. 材料工作的环节包括四个方面：材料的占有、材料的鉴别、材料的加工和材料的选用。

---

① （法）保尔·拉法格. 忆马克思［M］//保尔·拉法格. 回忆马克思恩格斯. 北京：人民出版社，1973：11.

第七章　主题的提炼

无论诗歌与长行文字，俱以意为主。意犹帅也；无帅之兵，谓之乌合。李、杜所以称大家者，无意之诗，十不得一、二也。烟云泉石，花鸟苔林，金铺锦帐，寓意则灵。①

——王夫子

要完全地反映整个的事物，反映事物的本质，反映事物的内部规律性，就必须通过思考作用，将丰富的感觉材料加以去粗取精、去伪存真、由此及彼、由表及里的改造制作功夫，造成概念和理论的系统，就必须从感性认识跃进到理性认识。②

——毛泽东

积累了大量的、丰富的、完备的材料后，接下来的工作是主题和创新点的提炼。主题是作者通过论文写作所表达的对某一研究问题的基本意见和主张；创新点是围绕主题而展开的若干创新观点。提炼主题和创新点的路径是基本一致的。为了行文的方便，我们本章着重讨论主题的提炼。

一、主题及其地位

（一）什么是主题

主题是作者通过论文写作所表达的对某一研究问题的基本意见和主张，

---

① 王夫子：《船山遗书》《夕堂永日绪论》内编。转引自北京师范大学《写作基础知识》编写组. 写作基础知识［M］. 北京：北京出版社，1979：57.
② 毛泽东. 毛泽东选集（第一卷）［M］. 北京：人民出版社，1991：291.

也就是一篇研究论文的"主题思想""中心论点""基本论点"或"基本观点"。中国古代将文章的主题谓之"立意""立言"。创新点是围绕主题展开的若干创新观点。

一篇学位论文的主题只有一个（单数），创新点可以是多个（复数）。① 对此，马克思和凯恩斯早有明确的论述。马克思说："我要在本书中研究的，是资本主义生产方式以及和它相适应的生产关系与交换关系。"② "本书的最终目的就是揭示现代社会的经济运动规律。"③ 凯恩斯说，"本书分析之最终目的，乃在发现何者决定就业量"④ "我们最后的任务，也许是在我们实际生活其中的经济体系中找出几个变数，可以由中央当局来加以统制或管理。"⑤ 显然，马克思洋洋 150 万字巨著《资本论》的主题是单一的；艰涩难懂的《就业、利息和货币通论》一书的主题也是非常单一的。显而易见，马克思和凯恩斯的写作实践经验性地证明了主题单一性的论文写作要求，其论述是有普遍指导价值的。

西安交通大学李怀祖教授也明确指出："一项管理研究和一篇论文只能有一个主题。如果有两个或再多的平行主题，就要写成两篇或多篇论文。像美国麻省理工大学管理学院容许三篇独立的论文代替一篇博士论文。有的研究生为了达到字数要求而犯多主题的毛病，结果各主题之间缺乏有机联系，难以在逻辑上形成一个整体。"⑥ 李怀祖教授关于管理研究论文主题单一性的要求，同样适合金融学研究与金融学论文的写作。

自然，"创新点也有层次性，核心的创新点，作为一根红线贯穿研究始终，其他创新点则是从属性的"。⑦ 所谓核心创新点就是最贴近主题、最能反

---

① 当然，我们说一篇学位论文的主题只有一个（单数），并不否认面对同样的选题甚至同名选题以及同样的材料，不同水平的研究者完全可能提炼出不同水平的、有巨大差别的主题。同时，需要强调的是，面对同样的选题甚至同名选题以及同样的材料，不同水平的研究者即使提炼出了不同水平的、有巨大差别的主题，但在一篇论文当中，其要求也仍然是单一的。

② 马克思. 资本论（第一卷）[M]. 北京：人民出版社，1975：8.

③ 马克思. 资本论（第一卷）[M]. 北京：人民出版社，1975：11.

④ （英）凯恩斯. 就业、利息和货币通论 [M]. 北京：商务印书馆，1983：79.

⑤ （英）凯恩斯. 就业、利息和货币通论 [M]. 北京：商务印书馆，1983：210.

⑥ 李怀祖. 管理研究方法论 [M]. 西安：西安交通大学出版社，2000：93.

⑦ 李怀祖. 管理研究方法论 [M]. 西安：西安交通大学出版社，2000：93.

映主题精神的核心点。

作为某一领域的经典著作，一般而言创新点是比较多的。这些创新点可能是理论方面的，也可能是方法方面的。比如，司马迁的伟大史学著作《史记》被赞为"无韵之离骚，史家之绝唱"。后世常把作为史学著作的《史记》当做文学作品阅读。再比如，作为宏观经济学开山之作的《就业、利息和货币通论》，其创新点亦是多方面的，它表现为理论、政策、方法三个方面[①]，凯恩斯革命的内容见表 7 - 1。

表 7 - 1 　　　　　　　　　　凯恩斯革命的内容

理论上的创新（基础）	1. 坚持货币非中性 2. 坚持货币供给外生性 3. 批判萨伊定理
政策上的创新（应用）	以国家干预（通过财政政策和货币政策实现）替代自由放任
方法上的创新（条件）	1. 对经济学研究对象的纠正 2. 破除传统的"两分法"，首创货币经济学 3. 首倡混合经济模式

其主题和创新点的关系见图 7 - 1。

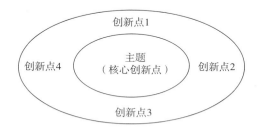

图 7 - 1　主题与创新点的关系

任何人的任何写作总有一个目的，或是为了宣传某一种思想与主张，或

------

① 　崔建军. 凯恩斯革命中的创新与继承［J］. 当代经济科学，2010（2）.

是为了介绍某一件事情，或是为了传播经验，等等。写作一般的学术论文是为了发表，硕士、博士学位论文写作则是为了通过答辩，获得学位。因此，不论写作采取哪种类型的论文（大而言之是文章），也不论采取怎样的表达方式，作者总得要说明某一个问题，对某一问题提出自己与众不同的意见和主张，也就是说，要表达出鲜明的主题思想。

主题和"问题"是完全不同的。问题是"研究对象"；主题则是关于"研究对象"的"研究成果"。主题与金融研究过程中的其他要素如选题、材料、分析论证、研究结论等也有明显的区别。与主题不同，选题是确定"研究对象"；材料是形成主题的基础，分析论证是获取主题的手段；研究结论是主题的自然延伸。因此，主题与围绕主题而展开的创新点的提炼在金融研究过程中具有重要的地位。

（二）主题的地位

那么，主题在金融研究过程中具有何种独特的地位呢？

1. 主题是金融研究的"灵魂"。如果说寻求某一金融研究问题的主题是金融研究的目标，那么作为金融研究过程的成果的主题则是金融研究论文写作的"灵魂"。一篇金融研究论文质量的高低、价值的大小，其最主要的决定因素就在于其主题是否正确、是否深刻。由此，作者在确定金融研究论文主题的时候，需要格外慎重。

一篇金融研究论文如果没有正确而鲜明的主题，材料再多，也毫无意义。若是向期刊投稿则难以发表；若提交论文答辩也难以获得通过。古人讲："山不在高，有仙则名；水不在深，有龙则灵。"[1] 如借用此话用于金融论文写作的话，那么，主题就是山中"仙"、水中"龙"。离开它，金融研究过程就变得毫无意义，金融研究论文就会沦为"材料汇编"。所以，称主题为金融研究过程追求的目标，金融论文写作的"灵魂"是名副其实，毫不为过的。

2. 主题是金融研究论文的"统帅"。一篇金融研究论文，材料如何取舍，

---

① 刘禹锡. 陋室铭［M］//古文观止（下）. 长沙：岳麓书社，1985：67.

结构如何安排，标题如何确定，都要根据主题表现的需求而加以确定。如果一篇金融研究论文失去了应有的主题，那么，构成金融研究过程的其他要素如材料的积累、分析论证等都会变成无效劳动，论文写作中的文献综述等也会变成废纸一堆，毫无用处。

古语讲："纲举目张"中的"纲"就是"主题"，主题恰如提网的总绳，"举一纲而万目张"。由此，主题对于金融论文而言，是全局性的，是带有"战略"意义的，是一条"红线"，须臾不可分离，处处不可偏废。

〔三〕主题的性质

日常生活中，人们常提到"科技发明"，若仔细推敲，"科技发明"这一提法是不够准确的。正确的说法应该将"科技发明"一分为二，区分为"科学发现"和"技术发明"。"科学发现"是从"有"到"有"、从"未知的有"到"已知的有"，是发现"已有的东西"；"技术发明"则是从"无"到"有"、是"无"中生"有"，是创造出"没有的东西"。

由此，我们得到启示：作为科学研究成果的论文的主题必然具有客观性。它是对全部材料思想意义的正确概括。既然主题是客观的东西，是对全部材料思想意义的正确概括，那么它就不是外在的、游离于材料之外的东西。易言之，脱离客观材料的所谓主题是不存在的。基此，聪明的研究者积累材料时会直奔主题，会围绕主题积累材料而不是漫山遍野、四面出击；提炼主题时也会自觉接受占有材料的约束，而不是脱离客观材料去臆想根本不存在的主题。

正确地认识主题的客观性质，对于提炼主题具有特别重要的意义，为正确提炼主题指明了努力的方向。

二、主题的提炼

主题的提炼是科学研究过程中最困难的环节。日常生活中人们常说"十月怀胎，一朝分娩""长期积累，偶然得之"，大概都是强调过程的艰难。金融研究过程中的主题提炼尤其令人头痛，这是金融研究论文写作过程中学生的普遍感受。提炼主题并没有终南捷径，它要靠作者长期的学习、实践，甚至要靠类似牛顿通过对"苹果落地"的观察发现万有引力定理的灵感。这是科学研究的玄妙之处、神秘之处，也正是科学研究的魅力所在。

那么，究竟如何提炼主题呢？提炼主题有什么可行途径呢？

（一）提炼主题必须从全部材料出发

本书第三章讲到了材料积累，它是构成提炼主题的源泉；本章第一节，我们阐明了主题的客观性质，即是对全部材料思想意义的概括。既然如此，提炼主题就必须从全部材料出发。

什么叫"提炼"，提炼就是从大批原材料中经过陶冶、熔炼，提取出有用的、精华的东西。

主题提炼的道理大致相同，即离不开我们所占有的全部材料的制约。这是由主题的客观性质所决定的。

马克思说："理论的概念必须要用大规模的积累的实践经验来完成。"[①]所谓实践经验，就是现实的、具体的材料（包括理论材料和实际事实材料）。若没有"大规模"的"积累"，要想完成"理论的概念"是不可想象的。毛泽东说："只有感觉的材料十分丰富（不是零碎不全）和合于实际（不是错觉），才能根据这样的材料造出正确的概念和论理来。"[②]

这些论述都是讲"理论""概念"形成的同时"主题"也随之形成。

从全部材料出发，提炼主题的思路，见图7-2。

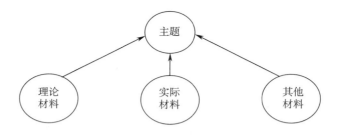

图7-2　提炼主题的思路

①　马克思. 资本论（第一卷）［M］. 北京：人民出版社，1975：404.
②　毛泽东. 毛泽东选集（第一卷）［M］. 北京：人民出版社，1991：267.

需要强调说明，材料所能够显示的"思想意义"是客观的，依据一定的材料，只能提炼出与其相对应的主题，即有什么样的"材料"就会有什么样的"主题"。从这种意义上讲，是"材料"决定"主题"。随意"拔高"主题是错误的。同时，主题作为一种观念形态，它又具有主观性，它是主观与客观的统一体。

因此，面对同一材料，不同的作者可能提炼出学术层次不同的主题，甚或完全不同的主题，即观点完全相反的主题。这正是学术界百家争鸣、学派林立的原因之一。比如，面对经济危机，马克思认为原因在于"生产过剩"，凯恩斯则认为是"需求不足"。其实，生产过剩和需求不足是同一问题即总供求关系问题的两个方面，这是由于考察角度不同所造成的分歧。当然，由于对经济危机原因认识上的差异，也由于阶级立场的不同，两人对经济危机所开出的"药方"亦是不同的：马克思的药方是"革命"的"外科手术"；凯恩斯的药方是"改良"的"中医式疗法"。

（二）提炼主题的本质是探索研究对象的内在规律

从哲学上讲，提炼主题就是对研究对象的认识要实现从"感性"上升到"理性"的"飞跃"。就是要完成对研究对象全部的、内在规律的、完整的认识，抓住研究对象的本质。

毛泽东指出："要完全地反映整个的事物，反映事物的本质，反映事物的内部规律性，就必须通过思考作用，将丰富的感觉材料加以去粗取精、去伪存真、由此及彼、由表及里的改造制作功夫，造成概念和理论的系统，就必须从感性认识跃进到理性认识。"[①] 这是科学研究的根本方法。"去粗取精、去伪存真、由此及彼、由表及里"这十六个字，是科学研究方法的精髓，也是提炼主题的科学方法。

所谓"去粗取精"，就是摒弃研究对象粗糙的、偶然的成分，只选取那些反映研究对象内部规律的典型材料；"去伪存真"，就是舍掉研究对象那些虚假的东西，只留下反映研究对象本来面目的真实材料；"由此及彼"，是通过

---

① 毛泽东. 毛泽东选集（第一卷）[M]. 北京：人民出版社，1991：291.

研究对象的外部联系去探寻研究对象的内在矛盾;"由表及里",是透过研究对象的表面现象去认识研究对象的本质特征。所谓"改造制作功夫"就是要利用头脑"加工厂"的机能,透过对有关研究对象的所有材料的连贯思索,从而实现由感性认识到理性认识的飞跃。毛泽东的"十六字"科学方法就是形成主题的途径。

自然,"十六字"形成主题的途径,说起来容易,实行起来则困难不少。所以,提炼主题不能希冀能够"一次性完成"。"长期积累,偶然得之"是主题产生的普遍规律。日常生活中,人们常说的"山重水复疑无路,柳暗花明又一村""踏破铁鞋无觅处,得来全不费工夫"等,写的都是"长期积累,偶然得之"的情况。王国维的治学三境界说:"昨夜西风凋碧树,独上高楼,望尽天涯路;衣带渐宽终不悔,为伊消得人憔悴;众里寻他千百度,蓦然回首,那人却在灯火阑珊处"。① 更是主题提炼过程的真实写照。

(三)提炼主题必须有正确的理论指导

主题虽然存在于全部材料之中,但对它的提炼却自始至终受到作者理论素养和立场、方法的制约。因为,主题作为一种思想观念形态的东西,它当然是"客观材料"在头脑中的"全面反映",但这种反映不是消极的、被动的。人的头脑不是"镜子",不是"照相机",而能够积极地、能动地反映研究对象。由此,对于同一研究对象,不同的作者,由于其理论素养和立场、方法的差异,势必会提炼出不尽相同甚或截然相反的主题。为了获得正确的、深刻的主题,我们就必须自觉地接受正确理论和方法的指导。

就金融研究主题的提炼而言,正确的理论和方法自然包括马克思主义的金融理论和方法以及西方经济学中有价值的金融理论和方法。

掌握了正确的金融理论和方法,也就掌握了提炼主题的"钥匙"。处理、认识材料就会"势如破竹",相对顺手得多。

俗语说:"慧眼识英雄。"所谓"慧眼"就是由正确理论武装起来的"眼"。自然,"慧眼"的获得要经过长期的、艰苦的学习探索过程。伯乐识

---

① 王国维.人间词话[M].上海:上海古籍出版社,1998:6.

马，是因为他通过千百次的实践，积累了丰富的经验；庖丁解牛之纯熟是因为"所解数千牛"的反复实践；"金猴"辨妖，是由于他在老君炉里经受了七七四十九天的痛苦磨炼。

要取得提炼主题的"慧眼"，只有经过艰苦卓绝的努力，认真刻苦地学习理论、钻研理论，除此别无他途。总之，掌握正确的理论，形成深厚的学养，取得科学的方法是十分重要的。唯有如此，才能"见人所未见，言人所未言"，写出"人人心中皆有，人人笔下皆无"的富有深刻学术思想的金融研究论文，取得藏之于名山的学术成就。

（四）提炼主题要依靠作者的创新能力

前文已说明，提炼主题必须有正确理论的指导。但是，仅依靠正确理论的指导是不够的，要真正提炼出具有创新价值的主题还得在正确理论的指导下，依赖作者自己的创新能力来完成。

那么，什么是创新能力呢？创新能力大概由发现力、感受力、想象力、表现力等构成。

需要强调的是，创新能力是形成、提炼主题的重要因素之一。金融研究者要特别注重创新能力的养成。

三、主题的表现要求

主题不是一个抽象的、空洞的概念，而是一篇金融研究论文思想内容的高度概括。因此，主题确定之后，还有一个"表现"主题的问题。

对金融研究主题表现的要求，主要是可以用"鲜明"和"集中"两个词来表述。

（一）鲜明

所谓鲜明，就是说一篇金融研究论文所表现的主题应该十分明确，清清楚楚，毫不含糊。

当然，要明确地表现主题，作者对自己的立论就应该具有明确的认识和充分的自信。若作者对自己的研究论文没有自信或者自己所谓的研究论文本身就写得不清楚，那么，要想鲜明地表现主题自然是困难的。

不能鲜明地表现主题，可能有三种情况。

（1）作者对主题的提炼下了工夫，主题也提炼出来了，只是囿于文字表达能力欠佳，而苦于难以清楚表达或鲜明地表达。

（2）作者的立论不清楚，主题的提炼不到位，无法鲜明地表现主题。

（3）作者所谓的研究论文根本没有主题，是东拼西凑、胡乱编造出来的。此类情况下的所谓研究论文，至多是"材料汇编"甚或连"材料汇编"都算不上，就不可能有主题，更谈不上鲜明地表达主题。

对于上述三种情况，有三种不同的处理方法。

第一种情况是作者已有主题而苦于难以清楚表达或鲜明的表达。这是写作水平问题。"功夫在诗外"，解决此类问题只能要求作者提高写作水平了。

第二种情况是作者尚没有提炼出明确的主题，需要进一步下苦工夫挖掘、提炼主题。主题明确后，才谈得上主题的表现问题。

第三种情况是作者根本没有明确的主题。硬要表现主题就只有无中生有了。

（二）集中

所谓集中，就是说一篇论文的目的要单纯明确，重点突出，围绕主题这个中心展开，论深说透。

一篇研究论文只能有一个主题，表达一个中心思想，论述一个基本观点。不能贪大求洋，四面出击。若主题发散，就不可能深入研究，从而也难以给读者留下深刻的印象。

主题的表现要集中，就要坚持重点论。一篇论文只能研究一个问题甚或某一个问题的某一个方面。同时，一篇论文也应只有一个研究目的。研究问题越明确、研究目的越单纯越好。

如果一篇论文要解决的问题很多，就得加以限制、提炼、概括。对选题进行必要的纯化工作。初学写作者，选题容易分散化，与之相适应，论文的主题也容易发散化。此时，唯一可行且有效的方法就是要舍得忍痛割爱。

四、主题与标题的关系

（一）什么是标题

金融研究论文的标题，就是通常所说的"题目"，它是一篇金融研究论文的有机组成部分之一。

标题是金融研究论文的"眼睛""窗口"，它关系到一篇论文的"精神"。好的标题鲜明贴切、富有吸引力，能给人以深刻的印象。

一般而言，硕士、博士论文的评阅人和专家委员会的专家学者，拿到论文，首先会看的是题目。若题目陈旧，缺乏新意，印象分就不会高，随之可能会影响对论文的评价。因此，标题在论文写作中的作用万万不可忽视。诚如西安交通大学期刊中心主任赵大良编审所言："标题太重要了。一篇论文的标题，说多重要都不过分，可以说是一篇论文的脸面，是脸面上的眼睛。"①

（二）标题和主题的关系

简言之，主题决定标题，标题是主题思想的反映。一般而言，有什么样的"主题"，就会有什么样的"标题"。硕士、博士论文写作中，有些时候甚至是论文完成之后，再根据论文的主题思想来确定标题或者调整、修改原有的标题。

法学家梁慧星先生曾提出标题的两种基本结构形式："关于"＋"宾语"＋"的"＋"研究"；"论"＋"宾语"。在此基础上，他进一步提出论文标题设计的三条基本规则：第一条规则：标题必须是动宾结构的短语，不能是句子；第二条规则：标题只确定研究对象，不表达作者观点；第三条规则：标题应力求明确、简短，忌冗长。② 除梁慧星先生提出的标题设计第三条规则之外，笔者对其余原则则有不同的理解，兹分析之。

第一，标题的两种基本结构形式的表述太狭隘了。在两种基本结构形式

---

① 赵大良. 科研论文写作新解——以主编与审稿人的视角 [M]. 西安：西安交通大学出版社，201? : 101.

② 梁慧星. 法学学位论文写作方法 [M]. 北京：法律出版社，2006：28 – 29.

及其变体之外，还可以有其他许许多多的形式，下面简单列举几个。

1. "主语" + "研究"。这里，"主语"自然是名词或名词性词组。

举例：通货膨胀目标制研究、货币政策有效性研究、通货紧缩研究等。

2. "状语" + "主语" + "研究"。举例：通货紧缩时期货币政策有效性问题研究、转型期我国货币政策区域效应研究、金融危机背景下中小企业融资研究等。

3. "主语" + "论"。举例：斯密的《道德情操论》、马克思的《资本论》、毛泽东的《实践论》《矛盾论》、凯恩斯的《货币论》《就业、利息和货币通论》、巫继学的《自主劳动论要》等。

4. "基于" + "定语" + "主语" + "研究"。这也是目前比较流行、比较时髦的标题形式。

举例：基于金融发展理论的县域金融服务真空问题研究、基于外部消费习惯的随机贴现因子定价模型研究、基于创意利用方式的创意产业集聚增长研究。

总之，论文标题的选择空间是非常大的，能否选择合适的标题取决于作者的想象力。

第二，"标题必须是动宾结构的短语，不能是句子"这一规则的提法不正确。

首先，标题必须是动宾结构的短语不能成立。例如，"通货膨胀目标制研究""汇市波动研究""全球金融危机成因研究"这样的标题显然不是动宾结构而是主谓结构。

其次，标题不能是句子的提法也断难成立。硕士、博士学位论文中，标题是句子有时可能是比较长的句子，也是可以经常看到的。这里举两个博士论文标题的例子：我国农村信用社信贷风险分类评估研究——基于分类树集成算法分析；产业集群演进机理与区域发展研究——基于区域效应、集聚效应、空间成本的新视角。前者是 28 个字，后者是 33 个字。应该说这两个论文标题是句子而且是很长的句子。当然，我们这里所说的是客观存在，姑且不论其优劣。

此外，国家自然科学基金项目的标题要求也是不超过 40 个字。40 个字的标题难道不是句子吗？

最后，梁先生认为"标题只确定研究对象，不表达作者观点"，笔者的看法正好相反。越能反映作者观点的标题越是好标题。能准确反映作者观点的标题，正是一切科学研究论文包括硕士、博士论文选取题目时应该追求的目标。自然，当前大量的硕士、博士论文只是确定了自己的研究对象的范围，但这类标题大多平庸、缺乏个性，不值得提倡。

比如，"关于……研究""关于……的思考"，更有甚者，有些标题甚至写成"关于……的深层思考""关于……的理性思考"。这种标题要不得。研究成果若有真正的创新，内行自然看得到，不必贴到标题上。

此外，若标题不能反映作者观点是正确的，那么，人们熟知的马克思的《政治经济学批判》《哥达纲领批判》、恩格斯的《反杜林论》、列宁的《帝国主义是资本主义的最高阶段》、毛泽东的《反对自由主义》《反对本本主义》《反对党八股》《改造我们的学习》《将革命进行到底》、弗里德曼的《货币的祸害》，等等，这些带有表达个人观点倾向的论文就不是论文了？数学家华罗庚表达了自己观点倾向的《苏家驹之五次代数方程解法不能成立的理由》、数学家陈景润表达了自己观点倾向的《大偶数为一个素数及一个不超过二个素数的乘积之和》也就不是数学论文了？事实恐怕不是如此吧！

自然，诚如梁慧星先生所言："标题应力求明确、简短、忌冗长。"

作家王蒙20世纪80年代初旅美归来，想写一部反映美国华人心态的作品。作品写了2万字，却在犹豫小说要走向何处，甚至不知道要给自己的小说起一个什么样的名字。正苦苦思索时，看到一本文学评论丛书之中何西来写的评论自己作品的文章。文章称王蒙作品受李商隐的影响颇多。王蒙就想从李商隐的诗里寻找正写作小说的标题。先从"相见时难别亦难，东风无力百花残……"诗句中找到现成题目《相见时难别亦难》，后来想何必"别亦难"呢？干脆就是《相见时难》好了。① 从著名作家王蒙为小说确定题目过程中，我们看到了其对"明确、简短"的追求，对自己作品主题思想的追求。

历史学家陈垣教授也是选择标题的顶尖高手，其著名论著《元西域人华化考》，标题不过寥寥7个字，但时间、地点、人物、主题、体裁诸要素一应

---

① 王蒙. 王蒙谈写作［M］. 北京：中国文艺联合出版公司，1983：64.

俱全，可谓以一当十，言简意赅。连不懂历史的人都知道作者要写作的内容。这才是真正高水平的标题。

我们有些硕士、博士甚至个别金融学教授在给自己的论文与著作选择标题的时候，故意提高门槛，故弄玄虚，生怕别人一眼能看出自己写什么，怕别人小看自己。此恐怕只能用毛泽东在《反对党八股》中的"装腔作势，借以吓人"来表述其心态了。毛泽东对"装腔作势，借以吓人"是深恶痛绝的，将这种低俗做派斥之为"无赖"。他说："空话连篇，言之无物，还可以说是幼稚；装腔作势，借以吓人，则不但是幼稚，简直是无赖了。"① 如果说"空话连篇，言之无物"是"浅入浅出"、是"幼稚"，但这种"浅入浅出"和"幼稚"还不失朴实；而"浅入深出"的"装腔作势，借以吓人"却是学风和品质问题了。

能够直接表达作者创新观点、揭示论文研究主题的标题，才是选取标题的最高境界。

选择论文标题，既是科学，亦是艺术。

本章小结

1. 主题是作者通过论文写作所表达的对某一研究问题的基本意见和主张，也就是一篇研究论文的"主题思想""中心论点""基本论点"或"基本观点"。创新点是围绕主题展开的若干创新观点。

2. 主题的地位体现在两个方面：主题是金融研究的"灵魂"，主题是金融研究论文的"统帅"。作为科学研究成果的论文的主题具有客观性。它是由材料的客观性所决定的。作者提炼主题要受到所占有材料的限制。

3. 提炼主题的可行途径：提炼主题必须从全部材料出发、提炼主题的本质是探索研究对象的内在规律、提炼主题必须有正确的理论指导、提炼主题要依靠作者的创新能力。

4. 主题表现的要求，可以用"鲜明"和"集中"两个词来表述。

5. 标题和主题的关系：主题决定标题，标题是主题思想的反映。

---

① 毛泽东. 毛泽东选集（第三卷）[M]. 北京：人民出版社，1991：834 – 835.

第八章　理论模型

任何一个关于社会经济情况的全面"理论"是由两个互相补充但基本上不同的因素所组成的。第一是，理论家关于这一社会情况的基本特征，关于在特定时刻为了理解它的生活什么是和什么不是重要的事物的观点。让我们把这叫作他的看法。第二是，理论家的技术，即他用以把他的看法概念化，并把后者变成具体的主张或"理论"的工具。[①]

——熊彼特《从马克思到凯恩斯十大经济学家》

任何经典模型都是从严格的设定条件推导出来的，至于设定前提之外，都有一个"其他条件不变"。……只要多多少少地返回现实，"其他条件不变"也是实际不可能存在的。这时，最精辟的理论模型论断就会模糊起来。[②]

——黄达

经济学中的任何理论模型，甚至任何社会科学中的理论模型，都只是人类行为本身的某一侧面的一个剪影，而不是人类行为本身。

——林毅夫《论经济学方法》

自从 1930 年欧美经济学家发起成立计量经济学会，1969 年计量经济学家拉格纳·弗里希（Ragnar Frisch）和简·丁伯根（Jan Tinbergen）荣获首届诺

[①]　（美）熊彼特. 从马克思到凯恩斯十大经济学家［M］. 宁嘉风译. 北京：商务印书馆，1965：264.

[②]　黄达. 教学中应该做到却不容易做到的两三点［D］//林继肯. 中国金融学教育与金融学科发展——历史回顾和经验总结. 北京：中国金融出版社，2007：6.

贝尔经济学奖金，甚至远自英国古典政治经济学之父威廉·配第早于 1690 年出版《政治算术》以来，经济学作为一门演化的科学一直具有数理分析的传统，而理论模型与经验实证则是数理分析的有效实现形式，也是科学的经济学赖以发展并取得实质进步的方式。但是，对于理论模型的真正内涵圈外人不必说，即使是经济学的圈内人以及写作博士、硕士学位论文的研究生也未必完全知晓。

本章简要说明什么是理论模型、理论模型的表现形式以及构建理论模型的方法。

一、什么是理论模型

在《新帕尔格雷夫经济学大辞典》、《中国大百科全书》经济学卷（Ⅰ、Ⅱ、Ⅲ）、《中国大百科全书》财政税收金融价格卷、《中国金融百科全书》、《经济学大辞典》数量经济学卷等，均没有"理论模型"词条及其权威解释。《新帕尔格雷夫经济学大辞典》中只有与"理论模型"相关的"模型与理论""宏观经济计量模型""增长模型"等词条，"模型与理论"中只强调了理论与模型的区别，而"宏观经济计量模型""增长模型"只是"理论模型"的具体表现形式，与"理论模型"本身相去甚远。《经济学大辞典》数量经济学卷中列有"经济数学模型"和"经济模型"词条，其含义也与"理论模型"有一定差距。

然而，"理论模型"一词却被中外经济学界所广泛应用。比如，在《从马克思到凯恩斯十大经济学家》一书中，经济学家熊彼特就无数次讨论过"理论"。据不完全统计，在评介马歇尔、庞巴维克、陶西格、费希尔和凯恩斯等经济学家时，至少有 12 次以上使用"模型"或"经济模型"一词。① 此外，他也多次使用与模型意思相近的"图解""图式""逻辑的图式"等词汇替代"模型"或"经济模型"。

---

① 熊彼特是人类历史上罕见的几个天才经济学家之一。在其名著《从马克思到凯恩斯十大经济学家》中，他曾 10 多次讨论过作为科学经济学的标准分析工具的"模型"（参见熊彼特. 从马克思到凯恩斯十大经济学家［M］. 北京：商务印书馆，1965：110、162、213、225、244、276、277、278、285）。从表面看，《从马克思到凯恩斯十大经济学家》是十大经济学家的学术传记；从实质看，它是一部经济学方法论著作。它清楚地告诉人们，真正的经济学家的工作方式及其性质。

林毅夫教授在《论经济学方法》一书中也曾 10 多次明确讨论过"理论模型"。[①] 他说:"一位经济学家要用很简单的数学构建理论模型。"[②] "各位同学在学好数学工具的同时,也要学会以理性人作为出发点来观察现象,直接抓住现象背后的主要变量来构建新的理论模型。"[③] "理论模型无非是帮助我们了解社会经济现象的工具。"[④] "理论模型中的假设越接近现实,模型就越复杂,要复杂到什么程度,取决于理论模型是否能够解释、预测所观察到的现象。"[⑤] "理论模型不是真实社会,真实社会里有成千上万的变量,每个理论模型中都只保留几个变量而已。所以理论本身绝不是真实的社会,这一点要清楚。"[⑥] "经济学中的任何理论模型,甚至任何社会科学中的理论模型,都只是人类行为本身的某一侧面的一个剪影,而不是人类行为本身。"[⑦] "要有能力构建内部逻辑一致的理论模型,最好是简洁的数学模型。"[⑧] "理论是信息节约的工具,理论模型并不是越复杂越好,而要尽可能地简化,限制条件要尽可能地少。"[⑨] "由于理论是信息节约的工具,理论要有尽可能强的'普适性'(robustness),也就是要有更大的解释范围。要达到这个目标,理论模型中的限制条件就要有一般性。"[⑩]

自然,林毅夫教授对理论模型进行了富有价值的多方面的探索,为帮助人们理解和认识理论模型提供了非常有益的指导意见,功莫大焉,善莫大焉。

但是,笔者认为,熊彼特在《从马克思到凯恩斯十大经济学家》中评介凯恩斯的一段话却更能体现理论模型的精神。

"任何一个关于社会经济情况的全面'理论'是由两个互相补充但基本上

---

① 林毅夫教授非常关注经济学研究方法并热心于经济学方法论的传授。在其以与学生对话形式撰著的《论经济学方法》(北京大学出版社,2005)一书中,林毅夫精辟而清晰地论证了"理论模型"。就目前而言,林毅夫的《论经济学方法》是中国学者撰写的最好的经济学方法论著作。

② 林毅夫. 论经济学方法 [M]. 北京:北京大学出版社,2005:15.
③ 林毅夫. 论经济学方法 [M]. 北京:北京大学出版社,2005:15 – 16.
④ 林毅夫. 论经济学方法 [M]. 北京:北京大学出版社,2005:16.
⑤ 林毅夫. 论经济学方法 [M]. 北京:北京大学出版社,2005:30.
⑥ 林毅夫. 论经济学方法 [M]. 北京:北京大学出版社,2005:33.
⑦ 林毅夫. 论经济学方法 [M]. 北京:北京大学出版社,2005:36.
⑧ 林毅夫. 论经济学方法 [M]. 北京:北京大学出版社,2005:67.
⑨ 林毅夫. 论经济学方法 [M]. 北京:北京大学出版社,2005:115 – 116.
⑩ 林毅夫. 论经济学方法 [M]. 北京:北京大学出版社,2005:116.

不同的因素所组成的。第一是，理论家关于这一社会情况的基本特征，关于特定时刻为了理解它的生活什么是什么不是重要的事物的观点。让我们把这叫作他的看法。第二是，理论家的艺术，即他们以把他的看法概念化，并把后者变成具体的主张或'理论'的工具。"①

很显然，熊彼特的上述这段话主要包含两方面的内容：一是理论家关于研究对象的观点、看法；二是理论家对其观点、看法的概念化艺术表现。此可谓"理论模型"的经典诠释：理论模型就是理论观点和概念化艺术表现的统一体，两者缺一不可。用简单的数学等式可表述为

理论模型 = 学术观点 + 概念化艺术表现

其实，熊彼特在《经济分析史》中论述科学方法时，曾提出的"相像"（vision）范畴②，同样表达了理论模型概念并对之有进一步的深刻阐述。

"分析工作本身就包含有两种不同的然而又不可分割的活动。一个在于使相像的内容概念化。所谓概念化，我们的意思就是说，把相像中的各种组成成分以准确的概念加以固定，给它们一定的标志或名称以便于识别。同时（用定理或命题）确定它们之间的关系。另一种活动就是猎取更多的经验资料（事实），借以丰富和核对原先已经掌握的资料。应该说这两种活动并不是各自独立进行的，而在两者之间一定有一个不断取舍的过程。为了概念化，往往引起对更多的事实的猎取；而新发现的事实又一定被插进来和加以概念化。在一种无休止的连续过程中，这两种活动改进、加深和修正了原先的相像，同时也改进了彼此的结果。在我们努力的任何特定阶段，我们确定试验建立图式、体系或模式，以便尽量妥善地描述我们感兴趣的整套现象，然后以'演绎的'或'归纳的'方式加以发展。……以上是关于科学程序的一个很

① （美）熊彼特. 从马克思到凯恩斯十大经济学家 ［M］. 宁嘉风译. 北京：商务印书馆，1965：264.

② 熊彼特在其高峰之作《经济分析史》中，曾提出过一个非常有趣的"相像"（vision）范畴，用于解释经济学的认识行为和创造性思想方法并以凯恩斯的《就业、利息和货币通论》和《和约的经济后果》为例给予了清晰的论证。参见熊彼特. 经济分析史（第一卷）［M］. 北京：商务印书馆，1991：70 – 72.

不完全的描述。"①

如果说，熊彼特在《从马克思到凯恩斯十大经济学家》中只简要地论证了理论模型，那么，他在《经济分析史》中则进一步将理论模型的论述具体化了，并且和经验实证联系起来，深刻、精辟地论证了理论模型与经验实证的密切关系以及它们之间的相互作用原理。熊彼特本人自谦地认为自己的论述是"一个很不完全的描述"，其实，他的论述是非常经典的。

二、理论模型的表现形式

理论模型具有多种表现形式，如文字、图表、曲线、数学方程式，等等。

众所周知的 $IS-LM$ 曲线、菲利普斯曲线、拉弗曲线、恩格尔系数、基尼系数等，都是经典的理论模型。当然，不能够排斥理论模型的文字表达。若只有用数学构建模型才能成为经济学家，那么，经济学说史上著名的经济学大师亚当·斯密、大卫·李嘉图、马克思、哈耶克、科斯、诺斯，等等，都算不上是经济学家？在这个世界上恐怕还没有人敢于否定上述经济学家的权威地位。

一切的理论模型都有严格的约束条件和适用范围，而这种约束条件和适用范围仅靠数学公式却难以清晰表达。这里，仅以笔者比较熟悉的货币理论为例给予简单分析。

货币理论的发展源远流长，其中影响最为深远的是货币数量论（The Quantity Theory of Money）。货币数量论中又以货币需求模型为最高成就。经济学说史上将货币理论系统化并形成货币需求模型的有马克思（Karl Marx）、费雪（Irving Fisher）、马歇尔（A. Marshall）、庇古（A. C. Pigou）、凯恩斯（J. M. Keynes）、弗里德曼（M. Friedman）和麦金农（R. I. Mckinnon）等经济学家。兹分述之。

（一）马克思的货币必要量公式

早在 1867 年，马克思即在《资本论》第一卷中深入地研究了货币流通问

---

① （美）熊彼特. 经济分析史（第一卷）[M]. 朱泱等译. 北京：商务印书馆，1991：77－78.

第八章　理论模型

113

题，并提出了自己的货币需求模型。马克思指出："商品价格总额/同名货币的流通次数＝执行流通手段职能的货币量。这个规律是普遍适用的。"[1] 对此，我国学术界通常称为"货币流通规律"或"货币必要量规律"，一般用公式表示为：

$$M = PQ/V \qquad (1)$$

马克思坚持劳动价值论，认为商品价格总额 PQ 及货币流通速度 V 共同决定流通中货币需要量 M，也就是货币需求量 M_d。应该承认，马克思的货币需求模型有宏观的视角，为后世研究货币需求理论模型奠定了基础。当然，由于时代的局限，也由于《资本论》的任务使然，马克思的货币需求模型中，货币仅是流通手段和交换媒介（马克思前提假定货币只是金银），这与后世把货币视为金融资产和政策变量有很大的区别。

（二）费雪方程式

1911 年，美国经济学家、耶鲁大学教授费雪发表了《货币的购买力》一书，[2] 提出了著名的费雪方程式，科学规范地论证了货币数量与物价之间的关系。

$$MV = PT \text{ 或 } P = MV/T \qquad (2)$$

公式（2）中，M 为一定时期内流通货币的平均数量，V 为货币流通速度，P 为各类商品的平均价格，T 为商品交易数量。从费雪方程式看，P 值取决于 M、V、T 三个变量的交互作用。费雪认为，在 M、V、T 三个变量中，M 是一个由模型之外的因素决定的外生变量，V 在短期内不变，可视为常数，交易量在短时期内也是稳定的。因此，方程式 $MV = PT$ 中 P 和 M 的关系最重要，物价 P 取决于货币量 M 的变化。应该看到，费雪方程式与马克思的货币必要量公式一样，都是宏观货币需求模型。所不同的是，马克思认为，流通中货币需要量由商品价格总额与货币流通速度决定；费雪方程式则用货币数量的变动解释价格。马克思和费雪都没有考虑微观经济主体对货币需求的

---

① 马克思．资本论（第一卷）［M］．北京：人民出版社，1975：139.

② I. Fisher, The Purchasing Power of Money, （New York，1911，Revised 1922），Chapters2－5 and 8.

影响。

（三）马歇尔和庇古的剑桥方程式

以马歇尔和庇古为代表的剑桥学派，在研究货币需求时，非常重视微观经济主体因素。他们认为微观经济主体在通常情况下所持有的货币量或现金余额，与名义货币收入存在固定或稳定关系。这就是剑桥方程式的内容。[①] 一般用公式表示为：

$$M_d = KPY \tag{3}$$

公式（3）中，P 代表物价水平，Y 代表总收入，K 代表以货币形式保有的财富占名义总收入的比例，M_d 代表货币需求。如果说费雪方程式关注的焦点在于货币数量与物价的关系，把货币当作交易媒介，仅考虑了货币流通量的话，剑桥方程式则重视货币作为一种金融资产的功能，从存量角度考察了货币需求及其数量。显然，剑桥方程式中的货币需求因素不同于费雪方程式，且将货币需求模型导向了微观分析的角度。

（四）凯恩斯的货币需求模型

凯恩斯作为剑桥学派的一员，在剑桥方程式的基础上，将货币需求的微观分析更推进了一步。在其划时代巨著《就业、利息和货币通论》一书中，凯恩斯提出了一种独特而创新的货币需求理论，即后世所谓流动性偏好理论。[②] 凯恩斯认为，人们的货币需求行为由三种动机即交易动机、预防动机和投机动机决定。交易动机和预防动机所决定的货币需求取决于收入水平并和收入水平呈正相关关系；由投机动机所决定的货币需求取决于利率水平且与利率水平呈负相关关系。正是在三种动机说的基础上，凯恩斯提出了自己的货币需求模型：

$$M_d = M_1 + M_2 = L_1(Y) + L_2(R) \tag{4}$$

公式（4）中，M_d 代表货币需求，Y 代表收入，R 代表利率。

---

① A. C. Pigou, "The Value of Money", Quarterly Journal of Economics, 1917 (18).

② （英）凯恩斯. 就业、利息和货币通论 [M]. 徐毓枬，译. 北京：商务印书馆，1983：170.

《就业、利息和货币通论》出版后，无论对学术思想还是经济政策都产生了深远的影响。就货币理论而言，其最重要的贡献就是推翻了 18 世纪以来占绝对统治地位的古典货币数量论，彻底粉碎了"货币中性论"。20 世纪 30 年代的大危机时期，凯恩斯抨击古典学派货币理论的不当和货币政策的失效，颇能得到理解和共鸣。由此，1936 年到 20 世纪 60 年代末期的 30 年，就成为凯恩斯主义的全盛时期，号称"凯恩斯时代"。

（五）米尔顿·弗里德曼的货币需求模型

从 20 世纪 50 年代开始，大规模的经济萧条已不再是世界经济的主要问题，代之而起的是通货膨胀问题。特别是 20 世纪 70 年代以后，通货膨胀又为更复杂的"滞胀"问题所取代。经济环境的转变，在经济理论上的反映则是古典经济学的回潮。在货币理论方面则表现为货币数量论的复兴。正是在这样的背景下，以弗里德曼为代表的货币主义作为凯恩斯主义的对立面应运而生。弗里德曼的货币需求理论，一方面承袭了凯恩斯视货币作为一种资产的思想，利用它把传统的货币数量说改写成货币需求模型；另一方面又基本肯定了货币数量说的长期结论即货币量的变动只能影响总体经济中货币部门的名义量如物价、名义利率等，但不影响实质部门的真实量如就业等。1956年，弗里德曼发表《货币数量论的重新表述》一书，提出了自己的货币需求模型：[①]

$$\frac{M}{P} = f\left(r_b,\ r_e,\ \frac{1}{p}\frac{\mathrm{d}p}{\mathrm{d}t};\ w;\ \frac{y}{p};\ u\right) \tag{5}$$

公式（5）中，$\frac{M}{P}$ 是实际货币需求；r_b 为固定收益的债券利率；r_e 为非固定收益的证券利率；$\frac{1}{p}\frac{\mathrm{d}p}{\mathrm{d}t}$ 为预期物价变动率；$\frac{y}{p}$ 为实际恒久性收入；w 为非人力财富占个人总财富的比率或得自财产的收入占总收入的比率；u 为反映主观偏好、风尚及客观技术与制度等因素的综合变数。从形式上，弗里德曼的

---

① （美）米尔顿·弗里德曼. 货币数量论研究 [M]. 瞿强等译. 北京：中国社会科学出版社，2001：11.

货币需求模型并没有摆脱凯恩斯货币需求模型 $M = L(y, r)$ 的影响，但其模型的构成要素性质和数量却较凯恩斯复杂得多。比如，弗里德曼的货币需求模型中，引进了颇具特色的恒久性收入，预期物价变动率等。

（六）麦金农的货币需求模型

"二战"后，发展经济学作为经济学的一个独立分支蓬勃发展起来。如何利用金融来促进经济发展被纳入了经济学的研究视野。1969 年，美国著名经济学家戈德史密斯（Raymond W. Goldsmith）出版了《金融结构与金融发展》（*Financial Structure and Development*），1973 年，美国经济学家麦金农（R. I. Mckinnon）和爱德华·肖（Edward S. Shaw）又相继出版了《经济发展中的货币与资本》（*Money and Capital in Economic Development*）和《经济发展中的金融深化》（*Financial Deepening in Economic Development*）。这三部著作都是发展金融学的经典著作，特别是麦金农在其名著中提出了发展中国家的货币需求模型：[①]

$$\left(\frac{M}{p}\right)^D = L\left(Y, \frac{I}{Y}, d - p^*\right) \tag{6}$$

公式（6）中，$\left(\dfrac{M}{p}\right)^D$ 为实际货币需求；Y 为收入；I 为投资；$\dfrac{I}{Y}$ 为投资占收入的比率；d 为各类存款利率的加权平均数；p^* 为预期通胀率；$d - p^*$ 为货币的实际收益率。

显而易见，麦金农的模型深受凯恩斯和弗里德曼模型的影响。在麦金农的模型中同样有收入、预期通胀率和货币的实际收益率等因素。但麦金农的模型中，其解释变量 $\dfrac{I}{Y}$ 是有特色的，这是考虑了发展中国家金融市场不够发达、外源融资比较困难，企业发展主要依靠内源融资的现实情况。另一有特色的解释变量是 $d - p^*$，很显然，这是以发展中国家大多存在通货膨胀为背景。

---

① （美）罗纳德·I. 麦金农. 经济发展中的货币与资本［M］. 卢聪译. 上海：上海三联书店，1988：56.

从上述著名的 6 大货币需求模型中，我们可以清晰地看到，同是货币需求模型，不同的经济学家有自己不同的表达形式。但是它们共同的一点却是，都有他们各自不同的理论观点和概念化艺术表现。

这从一个侧面证实了林毅夫教授的观点："任何理论都不是真理本身，而且对于一个现象，经常会有好几个似乎都可以解释这个现象但可能相互矛盾的理论存在。"[①] 林毅夫教授的话完全正确。理论本身不是真理，而是认识真理的工具；模型本身不是理论，而是表现、完善理论的工具和手段，是理论的有机组成部分。

"要用简单的数学模型来解释复杂的社会经济现象，就要求经济学家有从成千上万可能有影响的社会经济变量中直接识别出最重要的变量的直觉能力，好的经济学家和一般的经济学家的差别就在于这种能力的强弱上，这也使得经济学家的理论创新和运用带有艺术的成分。"[②] 按照林毅夫教授的上述标准，马克思（Karl Marx）、费雪（Irving Fisher）、马歇尔（A. Marshall）、庇古（A. C. Pigou）、凯恩斯（J. M. Keynes）、弗里德曼（M. Friedman）、麦金农（R. I. Mckinnon）自然都是"好的经济学家"。他们都具有不同程度的理论创新能力并能"带有艺术的成分"表现自己的创新观点。但严格来说，上述理论模型都是不完善的，都不同程度地存在难以克服的局限性：马克思的货币需求模型是很好的宏观模型，但囿于时代的局限，马克思的模型以金属货币流通而且仅以现金流通作为分析对象，在纸币流通或信用货币流通的条件下，显然不能盲目照搬马克思的模型；费雪方程式亦属于宏观模型，但费雪的视野局限于货币是流通媒介，着重考虑的只是货币流通与物价的关系；马歇尔和庇古超越了费雪，重视货币的金融资产功能，其缺陷在于将货币需求分析引入了微观领域；凯恩斯和弗里德曼天才地构筑了货币需求模型的微观基础，但其货币需求模型都取微观持币者的视角，难以为中央银行金融宏观调控提供直接依据；麦金农的模型着力于解除发展中国家的金融压制，实现金融自由化，其初衷与研究货币需求模型是为了有效把握货币供给、更好地制定货

---

① 林毅夫．论经济学方法［M］．北京：北京大学出版社，2005：3.
② 林毅夫．论经济学方法［M］．北京：北京大学出版社，2005：17.

币政策并不相容。

我们之所以不厌其烦地讨论货币需求模型及其演进过程，只是想举例说明理论模型的真正内涵，即所提出的理论模型的背景（或曰约束条件）、理论观点本身和以数学模型等为载体的艺术表现。真正科学的经济学研究必须遵守严格的理论模型的范式。符合范式者谓之预流，否则，即为不入流。

三、构建理论模型的方法

明确了理论模型的内涵和表现形式，我们还必须进一步了解构建理论模型的方法。

尽管构建具有创新价值的理论模型是经济学研究过程中的高难问题，但也绝不是毫无规律可循。在此，我们依据熊彼特关于经济学研究的科学程序的经典论述和内在逻辑，给予系统全面和通俗简要的说明。笔者认为，要构建完整的科学的经济学理论模型，必须经过下列五个方面相对严格的科学程序（而不仅是熊彼特所说的分析过程的四个步骤，自然，熊彼特所说的四个步骤包含在五个方面的科学程序之中）。

（一）依据直觉发现有价值的经济现象（研究对象）

依据直觉发现有价值的经济现象（研究对象），是经济学研究的开端，熊彼特称之为"相像"，更加通俗些说是直觉，其实质就是经济学研究过程中的首要因素，即选题。

爱因斯坦指出："提出一个问题往往比解决一个问题更重要。因为解决问题也许仅仅是一个数学上或实验上的技能而已，而提出新的问题，新的可能性，从新的角度去看待旧的问题，却需要创造性的想象力，而且标志着科学的真正革命。"[1] 贝尔纳说过："课题的形成与选择，无论作为外部的经济需求，抑或作为科学本身的要求，都是研究工作中最复杂的阶段。一般来说，提出课题比解决课题更困难。……所以评价与选择课题，便成了研究战略的

----

① （德）爱因斯坦，英费尔德. 物理学的进化 [M]. 上海：上海科技出版社，1962：66.

起点。"① 由此可见，爱因斯坦将发现问题提高到了"科学的真正革命"的认识高度；贝尔纳则将发现问题明确界定为"研究战略的起点"。因此，一定意义上讲，方向比努力更重要。依据直觉发现有价值的经济现象（研究对象），也就为进一步取得研究成果打下了坚实的基础。

在经济学科学研究的过程中，比构建理论模型更为重要的，是作为其基础和驱动因素的发现问题的敏锐直觉。直觉是对研究对象运动特点的本质理解和本能反应，也是理解一切问题的逻辑起点和出发点。直觉完全取决于经济学家的学术修养。若找不到有价值的经济现象（研究对象），再精密、再高明的数学模型也难以找到发挥作用的支点，因而无从发挥作用也毫无价值可言。

因此，能否找到有价值的经济现象（研究对象）就成为构建理论模型的必不可少的前提条件。有无能力找到有价值的经济现象（研究对象）是衡量杰出经济学家与一般经济学研究者的客观标准之一，也是所有杰出经济学家与一般经济学研究者的显著差别之所在。② 林毅夫教授讲得好："经济学理论既然是用来解释社会现象的一套逻辑体系，那么，要推动经济学理论的发展，首先必须把要解释的现象理解透彻，弄清楚哪些是产生我们所观察到的重要、错综复杂的社会经济现象背后的主要经济、政治、社会变量，然后，才能构建一套简单的逻辑体系，来说明这些重要变量之间的因果关系。因此吃透所要解释的经济现象是经济学理论创新的第一步。"③

（二）经济现象（研究对象）范畴化

范畴是人的思维对客观事物的普遍本质的概括和反映，是非常抽象的具

---

① 中国社会科学院情报研究所. 科学学译文集 [M]. 北京：科学出版社，1981：28-29.

② 经济学家与历史学家的学术修养一样，都由才、学、识、德等构成。依据直觉发现有价值的经济现象（研究对象）主要取决于学术修养才、学、识、德中的"识"。整个20世纪，在依据直觉发现有价值的经济现象即经济学研究选题方面，没有任何经济学家能够超越约翰·梅纳德·凯恩斯。正是凯恩斯以其敏锐过人的直觉，实现了经济学研究对象的乾坤大挪移，开辟了经济学研究新的发展方向即宏观经济学方向，并天才地发现了宏观经济分析所需要的国民收入、就业、消费、投资、利率和货币供给量等宏观经济范畴和变量。

③ 林毅夫. 本土化、规范化、国际化——庆祝《经济研究》创刊40周年 [J]. 经济研究，1995（10）.

有普遍性价值的哲学概念。范畴论的开山祖师亚里士多德在《范畴篇解释篇》一书中，就讨论过实体、数量、性质、关系、场所、时间、姿势、状态、动作、承受十大范畴。[①]

当然，不同的学科有自己不同的范畴体系。所谓经济现象（研究对象）的范畴化就是给予经济现象（研究对象）清晰的、标准的经济学概念界定，也就是经济学研究过程中的从具体上升到抽象。用熊彼特的话来说即所谓"概念化"。此为最关键也是最为困难的地方。"我们已在许多场合看到，在从事分析的最初阶段，概念化是一件多么困难的工作，主要是因为科学工作者需要经过一定的时间，才能通过不断的探索，懂得在'解释'所观察的现象时什么是重要的，什么是不重要的。特别在经济学中，在分析者清楚地懂得自己工作的性质以前，有许多障碍需要克服。"[②]

经济现象（研究对象）概念化完全取决于经济学研究者的抽象思维能力。马克思说："分析经济形式，既不能用显微镜，也不能用化学试剂，二者都必须用抽象力来代替。"[③] 马克思所说的"抽象力"就是一切杰出经济学家所拥有的、难能可贵的抽象思维能力。这种难能可贵的抽象思维能力，是通过长期的科学实践积累才能养成的。当然，抽象思维能力的养成途径，一时恐怕说不清楚。这是科学思维中最神秘难解的部分之一。

（三）经济范畴变量化

有了明确的经济范畴（研究对象）后，接下来的任务就是将经济范畴变量化。所谓经济范畴变量化，就是将经济范畴转换为能够用于实证分析的经济变量的过程。这需要经济学家具备良好的统计学修养。熊彼特指出："'科学的'经济学家和其他一切对经济课题进行思考、谈论与著述的人们的区别，在于掌握了技巧或技术，而这些技术可分为三类：历史、统计和'理论'。三

---

① （古希腊）亚里士多德. 范畴篇解释篇 [M]. 方书春译. 北京：商务印书馆，1959：9–49.
② （美）约瑟夫·熊彼特. 经济分析史（第二卷）[M]. 杨敬年译. 北京：商务印书馆，1991：283.
③ 马克思. 资本论（第一卷）[M]. 北京：人民出版社，1975：8.

者合起来构成我们的所谓'经济分析'。"① 因此，优秀的经济学家必须同时是统计学家和历史学家。

需要强调说明的是，在经济范畴变量化的基础上，还应该进一步将经济变量统计变量化，转化为可观测的实际统计数据。唯有实际统计数据的引入才能有效进行实证分析，才能"立地"，即理论联系实际，求解被解释的经济现象和解释变量之间的现实因果关系。

（四）经济变量模型化

经济范畴变量化后，要进一步深入研究经济变量之间的内在逻辑关系，在此基础上实现熊彼特所谓的"概念化技术表现"，即模型化。显而易见，"建立模型，即自觉地使概念和关系系统化会更加困难"②。这是一个调动经济变量并使之逻辑化的不断探索过程，其追求的目标当然"最好是简洁的数学模型"。③ 理论模型越简单，涉及的变量越少，其约束条件就越少，其普适性越强，同时也更贴近研究对象即实际经济生活。当然，理论模型选取变量的多少，它要复杂到什么程度，应该由被解释变量的性质和科学研究工作的需求所决定，以足够说明问题为佳。对此，经济学的圈外人、19 世纪普鲁士伟大的军事理论家卡尔·冯·克劳塞维茨的下面一段话——"这正像某些植物一样，只有当它们的枝干长得不太高时，才能结出果实。因为在实际生活的园地里，也不能让理论的枝叶和花朵长得太高，而要使它们接近经验，即接近它们固有的土壤"。④ ——或许能够给我们以莫大的理论启迪。克劳塞维茨对理论模型科学抽象的"度"的形象比喻和理性把握非常精妙，令人拍案叫绝。

---

① （美）约瑟夫·熊彼特. 经济分析史（第一卷）［M］. 朱泱，孙鸿敞，李宏，陈锡龄译. 北京：商务印书馆，1991：28－29.

② （美）约瑟夫·熊彼特. 经济分析史（第二卷）［M］. 杨敬年译. 北京：商务印书馆，1991：283.

③ 林毅夫. 论经济学方法［M］. 北京：北京大学出版社，2005：67.

④ （德）克劳塞维茨. 战争论（第一卷）［M］. 中国人民解放军军事科学院译. 北京：解放军出版社，1964：15.

（五）明确界定理论模型的约束条件

需要强调的是，明确界定理论模型的约束条件或者说明理论模型的约束条件，在熊彼特关于经济学研究的科学程序或分析步骤的三段经典论述中缺少明确论述这一个非常重要的关键要素。当然，我绝不是说也不敢想象熊彼特不知道理论模型的约束条件，而只是说熊彼特关于经济学研究的科学程序的三段经典论述中缺少对一个关键要素即理论模型约束条件的明确说明。一位把经济学家定义为必须同时是"数学家、统计学家和历史学家"的经济学巨匠，怎么会不清楚理论模型需要约束条件呢？

明确界定理论模型的约束条件就是清晰确定理论模型中解释变量的性质。进一步讲，也就是要解析出解释变量中，哪些是内生变量，哪些是外生变量，并依据外生变量提出解决问题的方案。若搞不清理论模型中解释变量的性质，依据内生变量提出解决问题的对策，必然南辕北辙，事与愿违，不仅达不到经济学研究认识世界、改造世界的目的，而且也致使经济学研究成果失去了应有的政策功能。

"任何经典模型都是从严格的设定条件推导出来的，至于设定前提之外，都有一个'其他条件不变'。……只要多多少少地返回现实，'其他条件不变'也是实际不可能存在的。这时，最精辟的理论模型论断就会模糊起来。"[①] 同时，"任何经典模型的应用都是有假定条件或应用前提的，如果使用者忽视了或者根本不懂得模型的应用前提，故意不尊重或不能够尊重模型中变量间和模型方程式中的逻辑关系，漠视模型所强调的经济学思想，就无法揭示真实的客观世界，研究的结论就势必出现偏差，有时甚至是重大偏差。"[②] 应该承认，黄达教授和李金华研究员的论述非常精辟。

显而易见，确定理论模型的约束条件是构建理论模型必不可少的最后一环。只有明确指出理论模型的约束条件，才能为理论研究成果转化为政策实践提供应有的、必不可少的操作指南；也只有明确指出理论模型的约束条件，

① 黄达. 教学中应该做到却不容易做到的两三点 [D] //林继肯. 中国金融学教育与金融学科发展——历史回顾和经验总结. 北京：中国金融出版社，2007：6.

② 李金华. 经济学模型的精神与灵魂 [N]. 光明日报，2013 – 05 – 24.

才算有效完成了上述五个方面构建理论模型的全部程序，才能有效实现经济学研究——发现问题、研究问题、解决问题——的全部探索过程。应该说，到此为止，全部经济学的研究过程结束了，经济学认识客观世界及其经济运行规律的使命完成了。至于如何进一步改造世界，则超出了经济学家的使命范围。①

构建理论模型的科学程序与方法见图 8 – 1。

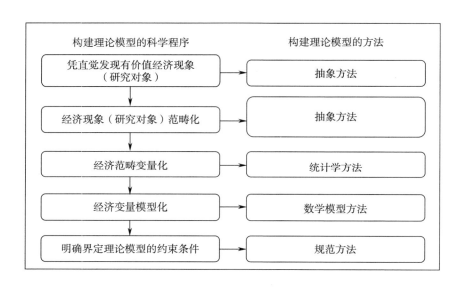

图 8 – 1　构建理论模型的科学程序与方法

应该明确的是，上述构建理论模型的五个方面的科学程序（或五个分析步骤）之间存在严格的内在逻辑关系，是一个密不可分的、次第推进的逻辑链条，缺一不可。同时也必须强调指出，构建科学的理论模型需要多方面的知识积累和丰厚储备。"一个经典的经济学模型理当是哲学、经济学、逻辑学以及统计学、数学知识的完美组合。这种多元知识体系的精巧整合，使得模型形神兼备，构成了经济学模型的精神。"②

① 我个人坚定不移地认为，经济学家的使命是"认识世界"而不是"改造世界"。
② 李金华. 经济学模型的精神与灵魂 [N]. 光明日报，2013 – 05 – 24.

本章小结

1. 理论模型是帮助我们了解社会经济现象的工具。按照熊彼特的观点，理论模型的内涵包括两个方面，即理论模型＝学术观点＋概念化艺术表现。

2. 理论模型具有多种表现形式，如文字、图表、曲线、数学方程式等。理论是信息节约的工具，理论模型并不是越复杂越好，而要尽可能地简化，限制条件要尽可能地少。

3. 构建理论模型的途径和方法是一个密不可分的、次第推进的逻辑链条：依据直觉发现有价值的经济现象（研究对象）—经济现象（研究对象）范畴化—经济范畴变量化—经济变量模型化—明确界定理论模型的约束条件。

第九章　论证方法（上）

　　我们不但要提出任务，而且要解决完成任务的方法问题。我们的任务是过河，但是没有桥或船就不能过。不解决桥或船的问题，过河就是一句空话。不解决方法问题，任务也只是瞎说一顿。①

——毛泽东

　　不同问题可用不同方法；同一问题也可用多种方法来论证，结论相同，益增信心，结论相悖，可暂置疑。②

——吴承明

　　只要能够提出新的问题，使用新的材料，运用老方法，也能实现创新。但是，如果撇开了问题、材料和解释，就根本谈不上方法的创新。这就是说，方法的创新不可能成为一条单独的途径。而且，一般研究者大多借助于现有方法从事研究，而很少把新方法作为探索的目标。③

——李剑鸣

　　选择了有价值的选题，围绕选题积累了大量的材料，从大量的客观材料中提炼出了有理论价值和现实意义的主题和围绕主题的创新点，也构建了强大的、符合逻辑的金融研究论文结构，但是这还不够。还需要选择恰当的论证方法严格论证所提炼主题、创新点与材料之间的逻辑关系。

---

① 毛泽东. 毛泽东选集（第一卷）［M］. 北京：人民出版社，1991：139.
② 吴承明. 经济史：历史观与方法论［J］. 中国经济史研究，2001（3）.
③ 李剑鸣. 历史学家的修养与技艺［M］. 上海：上海三联书店，2007：226.

论证方法在金融研究过程中具有重要作用。选题要论证，主题要论证，创新点要论证，理论模型更要经过双重的逻辑论证和经验实证。因此，论证方法的地位和作用不可低估。本章介绍金融研究过程中最常用的几种论证方法，包括历史方法与逻辑方法、抽象方法与具体方法、分析方法与综合方法。至于归纳方法与演绎方法、定性方法与定量方法、实证方法与规范方法留在第十章专门讨论。

一、历史方法与逻辑方法

（一）什么是历史方法与逻辑方法

要搞清楚什么是历史方法与逻辑方法，首先要搞清楚历史与逻辑这两个概念的含义。所谓历史，是指客观事物产生、发展和消亡的过程。同时历史还指人类对客观事物的认识发展过程。

在现代汉语中，逻辑是一个多义词。有时表示客观事物发展的规律，如"中国革命的逻辑"；有时表示思维的规律、规则，如"写文章要合乎逻辑"。我们这里所说的逻辑，是指人类以理性思维形式对客观事物发展的历史过程和发展规律的概括反映，亦即历史的东西在理性思维中的再现。

历史和逻辑之间是对立统一的辩证关系。恩格斯说："历史从哪里开始，思想进程也应当从哪里开始，而思想进程的进一步发展不过是历史过程在抽象的、理论上前后一贯的形式上的反映；这种反映是经过修正的，然而是按照历史过程本身的规律修正的，这时，每一个要素可以在它完全成熟而具有典范形式的发展点上加以考察"。① 恩格斯的这一段话精辟地阐明了历史与逻辑之间的辩证关系。说它们是统一的，是因为逻辑以历史为基础，是对历史过程的抽象和理性上的再现，它们在目的上是一致的（即都是为了揭示客观事物的本质和规律）；在开始的起点上是一致的；在内容和实质上是一致的。说它们是互相对立的，是因为它们毕竟是两个不同的范畴，逻辑的东西虽然反映历史的东西，但它不是简单地跟随历史亦步亦趋，机械地"复印"，而是

---

① 马克思，恩格斯．马克思恩格斯选集（第二卷）［M］．北京：人民出版社，1972：122.

摆脱了起扰乱作用的偶然性，对历史进行了修正的反映。

所谓历史方法，就是遵循历史的顺序，把握历史现象的基本线索，把握它的内在联系，从而揭示历史发展的必然性的研究方法。按照历史方法进行科学研究时，要遵循以下两条原则：一是有序性原则。历史方法就是要按照历史存在，处处跟随着它进行研究。运用这个方法进行科学研究时必须严格地按照时间顺序再现历史发展的全过程，包括历史发展的各个阶段。二是完整、具体、详尽的原则。历史方法是尽可能地反映客观事物的全部历史进程和规律，它要处处跟随着事物发展的自然过程。因此，一般地说，这种方法要研究一切历史形式，包括研究对象全部丰富的内容、具体和详尽的细节，以及起扰乱作用的偶然现象、偶发事件，甚至历史的短暂倒退。

历史方法的最大优点，就是能够使我们了解历史发展的全面内容，跟随着事物的现实发展的过程和方方面面去把握事物发展的内在本质和规律。当然，历史方法不是仅限于历史事实的叙述和具体史料的堆积，而是要从浩如烟海的史料中去发现和说明历史发展的规律。历史方法也有缺点，由于历史的发展不是直线的，而是曲折地前进的，因此处处跟随着它考察一切细节，势必会注意许多无关紧要的资料，使工作漫无止境，使研究的过程受到扰乱，甚至被割断。

所谓逻辑方法，就是撇开历史的具体形式，撇开历史发展的曲折历程和偶然因素，从理论形态上来揭示它的必然性和发展规律，并以逻辑的形式把事物的历史进程再现出来的研究方法。

逻辑方法与历史方法不同，它不需要时刻追随历史发展的进程，也不必追随历史发展的具体细节，在某种情况下，甚至可以离开历史发展的具体时间顺序，从事物发展的较高级形态上考察事物运动的本质和规律。

逻辑方法也有其局限性；它既然摆脱了历史的具体形式，舍弃了起干扰作用的偶然性，因此它就不能充分地研究历史过程的具体发展状况。

（二）逻辑方法与历史方法的辩证关系

事物总是作为过程而存在的，只有把时间的因素加入进去，才能形成为一个过程、形成动态时间序列。因此，在认识的过程中，不仅要观察现状，还要考察其历史。要科学地揭示事物的本质和发展变化规律，逻辑的认识过程应当与事物的发展过程相一致。逻辑方法与历史方法之间的辩证统一关系主要表现在以下三个方面：一是相互依存。历史是逻辑的基础。离开这个基础，逻辑的研究就不是从事实出发，从而变成不顾历史事实的纯粹的空洞的逻辑推演；反过来，如果历史的方法不以逻辑为依据，那么就只有叙述，而无分析，只能堆积一大堆历史材料，而不能从纷纭复杂的历史现象中，找出事物的本质及其运动规律。二是互相渗透。在理论上，我们可以把逻辑方法和历史方法分开，分别加以研究，但在实际的思维进程中，它们都不可能以纯粹的形态而单独存在。也就是说，在研究的过程中，是同时兼用着两种方法。三是互相补充。如前面所说，两种方法各有其优点和局限性，因此，在研究客观事物的过程中，必须把它们统一起来，同时兼用，实现功能互补，相辅相成，这样就能避免经验主义和单纯的逻辑推导，从而更有利于科学地探索事物的发展规律与趋势。

（三）历史方法与逻辑方法在金融研究过程中的应用

举例1：马克思关于货币起源的科学分析。一个最为大家熟知的事例，是马克思在研究货币的起源和本质问题中对历史方法与逻辑方法的应用。货币的产生是一个自然历史过程，马克思在分析中坚持了历史的顺序，从简单的价值形式分析起，中间经过扩大的价值形式、一般价值形式，最后分析到货币形式。他没有处处跟随历史，而是运用理论抽象，分析商品交换中的矛盾发展状况，最后令人信服地揭示了货币产生的必然性及其本质。[①]

举例2：萨缪尔森的经济学的家谱。萨缪尔森在其经典教科书《经济学》中有一张经济学的家谱图，可谓应用历史方法和逻辑方法的典范之作。经济学家谱勾画了人类经济学两千多年的发展历程，历史和逻辑地再现了经济学演进的全貌，给人以非常清晰和鲜明的印象。没有敏锐的历史眼光和过人的逻辑思维能力，完成这样一张经济学家谱是难以做到的。萨缪尔森不愧是经济学的集大成者。

---

① 马克思. 商品 [M] //马克思. 资本论（第一卷）. 北京：人民出版社，1975：62 - 87.

举例3：文献综述的撰写。虽然马克思关于货币起源的科学分析、萨缪尔森关于经济学家谱的准确描绘都是天才之作，常人难以逾越，也较难以学习，但历史方法与逻辑方法在撰写文献综述中却是被经常应用的，也是我们所比较熟悉的。此留待本书第九章专门讨论。

二、抽象方法与具体方法

（一）什么是具体和抽象

我们通常所说的具体，实际上有以下三种不同的含义。

一是具体事物。凡是客观存在的事物和对象都是具体的。它可以为人类所认识，但它并不是进入到认识过程中的东西，而只能是认识的对象。

二是感性具体。具体事物反映在感性表象中就成为感性具体。在感性具体中，客观事物是形象的、生动的、直观的、整体的，事物的现象和本质、偶然性和必然性是混杂在一起的。感性具体是人们对客观事物的直接认识。感性具体是人类认识的初级阶段，是人类认识的起点和开端，而不是认识的终点和结果。

三是理性具体。理性具体也可以称为思维具体。它是人们对客观存在的现实具体，在感性认识的基础上，经过研究分析的抽象思维活动，在掌握了研究对象的本质和规律，掌握了它的内在结构之后，从理论上加以复制、再现出来的具体。它是许多规定的综合，因而是客观对象所固有的多样性统一的整体。

具体事物是认识的对象；理性具体是研究的结果，是关于事物的本质、规律的理论再现；感性具体是已纳入认识视野但没有实现理性认识的中间环节。具体事物、感性具体和理性具体三者的关系见图9-1。

图9-1 具体事物、感性具体和理性具体三者之间的关系

所谓抽象，就是把客观事物的每个属性分别地提取出来加以观察，舍弃其偶然的非本质的东西，抽取、提纯出必然的本质的属性，形成各种抽象的规定，并用相关的概念表示出来的一个思维过程。这也就是毛泽东所讲的："将丰富的感觉材料加以去粗取精、去伪存真、由此及彼、由表及里的改造制作功夫，造成概念和理论的系统。"①

具体和抽象是两个不同的概念。两者之间存在着对立统一的关系。其对立性表现在：抽象是把对象中的一个方面的属性关系，从统一体中分割出来，单独加以反映；具体则是把抽象出来的各个本质部分在思维中统一成一个整体。抽象是对事物的某一方面本质的反映，不可避免地具有相对的片面性。而具体是事物各方面本质的统一反映，具有多样性和统一性这两个最明显的特点。

其统一性表现在：没有具体，就不会有抽象。因为抽象是以具体为基础的，是依赖于具体的。抽象是以具体为目的的。离开具体，抽象就失去了目的，也就成为没有意义的思维活动。具体和抽象共存于事物自身。无论自然界运是人类社会中的客观事物，诚如马克思所说："具体之所以具体，因为它是许多规定的综合，因而是多样性的统一。因此它在思维中表现为综合的过程，表现为结果，而不是表现为起点，虽然它是现实中的起点，因而也是直观和表象的起点。在第一条道路上，完整的表象蒸发为抽象的规定；在第二条道路上，抽象的规定在思维行程中导致具体的再现。"②

（二）抽象方法与具体方法的基本含义

抽象方法与具体方法包括两个方面的内容：一是从感性具体到思维的抽象，即科学的抽象方法；二是从思维的抽象到思维的具体，即从抽象上升到具体的叙述方法。

1. 由具体到抽象。所谓由具体到抽象就是在认识或研究过程中，有目的、有意识地撇开研究对象的某些方面、因素和属性，而将对象某一方面、因素

---

① 毛泽东. 毛泽东选集（第一卷）[M]. 北京：人民出版社，1991：291.
② 马克思，恩格斯. 马克思恩格斯选集（第二卷）[M]. 北京：人民出版社，1972：103.

或属性抽取出来加以研究的方法。

抽象是一个动态概念，是一个过程。那么科学抽象的过程是怎样的呢？我们开始对某一问题进行研究时，首先接触到的是感性具体，这时，现象与本质、偶然性与必然性、主要与次要还混在一起，认识还处在模糊不清的阶段。但是社会科学的研究，不能像自然科学那样，在实验室里设置许多条件，创造出一个可控制的典型环境，以观察自然现象在特定的条件下的变化，进而揭示其本质和规律。正如马克思所说，社会科学的研究必须借助于人类社会所独有的抽象力，对研究对象进行取舍，即首先把整体分解成各个部分，接着从中舍弃掉偶然的、非本质的、次要的东西，形成许多个假设；换句话说，把研究对象进行简化，也进行净化，然后在相对纯粹的状态下深入到事物的内部，揭示事物的本质和规律。可见，科学思维的抽象过程，就是一种舍弃不必要的因素，抽取事物本质的思维过程。

科学抽象的具体形式是多种多样的，它随着研究对象的特点不同而转移、变化。有的借助于科学实验、理想模型，有的借助于抽象的数学方程，有的借助于抽象的概念和范畴。经济学研究主要是借助于抽象的概念和范畴来实现的。随着科学技术的发展，经济学研究也开始越来越多地运用数学方程，对经济进行定量研究。

在这里，我们应该认识到，从具体到抽象的认识成果，虽然反映了事物的本质和规律，但毕竟只是对事物整体的一部分、一方面、一种属性的认识，还没有反映出事物的复杂多样性。因此，抽象还不是科学研究的目的和归宿，认识还不能简单地停留在科学抽象上。

2. 由抽象上升到具体。诚然，科学抽象过程中形成的抽象规定较之感性具体无疑是认识上的进步，但它的局限性也是显而易见的。因为通过抽象形成的抽象规定（科学范畴）并不能深刻地反映客观事物本身丰富多彩的属性和内容，并没有把握具体真理。因此，科学抽象不是认识的目的和终结，而只是认识的方法和手段，是从理性认识走向具体真理的阶梯。当认识达到抽象规定之后，就必须开始向反方向的运动，由抽象走向具体，在本质和规律的基础上"复制""再现"具体。

所谓由抽象上升到具体，就是把各种抽象规定性（具体表现为科学范畴）

联系起来，在思维中再现出多样规定性的统一。人类对客观事物的认识，首先是得到各种概念、个别定理和定律。然后，随着认识的深化，才把所得到的概念、原理以及定律有机地联系起来，按照从低级到高级、从简单到复杂、从抽象到具体的上升过程加以系统化，从而构成完整的科学理论体系，将研究对象再现出来。

（三）抽象方法与具体方法在经济研究中的应用

科学抽象法是经济科学研究中必须采用的重要研究方法。马克思指出："分析经济形式，既不能用显微镜，也不能用化学试剂。二者都必须用抽象力来代替。"① 约翰·内维尔·凯恩斯也认为"实验是经济学家不能使用的资源"。② 因为经济学家研究的是人的行为而不是物质属性，自然科学家使用的显微镜和化学试剂，对经济学家而言毫无用处。

我们试以马克思再生产理论为例予以说明。

马克思在《资本论》第二卷第三篇《社会总资本的再生产和流通》中，首先利用科学抽象法，提出了一系列经济范畴，诸如社会总产品、第 I 部类、第 II 部类、再生产、简单再生产、扩大再生产、个别资本、社会总资本、社会总产品的物质构成（生产资料和消费资料）、社会总产品的价值构成（C、V、M 三部分）、简单再生产图式、扩大再生产图式等。另外，为了不受干扰地讨论社会再生产和流通，马克思在再生产理论中又有 24 个基本假设条件，③ 这些基本假设条件是：

（1）假设在资本主义社会中，只有资产阶级和无产阶级；

（2）生产周期为一年；

（3）不变资本的价值在一年内全部转移到新产品中去；

（4）所有的商品都按价值出卖；

（5）商品的价值和价格不发生变动；

---

① 马克思. 资本论（第一卷）[M]. 北京：人民出版社，1975：8.

② （英）约翰·内维尔·凯恩斯. 政治经济学的范围与方法 [M]. 北京：华夏出版社，2001：8.

③ 根据厦门大学罗季荣教授的研究成果：《马克思再生产理论中有 24 个基本假设条件》。参见罗季荣. 马克思社会再生产理论 [M]. 北京：人民出版社，1982：29 - 30.

（6）撇开了对外贸易；

（7）剩余价值率是百分之百；

（8）抽象了生产技术进步，假定资本的有机构成不变；

（9）抽象了内含的扩大再生产，假定劳动生产率不变；

（10）排除了工人运动等实际因素，假定工人的实际工资水平不变；

（11）假定扩大再生产所需要新增的劳动力来源不成问题；

（12）假定新增加的投资在一年内全部完成并投入生产；

（13）不考虑生产资料的节约使用；

（14）假定商品的使用价值是完好的，不存在废品、次品、质量问题；

（15）生产储备不予计算；

（16）假定商品的价值形态与实物形态的运动是完全一致的；

（17）假定积累是扩大再生产的唯一源泉；

（18）假定商品是直接交换的，不考虑商业，没有中介人；

（19）假定可以不计算运输费用；

（20）撇开信用不说；

（21）抽象了资本的集中和垄断；

（22）不把人口增长问题考虑进去；

（23）不考虑自然灾害的影响；

（24）假定货币都是由第 I 部类生产的金属硬通货等。

这样，通过提出科学范畴和一系列的基本假设条件，马克思完成了从具体到抽象的转化，为社会再生产理论的建立打下了坚实的基础。接下来，马克思开始完成科学抽象法第二阶段的任务——从抽象上升到具体。这种从抽象上升到具体的始点抽象范畴是社会总产品（总商品资本）。社会总产品从物质形态看可划分为生产资料和消费资料；从价值构成看可划分为 C、V、M 三部分。这是马克思再生产理论的两个基本前提。在此前提下，马克思详尽地分析了资本主义社会的再生产、简单再生产、积累和扩大再生产等一系列重大问题。把资本从宏观的角度作了详细的分析，把资本的矛盾运动，综合性整体性地展示在人们面前，从而更接近了资本运动的现实状况。①

自然，马克思不仅是全世界无产阶级的革命导师，也是伟大的思想家和经济学家，是人类一千年中最杰出的经济学家之一。② 他对科学抽象法的娴熟运用是人类经济学发展史上的高峰之一。在我国经济学界还很难看到像马克思科学揭示资本主义经济运行那样的解释我国社会主义经济运行规律的高峰之作。

我国老一辈经济学家薛暮桥先生在为河北大学经济系主任杨欢进教授所著《经济学向何处去》一书中的序言中写到："就经济学的长远发展而言，我们的最高目标是写一本像《资本论》那样的进行高度抽象，揭示资本主义社会最根本的经济运行规律的揭示社会主义经济运行规律的社会主义经济学。但是目前还不具备条件。因为马克思写《资本论》时已经有比较成熟的资本主义社会作为研究对象，而且有古典经济学的著作可供参考。现在，社会主义社会从十月革命算起已有 70 多年历史，但并没有一个成熟的社会主义社会，也没有多少探索出社会主义经济运行规律的科学著作。过去苏联和我国的经济学著作，都还是政策经济学，够不上称理论经济学，因为并没有系统地发现社会主义经济运行客观规律。"③ 对国内经济学研究的落后状态，林毅夫教授也有清晰的说明："近年来，国内每年发表的经济学论著，可谓不少。然而，到现在为止，国内的经济学研究在国际上尚没有得到多少承认，做得较好的，也不过是为外国学者整理资料。"④

一般而言，抽象方法与具体方法或者称科学抽象法是用来构建博大精深的理论体系的。在校博士、硕士研究生更多的还是研究一般的现实金融问题。因此，对抽象方法与具体方法或者称科学抽象法的应用尚存在一定难度。⑤

---

① 参见马克思《资本论》第二卷第三篇《社会总资本的再生产和流通》。

② 其他七位杰出的经济学家分别是：圣·托马斯·阿奎那（1225—1274）、伊本·哈勒敦（1332—1406）、亚当·斯密（1723—1790）、约翰·穆勒（1806—1873）、莱昂·瓦尔拉斯（1834—1910）、约翰·凯恩斯（1883—1946）、米尔顿·弗里德曼（1912—）。参见《参考消息》1999 年 1 月 29 日。

③ 杨欢进. 经济学向何处去 [M]. 北京：中国计划出版社，1991：1.

④ 林毅夫. 论经济学方法 [M]. 北京：北京大学出版社，2005：96.

⑤ 自然，也有例外。巫继学提交给河南大学的硕士学位论文《自主劳动论要》就成功地应用了抽象方法与具体方法，并由此创建了自主劳动经济学，此在中国经济学界是罕见的特例之一。参见巫继学. 自主劳动论要 [M]. 上海：上海人民出版社，1987.

唯其难能，因而可贵。科学抽象法在金融研究过程中是绕不开的。选题要抽象，先确定论域，经过反复论证，采用科学抽象方法不断凝练，最后集中到一个"点"上，方可形成最终选题；主题的提炼要使用科学抽象法，要从堆积如山的材料中反复提炼，最后抽象出自己有别于别人的有价值的主题；创新点的提炼亦然。

三、分析方法与综合方法

（一）什么是分析方法与综合方法

分析方法，就是或把整体分解为部分，或把复杂的事物分解为简单要素，或把历史的过程分解为片断，或把动态凝固为静态来研究的一种思维方法。任何事物都是由若干部分、方面、因素组成的。它们之间错综复杂地联系着，成为一个统一的整体。不仅如此，任何一个事物还与其他事物彼此关联着。因此，要获得对事物的本质性认识，就须先把组成整体的各个部分、方面暂时分割开来，把被考察的部分、因素从整体中抽取出来，分别进行研究。这是认识事物的前提和基础。

在科学研究中，通过分析事物的各个组成部分来认识事物本质的思维方法，一般需要经过三个环节：一是把整体加以"解剖"，把它的各个部分从整体中分离出来；二是深入分析各个部分的特殊本质；三是进一步分析各个部分相互联系、相互作用的情况，说明它们各占何种地位，起何种作用，以何种方式与其他部分发生相互作用的规律性。

综合方法，就是把研究对象的各个部分、各个方面和各个因素联系起来动态地加以考察，从整体上把握事物的本质和规律的一种思维方法。它是与分析方法相反的一种思维过程。

综合不是简单地将事物进行现象叠加，不是形而上学地把多种因素机械地糅合；而是按照事物各个部分、因素间本质的、有机的联系，从整体上来说明事物的本质及其规律性。综合的特点是，它把事物的各个部分联结为整体，力求通过整体来把握思维的各个部分、各个方面的特点及它们之间的内在联系，然后加以概括和上升，再现事物的整体。

（二）分析方法与综合方法的关系

分析方法与综合方法是科学研究中同一思维过程的两个方面。从认识的出发点和思维运动的方向来说，分析和综合是完全相反的；但从共处于一个统一的认识过程，共同承担着揭示事物本质这一点而言，它们又是统一的。

1. 分析与综合的对立性。分析与综合两者有着不同的起点和终点，有着相反的运动方向。分析的起点是未经分析考察过的具体的客体。分析的终点是经过分析考察而得到的事物的各个方面、各种属性以及从这些方面、属性中解析出来的一般本质。综合的起点是分析终点得到的东西，而综合的终点则是一般和个别、本质和现象、必然和偶然、多样性和单一性的统一。

分析与综合两者在认识过程中的任务也不相同。分析的任务是透过现象看到本质，通过个别找出一般；综合的任务是把本质和现象、个别和一般统一起来，使现象、个别、偶然得到理解与说明。

2. 分析与综合的统一性。分析与综合互为前提。分析是把整体分解为各个部分、方面、因素来认识，并从中揭示事物的本质及其联系。它与现实对比起来，是片面的、抽象的；同时，分析所提供的单纯的规定不仅不是具体的，而且只能反映对象的一个侧面或一种联系，如果认识只停留在此一阶段，就会使事物处于肢解状态，不能获得全面的知识。而综合则是把分析中所得到的各个部分联成一个整体，暴露事物发展过程中矛盾在总体上、在相互联结上的特殊性。因此，综合以分析为基础，分析又要以综合为指导。

分析与综合互相补充。在认识过程中，分析与综合各自只能完成某一阶段的任务。把其中任何一个绝对化，从而否定另一个，正常的认识过程就会陷入分裂。只有分析，得到的认识是支离破碎的；如果只有综合，认识结果只是模糊的整体。

分析与综合可以相互转化。在统一的认识中，由于分析和综合都只能完成各自的职能，从现象到本质，从具体到抽象是以分析为主的；一旦达到了对事物的本质性认识，就要用本质说明原有的现象，这就是建立理论的过程，这一过程以综合为主。因而分析与综合必然要相互让位、转化，分析终了的时候，必须进行综合；有了综合的成果，必然要进行新的分析。人们的认识就是在这种分析—综合—再分析—再综合的过程中前进的，经济理论研究也是在这一形式中深化的。

在实际认识过程中，分析和综合都不是以纯粹的形态出现的。分析过程中含有综合，但以分析为主；综合的过程中也有分析，但以综合为主。绝对纯粹的分析和综合是不存在的。

（三）分析方法与综合方法在金融研究过程中的应用

分析方法与综合方法在金融研究过程中有着广泛的应用。这里仅以国际金融界广泛流行的骆驼评级法为例予以说明。

"骆驼"评价体系是美国金融监管当局对商业银行及其他金融机构的业务经营、信用状况的一整套规范化、制度化和指标化的综合等级评定制度。因其五项考核指标，即资本充足性（capital adequacy）、资产质量（asset quality）、管理水平（management）、盈利状况（earnings）和流动性（liquidity）的英文第一个字母组合在一起为"CAMEL"，正好与"骆驼"的英文拼写相同而得名。"骆驼"评价方法，因其有效性，已被世界上大多数国家所采用。当前，国际上对商业银行评价考察的五个方面（资本充足率及变化趋势、资产质量、存款结构及偿付保证、盈利状况、人力资源状况）基本上未跳出美国"骆驼"评价体系的框架。

骆驼评价体系的具体内容、指标与方法如下。

（1）资本充足性（capital adequacy）。该指标主要考察资本充足率，即总资本与总资产之比。总资本包括基础资本和长期附属债务。基础资本包括股本金、盈余、未分配利润和呆账准备金。

（2）资产质量（asset quality）。该指标主要考察风险资产的数量；逾期贷款的数量；呆账准备金的充足状况；管理人员的素质；贷款的集中程度以及贷款出现问题的可能性。

资产质量的评价标准：把全部贷款按风险程度分为四类，即正常贷款；不合标准贷款；有疑问贷款以及难以收回贷款。然后按如下公式计算：

资产质量比率 = 加权计算后的有问题贷款/基础资本

加权计算后的有问题贷款 = 不合标准贷款 ×20% + 有问题贷款 ×50% +

难以收回贷款×100%

（3）管理水平（management）。该指标主要考察银行业务政策、业务计划、管理者经历与经验及水平、职员培训情况等一些非定量因素。这方面的评价是比较困难的，因为没有量化指标和比率，一般情况下，都通过其他量化指标得出相关结论。经营管理水平的评价标准一般采用令人满意或非常好等定性指标。

（4）盈利状况（earnings）。该指标主要考察银行在过去一两年里的净收益情况。盈利状况评价标准：以资产收益率1%为标准并以此进行评价。净利润与盈利资产之比在1%以上的为第一、二级，该比率在0~1%之间的为第三、四级，若该比率为负数则评为第五级。

（5）流动性（liquidity）。该指标主要考察银行存款的变动情况；银行对借款人资金的依赖程度；可随时变现的流动资产数量；资产负债的管理、控制能力；借入资金的频率以及迅速筹措资金的能力。流动性的评价标准并不确定，只有与同类、同规模的银行横向比较，才能确定优劣与强弱。

在完成上述五个方面的单项分析后，接下来是对商业银行做出综合评价并撰写评估报告。

综合评价的方法有两种：一种是简单认定，即将上述五个方面简单平均，得出最后级别；另一种是加权认定，即对上述五个方面分别给予不同的权重，加权平均，得出最后级别。

评价完成以后，需撰写检查评估报告。该报告一般分为三部分。第一部分阐述评估中发现的问题，及对问题的看法与评价；第二部分对银行全面分析，详细列举各种数据、比率，以及对这些数据、比率的分析与评价；第三部分对银行经营管理水平及管理人员素质进行评价，指出应当采取的措施。第三部分往往属保密资料，只供监管部门内部使用和掌握。评估报告一般要分别送交银行监管部门、被评估银行董事会。

从1991年开始，美国联邦储备委员会及其他监管部门对骆驼评价体系进行了修订。增加了第六项评估指标，即市场风险敏感度（sensitivity of market risk），主要考察利率、汇率、商品价格及股票价格的变化对金融机构的收益或资本可能产生不良影响的程度。市场风险敏感度用 S 代表。增加第六项评估指标以后的新体系为骆驼评级体系（CAMELS Rating System）。

我国银行监管部门从 2001 年底开始研究商业银行风险评级问题，目前出台的评级体系借鉴了国际上成熟的骆驼评级体系，根据我国日常监管工作的实际，以资本充足性、资产安全性、管理严谨性、支付流动正常性和收益合理性作为判断的主要依据。评级体系建立的评级方法和操作步骤，能够全面、深入地评价商业银行的风险和经营状况，增强银行监管的系统性和连续性，加强对商业银行的持续监管和分类监管，促进商业银行的稳健经营。

就研究方法视角看，"骆驼"评价体系的特点是单项评分与整体评分相结合、定性分析与定量分析相结合，以评价风险管理能力为导向，充分考虑银行的规模、复杂程度和风险层次，是分析银行运作是否健康的最有效的理论模型，它经得起"双重"的逻辑实证和经验实证。[①]

骆驼评级体系的方法论分析，见表 9 – 1。

表 9 – 1 　　　　　　　　　　　骆驼评级体系的方法论分析

骆驼评级体系的内容	从研究过程与论文写作来看
1. 资本充足性（capital adequacy） 2. 资产质量（asset quality） 3. 管理水平（management） 4. 盈利状况（earnings） 5. 流动性（liquidity）	分析
综合评价和评估报告	综合

"骆驼"评价体系除了采用分析方法和综合方法，还采用了定性方法和定量方法、规范方法和实证方法。为了方便，我们这里仅重点分析了"骆驼"评价体系对分析方法和综合方法的应用。

此外，我们还可以从古今中外的文学、哲学著作中看到分析方法与综合方法非常经典的应用案例。这里，仅列举大家非常熟悉的句子的《劝学篇》，以及《培根论学问》文集中的精彩片段为例。分别见表 9 – 2 和表 9 – 3。

---

① 关于逻辑实证和经验实证，参见本书第十章第三节。

表9-2 《劝学篇》的研究方法分析

《劝学篇》片段	从研究方法和论文写作看
吾尝终日而思矣，不如须臾之所学也。 吾尝跂而望矣，不如登高之博见也。 登高而招，臂非加长也，而见者远； 顺风而呼，声非加疾也，而闻者彰。 假舆马者，非利足也，而致千里； 假舟楫者，非能水也，而绝江河。	分析
君子生非异也，善假于物也。	综合

表9-3 《培根论学问》的论文写作分析

《培根论学问》	从研究方法和论文写作来看
史鉴使人明智； 诗歌使人巧慧； 数学使人精细； 博物使人深沉； 伦理之学使人庄重； 逻辑与修辞使人善辩。	分析
"学问变化气质"。	综合

从表9-2和表9-3中可以非常清晰地看到，句子和培根是先分析、后综合并相应得出结论。表9-3相对复杂些。

需要强调的是，没有分析的综合是苍白的；没有综合的分析是零碎的。科学研究过程中，仅有分析或仅有综合都是不够的。分析方法和综合方法的完美结合才能逼近真理进而认识和掌握真理。

本章小结

1. 历史方法，就是遵循历史的顺序，把握历史现象的基本线索，把握它的内在联系，从而揭示历史发展的必然性的研究方法；逻辑方法就是撇开历史的具体形式，撇开历史发展的曲折历程和偶然因素，从理论形态上来揭示它的必然性和发展规律，并以逻辑的形式把事物的历史进程再现出来的研究方法。历史方法和逻辑方法在文献综述写作中有广泛的应用。

2. 抽象与具体方法包括两个方面的内容：一是从感性具体到思维的抽象，即科学的抽象方法；二是从思维的抽象到思维的具体，即从抽象上升到具体的叙述方法。所谓由具体到抽象就是在认识或研究过程中，有目的有意识地撇开研究对象的某些方面、因素和属性，而将对象某一方面、因素或属性抽取出来加以研究的方法；所谓由抽象上升到具体，就是把各种抽象规定性（具体表现为科学范畴）联系起来，在思维中再现出多样规定性的统一。抽象方法与具体方法大量应用于论文结构中。

3. 分析方法，就是或把整体分解为部分，或把复杂的事物分解为简单要素，或把历史的过程分解为片段，或把动态凝固为静态来研究的一种思维方法；综合方法，就是把研究对象的各个部分、各个方面和各个因素联系起来动态地加以考察，从整体上把握事物的本质和规律的一种思维方法，它是与分析方法相反的一种思维过程。分析方法和综合方法经常应用于论文的实证分析部分。

第十章　论证方法（下）

　　我们最后的任务，也许是在我们实际生活其中的经济体系中找出几个变数，可以由中央当局来加以统制或管理。①

——凯恩斯《就业、利息和货币通论》

　　一位经济学家提出一个能够解释新的经验现象的新理论时，通常是这位经济学家先悟到了这个现象背后的决定性外生变量，然后才根据这个变量来构建和其他给定的外生变量以及内生变量之间的逻辑关系，而不是靠某些模型一步一步推导出来的。②

——林毅夫

　　本章在第九章历史方法与逻辑方法、抽象方法与具体方法、分析方法与综合方法的基础上，进一步简要讨论归纳方法与演绎方法、定性方法与定量方法、实证方法与规范方法。

一、归纳方法与演绎方法

（一）什么是归纳方法

　　归纳方法是从特殊事物中概括出一般原理的推理形式和思维方法。它从个别单一的事物的性质、特点和关系中概括出一类事物的性质、特点和关系，并且由不太深刻的一般到更为深刻的一般。在归纳过程中，认识从单一到特

---

① （英）凯恩斯．就业、利息和货币通论［M］．徐毓枬译．北京：商务印书馆，1983：210.
② 林毅夫．论经济学方法［M］．北京：北京大学出版社，2005：64-65.

第十章　论证方法（下）

143

殊和一般。

归纳法是一种十分重要的科学认识方法，任何科学都会用到，经济科学也不例外。由于归纳法得出的结论，超过了其前提所限定的范围，因而在积累知识、发现真理方面，比演绎法更具有创造性。运用归纳法，可以从对个别事实的考察中，提出假设和猜想；可以从纷繁复杂的经验材料中，找出普遍的规律性。当然，同任何认识方法一样，归纳法也有缺陷。由于归纳的结论超过了前提所限定的范围，因而这个结论很可能会出现错误。这是归纳法最大的缺点。

作为一种思维方法，归纳法在人类认识的过程中，具有不可替代的地位和作用。

第一，归纳法是获得科学真理的可能的、必要的认识环节。因为，个别、特殊和普遍的关系，有限和无限关系，是相对的。理性思维的能动作用，使特殊认识向一般原理"飞跃"成为可能。实践检验的确定性，提供了实现这种可能性的实证标准。

第二，归纳的有效性在于认识总体的有效性。认识的有效性在于认识的真理性。形式逻辑原则的永真性不能保证认识的真理性。孤立地看，任何一种思维方式，在认识上都不是有效的。可是，现实的科学思维过程，不是孤立运用某一种思维方法的抽象过程，而是多层次方法相互作用的总体过程。缺乏其中任何一环，有效的思维就不可能产生。因此，归纳方法的有效性在于实践所证明的整个人类科学认识的有效性。

归纳法可以分为两大类，即完全归纳法和不完全归纳法。

完全归纳法是根据某类事物的全体对象无一遗漏的情况，归纳概括出结论的推理方法。在运用完全归纳法时，应注意两点：必须确知所研究那类对象的全部数量，而且数量不宜过大；必须确知所概括的某一属性确实是该类每一个对象所固有的，完全归纳法不适用于数量大或无穷大的一类事物。

由于完全归纳法的局限性，或由于人们的认识有限，或不能穷尽某一类事物，于是更多地采用不完全归纳法。

所谓不完全归纳法，就是指根据部分对象具有的某种属性而作出概括的思维方法。它又可以分为简单枚举归纳法和科学归纳法。简单枚举归纳法，是列举出事物的共同点而推出一般结论的归纳法。当然，不完全归纳法所得结论的可靠性会打折扣，只能算是猜测，在科学研究中只是做初步的探索。只要发现一个与结论相矛盾的新的事实，所研究的结论就会被推翻。简单枚举归纳法虽具有或然性，结论不能完全被证明，但它在科学研究中可形成初步探索的暂时结论，对于进一步研究会有启发和促进作用，因此其重要性不应低估。

为了获得正确可靠的结论，人们在归纳的过程中，就必须同时运用演绎、分析、综合等方法来补充，这种建立在科学分析基础上的归纳法就是科学归纳法。在科学归纳法中，有一种常用的判明因果联系的归纳法，它包括求同法、求异法、共变法、求同存异共用法和剩余法。前三种方法是培根在《新工具》一书中首先提出来并详细讨论的，后来英国哲学家穆勒在他的《逻辑体系》一书中又加以补充和系统说明，因而在逻辑学中也叫"穆勒五法"。

（二）什么是演绎方法

归纳法是从个别到一般的认识方法，而演绎法则正好相反，它是从一般到特殊和个别，是根据一类事物都具有的一般属性、关系、本质来推断其中的个别事物所具有的属性、关系和本质的一种推理形式和思维方法。演绎法根据推理中前提的数量，可以区分为简单判断推理和复合判断推理两种。简单判断推理的主要形式是三段论，它由大前提、小前提和结论三部分组成。

演绎法可用下式表示：

大前提：所有的 M 都是 P

小前提：所有的 S 都是 M

结　论：所有的 S 都是 P

在上式中，大前提是已知的一般原理，小前提是已知的个别事实与大前提中的全部事实的关系，结论则是由大、小前提中通过逻辑推理获得的关于个别结论的认识。

简单判断推理，虽然广泛地被应用于科学研究，但却远远不能完全应付复杂的事物；为了更符合实际地研究复杂的情况，还需要研究更加复杂的推理形式，即复合判断推理。

复合判断推理公式为：

如果 A，则 B

如果 B，则 C

如果 C，则 D

所以，如果 A 则 E。

演绎推理，是一种必然性推理，如果前提正确，推理符合逻辑，就必然会得出真实可靠的结论；正因为演绎推理结论已经蕴含于前提当中，所以它不可能提供全新的知识，但它可以扩大人们的认知范围。

（三）归纳方法与演绎方法的关系

归纳方法与演绎方法，是科学研究中两种最基本的研究方法，它们既相互联系，又有所区别。作为一个完整的思维过程，彼此间存在相互依存的辩证关系。即演绎是归纳的指导，归纳是演绎的基础，一切科学真理，都是归纳和演绎的辩证统一。

1. 归纳和演绎之间的联系。归纳以演绎为指导。归纳是从个别到一般，但这个过程，归纳什么，如何归纳（既非盲目的，也不是随机的），都必须在一定的指导思想下进行；否则，无法从复杂多样的个别属性中归纳出正确科学的结论。根据实际材料进行归纳时，需进行选择；这个选择必然是在一定的指导思想下进行的，而这个指导思想往往是演绎的结论。演绎为归纳提供了应用普遍性、一般性的知识来分析个别、特殊现象的方法；同时归纳出的结论是否正确，也需要演绎来论证。

归纳为演绎提供前提。演绎是由普遍性的前提推出个别结论的推理。它的前提既非天上掉下来的，也非人们头脑中固有的，也不像演绎主义者所鼓吹的是来自理性的自然认识，一般来说，演绎的前提来自于归纳，如果没有归纳推出普遍性的知识，就没有演绎推理的前提。

归纳和演绎相互渗透。在实际思维过程中，归纳与演绎不能绝对分离。

往往既有归纳又有演绎，在归纳过程中包含有演绎的因素，在演绎过程中同样也包含着归纳的因素。不存在只有归纳而无演绎或只有演绎而无归纳的思维过程。归纳和演绎互相连结，相互渗透。

归纳和演绎可以相互转化。归纳出来的结论，转化为演绎的前提，归纳就转化成了演绎；演绎的结论往往又是归纳的指导思想，演绎又转化为归纳。人们正是在归纳和演绎的交替中，从个别到一般，又从一般到个别，使思想不断丰富发展，认识趋于深化。

2. 归纳与演绎之间的区别。从前提与结论的联系上看，除完全归纳外，归纳推理的前提和结论之间没有必然联系，即使前提真实，推理形式有效，结论也未必可靠；而演绎推理的前提和结论之间联系是必然的，只要前提为真，推理形式有效，结论必定可靠。

从结论所断定的知识范围来看，演绎推理的结论是蕴含在前提之中的，是前提的引申，结论并没有超出前提所提供的知识范围；然而，除完全归纳外，归纳推理的结论超出了前提所提供的知识范围。

从思维过程看，归纳推理往往以某类所观察的部分对象的性质为基础，推论出全部对象的性质，这是从部分到全体，典型的以"点"代"面"，经常包含着失败的风险；而演绎推理则往往是从某类全部对象的性质的普遍性知识或原理，推出个别对象的结论，不存在错误的风险。

归纳推理结论为真理的可能性在很大程度上依赖于推理形式的有效性和其前提的真理性，但也同具体内容有关；而演绎推理与具体内容不相关。

归纳法与演绎法两者最根本的区别是思维起点不同。

（四）归纳方法与演绎方法在金融研究过程中的应用

举例 1. 恩格尔定理的不完全归纳推理。19 世纪中期，德国统计学家和经济学家恩格尔对比利时不同收入的家庭消费情况进行了调查，研究了收入增加对消费需求支出构成的影响，提出了带有规律性的原理，被命名为恩格尔定律。它指出一个家庭收入越少，用于购买生存性的食物支出在家庭收入中所占的比重就越大。对一个国家而言，一个国家越穷，每个国民的平均支出中，用来购买食物的支出占国民总支出的比例就越大。恩格尔系数（Engel's

Coefficient）就是由食物支出金额在总支出金额中所占的比重来计算得出。其公式为：恩格尔系数＝食物支出金额÷总支出金额×100％。

由于恩格尔系数的科学性，国际上常用恩格尔系数来衡量一个国家和地区人民生活水平的状况。联合国根据恩格尔系数的大小，对世界各国的生活水平有一个划分标准，即一个国家平均家庭恩格尔系数大于60％为贫穷；50％～60％为温饱；40％～50％为小康；30％～40％属于相对富裕；20％～30％为富裕；20％以下为极其富裕。按此划分标准，20世纪90年代，恩格尔系数在20％以下的只有美国，达到16％；欧洲、日本、加拿大，一般在20％～30％，是富裕状态。东欧国家，一般在30％～40％，相对富裕，剩下的发展中国家，基本上分布在小康。改革开放以来，我国城镇和农村居民家庭恩格尔系数已由1978年的57.5％和67.7％分别下降到2010年的35.7％和41.1％，接近相对富裕层次。

就方法论而言，恩格尔采用的是归纳方法中的不完全归纳法。他对比利时不同收入的家庭消费情况进行了调查，研究了收入增加对消费需求支出构成的影响，从个别到一般提出了带有规律性的经典性原理。这一经典原理提供了标准的经济学分析工具，在运用时几乎不存在什么严格的约束条件。只有当人类生产力发展到一定高度，食品支出总额占个人消费支出总额的比重非常小以至可以忽略不计的时候，恩格尔系数才会失效。

从不完全归纳推导出恩格尔系数的推理中，我们可以看到归纳方法的巨大力量。

举例2. 高斯数学计算的完全归纳推理。德国数学家高斯少年时，数学老师在课堂上出了一道题：[①]

$1+2+3+4+\cdots+97+98+99+100=?$

学生们一个数一个数地加起来，计算很费时。年仅10岁的高斯却非常迅速地说出答案为5 050，老师对他惊人的计算速度感到惊奇，就问他是怎样计算的。他说：第一项和倒数第一项、第二项和倒数第二项、第三项和倒数第三项……依次推下去，它们的和都是101：

---

① 谷振诣. 论证与分析［M］. 北京：人民出版社，2000：123.

$$1 + 100 = 101$$
$$2 + 99 = 101$$
$$3 + 98 = 101$$
$$4 + 97 = 101$$
$$\cdots$$
$$50 + 51 = 101$$

这样从 1 到 100 之间，共有 50 对 101，其结果便是：$50 \times 101 = 5\,050$。

高斯的计算方法非常快，其实他用的是完全归纳推理。他归纳了这道题中全部 50 组个别现象中的共有属性，从而迅速推出了 5 050 这个可靠准确的结论。

自然，金融学研究中大多应用的是不完全归纳推理，因为我们很难穷尽研究对象的全部样本。比如理性人假说由于不能概括研究对象——所有人，或者现实中不是所有人都是理性的，因而才会出现有限理性假说。

至于高斯的完全归纳推理，则纯属数学计算问题，与金融学研究还是两回事。不过，从高斯的数学计算中，我们还是能够感受到完全归纳推理的动人魅力。

举例 3. 马克思和凯恩斯对经济危机的演绎推理分析。对于经济危机这一经济现象，马克思和凯恩斯都进行了卓有成效的分析。但有意思的是，他们得出的结论却是完全不同的。

马克思认为，经济危机的实质是生产过剩，其根源在于资本主义的基本矛盾，解决的办法是革命的手段即通过革命实现社会变迁，由资本主义发展到社会主义。其分析思路是：资本主义经济危机—生产过剩—资本主义基本矛盾—无产阶级革命—实现社会主义。

凯恩斯则认为，经济危机的实质是有效需求不足，其根源不在于资本主义的基本矛盾而在于市场失败，解决的办法是通过国家干预并借助于财政政策与货币政策增加有效需求，实现资本主义的自我完善。其分析思路是：资本主义经济危机—有效需求不足—市场失败—资产阶级改良（财政政策和货币政策）—资本主义的自我完善。

马克思和凯恩斯的演绎推理思路的对比，见图 10－1。

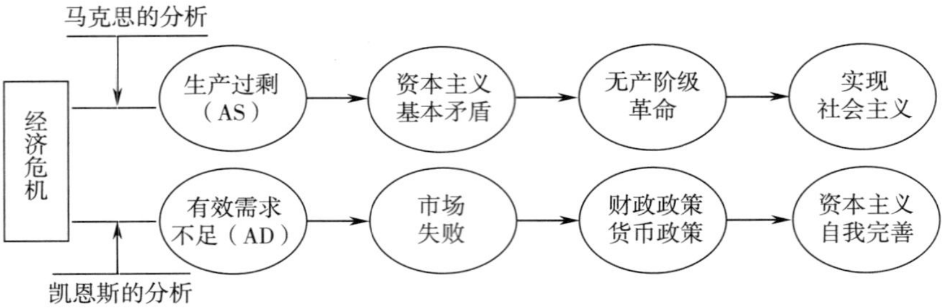

图 10-1 马克思和凯恩斯的经济危机推理思路对比

比较马克思和凯恩斯的思路，我们可以看到，针对同一性质的经济危机这一研究对象，他们二人的演绎推理思路是有别的，得出的研究结论也是截然不同的。可见，在相同前提下，演绎推理的结论不是唯一的。这就是我们日常生活中经常说的对于同一问题所谓的"公说公有理，婆说婆有理"。马克思和凯恩斯之所以得出完全不同的研究结论则在于两人形而上的立场、观念、信仰等方面的差异。

举例4. 中央银行起源的演绎推理分析。保罗·萨缪尔森引述维尔·罗杰斯的话认为"自从开天辟地以来，曾经有三件伟大的发明：火、轮子和中央银行"。[①] 根据马克思唯物主义原理，中央银行则是生产力的发展到一定程度的产物。其演绎逻辑推理如下：

生产力的发展→剩余产品→商品交换→国际贸易铸币兑换业（简单兑换）→货币经营业（简单兑换、保管、代客支付）→商业银行（放款）→中央银行（独占货币发行权）

从中央银行起源的演绎逻辑推理中，我们可以得出下列研究结论：[②]

（1）中央银行是生产力发展到一定阶段的产物，市场经济是其生存和发挥作用的土壤和基础。

（2）中央银行是在商业银行的基础上作为其对立面而出现的。

（3）中央银行以政府赋予其独占货币发行权为其产生的标志。从起源看，它与政府有着千丝万缕、不可分割的联系。一味强调中央银行的独立性并不完全正确，至少不符合中央银行赖以产生的历史事实。

---

① （美）萨缪尔森. 经济学（上册）[M]. 北京：商务印书馆，1979：445.
② 崔建军. 金融调控论 [M]. 西安：西安交通大学出版社，2006：20-21.

（4）就银行业务的演进看，其业务次序应是，先有中间业务，而后是资产业务，最后才是负债业务。现代商业银行要通过所谓开拓中间业务、赢得利润空间就其实质而言是"返祖归宗"，并非金融业务创新。

（5）从银行起源于铸币兑换业看，金融从来是国际的，所谓"国际金融"与"国内金融"的人为分界是错误的。

由上可见，正确运用演绎推理方法，可以得出有价值的新的研究结论。

举例5. 外汇收支自动调节机制的演绎推理分析。金本位下外汇收支具有一种自动调节的机制。当外汇收支出现逆差，黄金外流时，中央银行集中的黄金储备明显下降，出现货币供给紧缩，结果导致物价下降，从而提高本国商品出口竞争力并抑制进口；与此同时，紧缩也会导致利率上浮，有利于国际资本流入，促使外汇收支恢复平衡。反之，外汇收支顺差引起黄金流入，其效应正好相反，最终外汇收支恢复平衡。因而，在金本位国际货币体系下，各国外汇收支会自动调节。汇率在短期内会有所波动，从长期看则通常保持

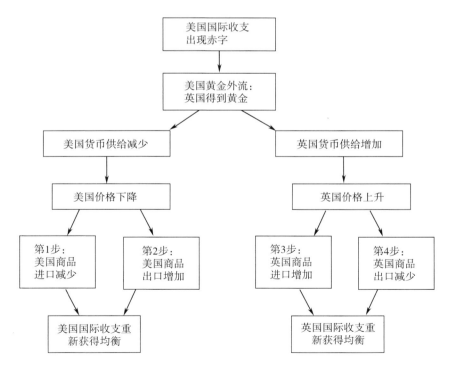

图 10 − 2　休谟的四重国际调整机制

相对稳定水平。对此，英国哲学家休谟早于 1752 年已有深刻揭示。① 休谟的四重国际调整机制见图 10 – 2。

休谟关于金本位制下的四重国际调整机制是以美国和英国为例进行说明的。斗转星移，今天的国际货币体系早已不是金本位制了。但是，休谟分析问题的方法却是值得我们借鉴的。这就是研究过程必须从问题（美国国际收支失衡，出现赤字）出发，经过若干富有逻辑的分析环节，最终达到研究问题的解决（美国国际收支重新获得均衡）。

二、定性方法与定量方法

（一）什么是定性方法与定量方法

定性方法是揭示事物的内涵，反映事物的本质的研究方法。在某种意义上讲，定性方法是逻辑方法的一种具体应用。定性方法通常是由概念、判断、推理等来实现的。

定量方法是揭示事物的数量关系的研究方法，它具体反映事物的形状、大小、规模、程度等数量特征。

就关系而言，定性方法与定量方法是一个事物的两个方面。定性方法是定量方法的前提；定量方法是定性方法的拓展和深化。一个真正的研究过程中，两者是密不可分、合二为一的。

定性方法与定量方法也有各自的特点与差异。根据不完全归纳，这种特点与差异体现在六个方面，见表 10 – 1。

表 10 – 1　　　　　　　定性方法与定量方法的特点与差异

	定性方法	定量方法
目标	了解和解释现象 对研究问题的复杂性做出解释	描述和预测现象 对研究问题的一致性进行描述

---

① （美）保罗·萨缪尔森，威廉·诺德豪斯. 经济学（第十九版）［M］. 北京：商务印书馆，2012：958.

	定性方法	定量方法
行为	了解研究对象的经历和事件 用词汇和语言进行描述	设计指标进行测量 相关性分析
途径	从理论假说开始 有目的地选择个案	以验证理论假说结束 随机抽样
工具	研究者本人	测验和测量表 问卷 计算机统计分析
结果	内部效度检验 通过辨识进行概括 描述性写作，可包含个人偏好	效度和信度检验 推断总体进行概括 客观性统计，无个人偏好

（二）定性方法与定量方法在金融研究中的应用

这里以马克思再生产理论为例给予说明。

马克思再生产理论的集中论述体现在《资本论》第二卷中。《资本论》第二卷第一、二篇资本形态变化及其循环、资本周转分别从横断面（并存性）和纵断面（继起性）两方面考察了单个资本的循环和周转，考察单个资本的再生产问题。第三篇社会总资本的再生产和流通则立体交叉地从宏观层面考察资本主义的再生产过程。这个再生产过程既包括资本的生产和流通，也包括简单的商品流通；既包括生产消费，也包括个人消费。马克思说："如果我们研究一下社会在一年间供给的商品产品，那么，就会很清楚地看到：社会的再生产过程是怎样进行的，这个再生产过程和单个资本的再生产过程相比有哪些不同的特征，二者又有哪些共同的特征。"①

为了展开对资本主义再生产的全面分析，马克思找到了研究的出发

○　马克思，恩格斯. 马克思恩格斯全集（第二十四卷）[M]. 北京：人民出版社，1972：435.

点——社会总产品 "$W' - \begin{cases} G - W \cdots P \cdots W' \\ g - W \end{cases}$ 这个流通公式"。① 接下来首先对 W 进行了定性分析。W 从物质形态上可区分为生产资料（P_m）和消费资料（K_m），与之相适应，社会物质生产部门可划分为两大部类："Ⅰ. 生产资料：具有必须进入或至少能够进入生产消费的形式的商品。Ⅱ. 消费资料：具有进入资本家阶级和工人阶级的个人消费的形式的商品。"② 社会总产品从价值构成上看可分为 c、v、m 三个部分，"每一部类的全部产品的价值，和每个个别商品的价值一样，也分成 $c + v + m$。"③

通过从价值形态和实物形态上对社会总产品（W'）的构成进行了科学的分析，马克思就从理论上确定了其再生产理论的两个基本原理，为自己的再生产理论奠定了稳固的科学基础。在这个基础上，马克思通过对资本主义简单再生产和扩大再生产的定量分析，揭示了社会资本再生产和流通的全部规律。

"我们研究简单再生产，要以下列公式为基础，其中 $c =$ 不变资本，$v =$ 可变资本，$m =$ 剩余价值，并且假定价值增值率 $\frac{m}{v} = 100\%$。"④

A：简单再生产

简单再生产图式⑤：

Ⅰ. $4\,000c + 1\,000v + 1\,000m = 6\,000$ 生产资料；

Ⅱ. $2\,000c + 500v + 1\,000m = 3\,000$ 消费资料。

简单再生产的实现条件：

1. 两个部类之间的变换：Ⅰ（$v + m$）= Ⅱc 的变换。⑥

2. 第Ⅱ部类内部的交换。⑦

---

① 马克思，恩格斯. 马克思恩格斯全集（第二十四卷）[M]. 北京：人民出版社，1972：435.

② 马克思，恩格斯. 马克思恩格斯全集（第二十四卷）[M]. 北京：人民出版社，1972：438 – 439.

③ 马克思，恩格斯. 马克思恩格斯全集（第二十四卷）[M]. 北京：人民出版社，1972：439.

④ 马克思，恩格斯. 马克思恩格斯全集（第二十四卷）[M]. 北京：人民出版社，1972：440.

⑤ 马克思，恩格斯. 马克思恩格斯全集（第二十四卷）[M]. 北京：人民出版社，1972：441.

⑥ 马克思，恩格斯. 马克思恩格斯全集（第二十四卷）[M]. 北京：人民出版社，1972：442.

⑦ 马克思，恩格斯. 马克思恩格斯全集（第二十四卷）[M]. 北京：人民出版社，1972：447.

3. 第Ⅱ部类的不变资本。[①]

简单再生产的实现条件用公式表示，即为：

（1） Ⅰ $(v+m) = Ⅱc$；

（2） Ⅰ $(c+v+m) = Ⅰc + Ⅱc$；

（3） Ⅱ $(c+v+m) = Ⅰ(v+m) + Ⅱ(v+m)$。

B：扩大再生产

扩大再生产的前提条件[②]：

Ⅰ $(v+m) > Ⅱc$

第一部类的可变资本价值与剩余价值之和，必须大于第二部类的不变资本价值，以便为扩大再生产提供可追加的生产资料。

Ⅱ $(c+m-m/x) > Ⅰ(v+m/x)$。

第二部类的不变资本与用于积累的剩余价值之和，必须大于第一部类的可变资本与资本家用于个人消费的剩余价值之和，以便为扩大再生产提供可追加的消费资料。

扩大再生产的过程

规模扩大的再生产的开端等式[③]：

Ⅰ. $4\,000c + 1\,000v + 1\,000m = 6\,000$ ⎫
Ⅱ. $1\,500c + 750v + 750m = 3\,000$ ⎬ 总量 = 9 000

假设Ⅰ部类的资本家将 m 的一半即 500 用于积累，500 用于消费；其积累部分按资本有机构成4:1分开为 $400\Delta c$ 和 $100\Delta v$；Ⅱ部类的资本家同时相应扩大积累，其积累部分按原资本有机构成2:1的比例，100 用于追加不变资本即 $100\Delta c$，50 用于追加可变资本即 $50\Delta v$，则扩大再生产条件下，社会总产品各部分的交换，其图式为[④]：

Ⅰ. $4\,400c + 1\,100v + 500$ 消费基金 = 6 000

Ⅱ. $1\,600c + 800v + 600$ 消费基金 = 3 000

① 马克思，恩格斯. 马克思恩格斯全集（第二十四卷）[M]. 北京：人民出版社，1972：470.
② 马克思，恩格斯. 马克思恩格斯全集（第二十四卷）[M]. 北京：人民出版社，1972：588 – 590
③ 马克思，恩格斯. 马克思恩格斯全集（第二十四卷）[M]. 北京：人民出版社，1972：576.
④ 马克思，恩格斯. 马克思恩格斯全集（第二十四卷）[M]. 北京：人民出版社，1972：577.

其中，资本是：

$$\left.\begin{array}{l}\text{I}.\ 4\ 400c + 1\ 100v\ （货币）= 5\ 500 \\ \text{II}.\ 1\ 600c + 800v\ （货币）= 2\ 400\end{array}\right\} = 7\ 900$$

在开始生产时则是：

$$\left.\begin{array}{l}\text{I}.\ 4\ 000c + 1\ 000v = 5\ 000 \\ \text{II}.\ 1\ 500c + 750v = 2\ 250\end{array}\right\} = 7\ 250$$

如果实际积累现在是在这个基础上进行，按实际增加的资本生产，扩大再生产的第二年结束时，我们就得出：

$$\left.\begin{array}{l}\text{I}.\ 4\ 400c + 1\ 100v + 1\ 100m = 6\ 600 \\ \text{II}.\ 1\ 600c + 800v + 800m = 3\ 200\end{array}\right\} = 9\ 800$$

第三年结束时的情况为：

$$\left.\begin{array}{l}\text{I}.\ 4\ 840c + 1\ 210v + 1\ 210m = 7\ 260 \\ \text{II}.\ 1\ 760c + 880v + 880m = 3\ 520\end{array}\right\} = 10\ 780$$

第四年结束时的情况为：

$$\left.\begin{array}{l}\text{I}.\ 5\ 856c + 1\ 464v + 1\ 464m = 8\ 784 \\ \text{II}.\ 2\ 129c + 1\ 065v + 1\ 065m = 4\ 259\end{array}\right\} = 13\ 043$$

第五年底时的情况为：

$$\left.\begin{array}{l}\text{I}.\ 6\ 442c + 1\ 610v + 1\ 610m = 9\ 662 \\ \text{II}.\ 2\ 342c + 1\ 172v + 1\ 172m = 4\ 686\end{array}\right\} = 114\ 348$$

通过五年的资本积累和扩大再生产，第 I 部类和第 II 部类的总资本已由 7 250（5 500c + 1 750v）增加到 11 566（8 784c + 2 782v），资本增长率为 60%；总剩余价值原来是 1 750，现在是 2 782。

扩大再生产的实现条件：

第一，$\text{I}\ (v + \Delta v + m/x) = \text{II}\ (c + \Delta c)$

第一部类原有可变资本的价值、追加的可变资本价值与本部类资本家用于个人消费的剩余价值三者之和，必须等于第二部类原有的不变资本价值与追加的不变资本价值之和。

第二，$\text{I}\ (c + v + m) = \text{I}\ (c + \Delta c) + \text{II}\ (c + \Delta c)$

第一部类全部产品的价值必须等于两大部类原有不变资本价值和追加的

不变资本价值之和。

第三，Ⅱ $(c+v+m)$ = Ⅰ $(v+\Delta v+m/x)$ + Ⅱ $(v+\Delta v+m/x)$

第二部类全部产品的价值必须等于两大部类原有的可变资本价值、追加的可变资本价值，以及资本家用于个人消费的剩余价值之和。

在这三个实现条件中，第一个条件是基本条件；第二个条件和第三个条件则是由第一个条件派生而来的。社会资本扩大再生产的三个实现条件共同表明了保持两大部类适当比例关系的重要性。

显然，马克思的再生产理论（实现论）只是为了阐明资本主义社会产品的价值实现，客观上必须具备的一些条件，而绝不是说在资本主义现实生活中，真的完全具备这些条件，以至于资本主义再生产可以畅通无阻地进行。马克思明确指出："在这种生产的自发形式中，平衡本来不过是一种偶然。"①

严格地说，马克思的定量分析，只是对两大部类数量关系的模拟推理，并没有具体的两大部类的实际统计数据；换句话说，马克思的两大部类关系分析只是理论模型。

（三）应用定性方法与定量方法应注意的问题

应用定性方法与定量方法要克服两种不良倾向：一是纯定性分析，缺乏科学的定量分析；二是毫无节制地对定量分析的泛用、滥用。

中国改革开放初期，经济学研究中定性方法使用过多，忽视定量方法的应用。许多经济学论文中大量充斥着"我认为……""我以为……""我想……"等，这种"只有自己，没有别人"的想当然的主观判断，缺乏科学的定量分析。

经过 20 多年的改革开放，西学东渐，西方经济学在中国已算不上"阳春白雪"了。此时，经济学研究中定量方法又使用过多，甚至有泛用、滥用之势，造成主流经济学研究方法论的"数学迷信"。②

这两种倾向都存在问题。前者缺乏应有的科学性，必须抛弃（当然，在

---

① 马克思，恩格斯. 马克思恩格斯全集（第二十四卷）[M]. 北京：人民出版社，1972：558.
② 赵磊. 我国主流经济学的三大迷信 [J]. 财贸经济，2003（10）.

中国经济学界也没有市场了）；后者显然又矫枉过正，从一个极端走向另一个极端了。

经济学是研究人的选择的科学。人的思想和行为是非常复杂的，绝非一句"理性人"所能概括；人的选择并不能完全通过数学的定量方法进行描述和理解。对此，早在 80 多年前，凯恩斯在《就业、利息和货币通论》一书中已有非常明确的论述。凯恩斯说："从马尔萨斯以来，职业经济学家虽然并不因理论与事实不符，而'有动于中'，但常人却已觉察到这种不符情形，结果他们逐渐不愿意对经济学家，像对其他科学家那样尊敬；因为后者之理论结果，当应用于实际时常可以用观察证实，而经济学则不然。"① 他又说："各种社会科学皆然，经济学尤其如此，因为我们往往不能以一己思想，以逻辑的或实验的办法，做决定性的试验。"②

如何正确地使用定性方法与定量方法从事有价值的经济理论研究，还是当局者迷，旁观者清。经济学的圈外人、德国军事理论家卡尔·冯·克劳塞维茨的下面一段话，或许能给我们以启迪。他说："这正像某些植物一样，只有当它们的枝干长得不太高时，才能结出果实。因此在实际生活的园地里，也不能让理论的枝叶和花朵长得太高，而要使它们接近经验，即接近它们固有的土壤。"③

三、实证方法与规范方法

在西方，多数经济学家认为经济学既像自然科学一样是一门实证科学，又像社会科学一样是一门规范科学。最早作出这样划分的是英国经济学家约翰·内维尔·凯恩斯。他在 1891 年出版的《政治经济学的范围与方法》一书中，第一次以是否涉及价值判断为标志，把经济学区分为规范经济学和实证经济学。④ 与规范经济学和实证经济学相适应，经济学的研究方法可相应区分为规范方法和实证方法。

---

① （英）凯恩斯．就业、利息和货币通论［M］．北京：商务印书馆，1983：32.
② （英）凯恩斯．就业、利息和货币通论［M］．北京：商务印书馆，1983：3.
③ （德）克劳塞维茨．战争论（第一卷）［M］．北京：解放军出版社，1964：15.
④ （英）约翰·内维尔·凯恩斯．政治经济学的范围与方法［M］．北京：华夏出版社，2001：6－15.

（一）什么是实证方法和规范方法

实证研究作为一种研究范式，产生于培根的经验哲学和牛顿——伽利略的自然科学研究。法国哲学家孔多塞（1743—1794）、圣西门（1760—1825）、孔德（1798—1857）倡导将自然科学实证的精神贯彻于社会现象研究之中，他们主张从经验入手，采用程序化、操作化和定量分析的手段，使社会现象的研究达到精细化和准确化的水平。孔德1830年到1842年《实证哲学教程》六卷本的出版，揭开了实证主义运动的序幕，在西方哲学史上形成实证主义思潮。实证主义所推崇的基本原则是科学研究结论的客观性和普适性，强调知识必须建立在观察和实验的经验事实之上，通过经验观察的数据和实验研究的手段来揭示一般结论，并且要求这种结论在同一条件下具有可证性和可重复性。根据以上原则，实证研究方法可以概括为通过对研究对象大量的观察、实验和调查，获取客观材料，从个别到一般，归纳出事物的本质属性和发展规律的一种研究方法。

具体到经济学研究，实证方法是指通过对经济现实的客观描述和分析，回答"是什么"或"怎样的"的问题，其"目的在于了解经济是如何运行的……"① 它的特征是在作出与经济行为有关的拟定前提下，通过求证来检验假设，对经济运行进行判断，分析并预测人们经济行为的经济后果。它所力求说明的是经济现象"是什么"（what is）的问题，或者说，它回答这样的问题：如果做出了某种选择，将会带来什么样的经济后果？实证分析或实证经济学所研究的内容具有客观性，它提出的用于解释经济现象的理论是否正确，可以用经济事实进行验证。运用实证方法分析问题是现代西方经济学的主流。

所谓规范方法，是以一定的价值判断作为出发点，提出行为的标准，并探讨如何才能符合这些标准的理论和政策。它所力求说明的是经济活动"应该是什么"（what ought to be）的问题，或者说，它回答这样的问题：为什么要做出此选择，而不做出彼选择？规范分析的命题涉及一种行为、一种方案、一种政策或一种选择对人民福利的影响的评价问题，涉及是非善恶问题并根

---

① （美）劳埃德·雷诺兹. 宏观经济学［M］. 北京：商务印书馆，1983：31.

据某种原则规范人们的行为。由于人们的立场、观点、伦理和道德观念不同，对同一经济事物、同一经济政策、同一经济问题会产生迥然不同的意见和价值判断。对于应当做什么、不应当做什么的问题，不同的研究者也可能会得出完全不同的结论。

与实证经济学排斥伦理判断或价值判断不同，规范经济学主张引入伦理判断或价值判断，提倡用伦理方法来改造经济学。英国的庇古等提出的福利经济理论，美国的凡勃仑、康芒斯、加尔布雷斯等创立的制度学派，都属于应用规范方法分析经济问题的规范经济学范畴。

庇古认为："经济学所致力的复杂的分析，并非纯粹的训练，它是改良人类生活的工具。""对经济学家来说，需要具备有关人和事物的广泛经验，以及区别能否以概念处理事情的强烈感觉。但是，并不是说因为资料不充分，经验不成熟就应该坐以等待、袖手旁观，而必须善于利用不完全的资料下判断。"①

（二）实证方法与规范方法的区别和联系

实证方法与规范方法的特点与差异体现在三个方面，见表 10 - 2。

表 10 - 2　　　　　　　　实证方法与规范方法的特点与差异

	实证方法	规范方法
价值判断	强调客观性 强烈排斥价值判断	评价经济行为 规范经济行为 包含作者的价值倾向
研究目标	"是什么" "是怎样的" 探讨经济运行规律	"应该是什么" "应该是怎样的" 探讨经济运行规则
研究结论	研究结论是客观的 可以用经验事实进行检验	研究结论是主观的 可以用经验事实进行检验

---

① ［日］现代经济学研究会. 世界十五大经济学［M］. 北京：求实出版社，1990：125 - 126.

在对经济问题进行研究的过程中，实证方法与规范方法不能全然割裂开来，而总是相互兼用的，这显示了它们之间的内在联系性。实证方法与规范方法的区别在于测量面的不同，但绝不是说实证方法不暗含任何"规范标准"，规范方法没有任何"实证基础"。

（三）实证方法与规范方法在金融研究中的应用

举例 1. 凯恩斯消费函数理论

众所周知，凯恩斯对资本主义经济危机的分析独树一帜。他认为经济危机的原因在于有效需求不足。之所以出现有效需求不足，是"消费倾向""对资本未来收益的预期"以及对货币的"灵活偏好"这三个基本心理因素发挥作用的结果。因此，消费倾向或消费函数理论就成为构成凯恩斯有效需求原理的三大理论支柱之一。

凯恩斯认为："一社会之消费量，显然系乎下列因素：（a）所得数量，（b）其他客观环境，（c）该社会各组成分子之主观需要、心理倾向、心理习惯，以及相互之间分配所得之办法。"[①] 为了清晰论证何者决定消费量，凯恩斯具体分析了六个方面的客观因素和八个方面的主观因素。

六个方面的客观因素分别是："工资单位之改变；所得与净所得之差别之改变；在计算净所得时并未计及的资本价值之不虞之变；时间回报率——现在物品与未来物品之交换比例——之改变；财政政策之改变；个人对其未来所得之多寡，忽改变其预期。"[②]

八个方面的主观因素分别是："建立一准备金，以防不测之便；预防未来所得不如今日所得之宽裕，而一己及家庭之用费，则未来大于今日；享受利息及增值，使以后开支可以逐渐增加；享受独立感及有能为力感，虽然心目中不一定有什么特殊用途；获得从事投机或发展事业之本钱；遗留财产与后人；满足纯粹吝啬欲：即一贯遏制消费，节约到不合理程度。"[③]

在六个客观因素和八个主观因素中，凯恩斯牢牢抓住了客观的最为关键

① （英）凯恩斯. 就业、利息和货币通论［M］. 北京：商务印书馆，1983：80.
② （英）凯恩斯. 就业、利息和货币通论［M］. 北京：商务印书馆，1983：81－84.
③ （英）凯恩斯. 就业、利息和货币通论［M］. 北京：商务印书馆，1983：93－94.

的变量收入（y），并认为"消费倾向是一个比较稳定的函数"，[①] "消费倾向仅随客观因素之改变而改变"。[②] 这样，在不考虑其他因素影响的条件下，凯恩斯以其他实证研究结论（如恩格尔系数）为基础提出了著名的"边际消费倾向递减规律"，进而提出了以绝对收入假说理论为基础的消费函数理论。这一理论包括下列四个假说：

（1）现期实际消费（c）是现期实际收入（y）的一个"非常稳定"的函数，即 $c = f(y)$；

（2）边际消费倾向（MPC）在 0 和 1 之间，即 $0 < \dfrac{\partial c}{\partial y} < 1$；

（3）MPC 小于平均消费倾向（APC），即 $\dfrac{\partial c}{\partial y} < \dfrac{c}{y}$；

（4）随着实际收入的增长，MPC 下降。

上面已经说明，凯恩斯通过三大基本规律的揭示来说明有效需求不足。三大基本规律即边际消费倾向递减规律，资本预期边际收益率递减规律和人们的灵活偏好。三者导致人们将收入以货币形态保持在手中，而消费和投资则减少，因而减少了有效需求，结果使经济出现小于充分就业的国民收入均衡。

在凯恩斯三大基本规律中，以其消费倾向递减规律最为根本。凯恩斯把有效需求不足区分为消费不足和投资不足，但他认为前者是有效需求不足的根本原因，而后者是前者引导出来的派生现象。因为"消费乃是一切经济活动之唯一目的、唯一对象。"[③] "资本不能离开消费而独立存在，反之，如果消费倾向一经减低，便成为永久习惯，则不仅消费需求将减少，资本需求亦将减少。"[④] 由此可见消费函数理论独特的基础地位。

边际消费倾向递减规律的价值体现在两个方面：一方面，它否定了古典经济学赖以成立的"供给会自行创造需求"的萨伊定理，打破了供给恒等于需求的古典学派教条，承认市场调节会带来盲目和失衡，即会出现生产过剩

的经济危机和失业问题，从而为他的整个就业理论奠定了前提和基础。同时，几乎所有解决需求不足，增加就业的办法都与消费有关。

另一方面，消费理论的重要地位，还表现在通过边际消费倾向的揭示，建立了乘数理论，从而为进一步分析经济增长和周期理论奠定了基础。边际消费倾向递减规律作为经济的内在稳定器，其波动的幅度比收入的波动幅度较小，从而说明经济波动主要是由投资波动引起的。另外，边际消费倾向的提出使乘数可以计算，乘数：$k = 1/$（$1 -$边际消费倾向），这为进一步分析增长周期理论提供了定量工具。

应该承认，凯恩斯以敏锐的眼光抓住了经济运行中关键的客观宏观变量，其学说是规范分析和实证分析的典范。[①]

举例 2. 凯恩斯学派的货币政策传导机制理论

众所周知，凯恩斯学派的货币政策传导机制为：Ms—R—I—E—Y。

基于经济危机背景，凯恩斯学派的货币政策传导机制理论是扩张性的，也就是：货币供给增加—利率下降—投资增加—支出增加—收入增加。其中，凯恩斯学派非常看重利率 R 的作用，认为利率 R 是影响投资 I 的主要因素。这个观点完全可以通过利率和资本边际效率（实质上预期利润率）通过逻辑进行实证；同时，它也可以通过经验实证。实际上，利率与资本边际效率、投资三者之间存在数量上的内在关系，见表 10 – 3。

表 10 – 3　　　　　利率与资本边际效率、投资三者的数量关系

利率（R）和资本边际效率（P）的数量关系	投资（I）数量
$R = P$	$I = 0$
$R > P$	$I < 0$
$R < P$	$I > 0$

表 10 – 3 中三个公式的含义是：当利率等于资本边际效率即预期利润率时，投资为 0，此时没有人愿意投资；当利率大于资本边际效率即预期利润率

---

① 一定意义上讲，凯恩斯的《就业、利息和货币通论》是凯恩斯学派导论性质的著作。没有《就业、利息和货币通论》，就没有今天的宏观经济学。

时，投资小于 0，此时不仅没有人愿意投资，还将有人撤出投资；当利率小于资本边际效率即预期利润率时，投资大于 0，此时人们愿意增加投资，投资额为正数。

举例 3. 菲利普斯曲线

菲利普斯曲线是宏观经济学中的一条经典曲线，它描述了失业和物价之间的替代关系，即可以以较高的物价水平为代价换取较低的失业率；或者相反，用较高的失业率换取较低的物价水平。

菲利普斯曲线的形成主要来自两篇论文的贡献。

1958 年，当时在英国伦敦经济政治学院做访问学者的新西兰经济学家菲利普斯（Phillips）在《经济学丛刊》第 25 卷上发表《1861—1957 年联合王国货币工资变化率与失业之间的关系》一文，他根据英国近百年的历史资料，将英国货币工资变动与失业之间的关系用曲线描绘，此即原始的"失业—工资"的菲利普斯曲线。[①]

1960 年，美国经济学家萨缪尔森和索罗（Robert Solow）在《美国经济评论》第 50 卷上联合发表《反通货膨胀政策分析》论文，在菲利普斯研究成果的基础上，使用通货膨胀率代替工资变动率来描述通货膨胀率与失业率之间存在彼消此长的相互关系，并正式命名为"菲利普斯曲线"（Phillips Curve）。[②] 借此，萨缪尔森和索罗将菲利普斯提出的"失业—工资"的菲利普斯曲线发展为"失业—物价"的菲利普斯曲线，即闻名于世的标准的菲利普斯曲线。应该说，萨缪尔森和索罗在菲利普斯曲线完善过程中作出了杰出的贡献。

此外，1968 年，弗里德曼对菲利普斯曲线提出了批评。他认为，菲利普斯混淆了名义工资与实际工资的区别并忽视了通货膨胀预期的作用。在存在通货膨胀预期的作用下，短期菲利普斯曲线是不稳定的。长期而言，由于存在"自然失业率"（Natural Rate of Unemplymant），菲利普斯曲线是垂直的。[③]

---

① Phillips A. W. 1958. "The Relation between Unemployment and the Rate of Change of Money Wages in the United Kingdom 1861 – 1957." *Economics*, 283 – 299.

② Samuelson P. A., Solow R. M. 1960. "Analytical of Anti – inflation Policy." *American Economics Review*, 50: 177 – 194.

③ Friedman M. 1968. "Therole of Monetary Policy." *The American Economic Review*, 58: 1 – 17.

这样，弗里德曼就提出了附加预期的菲利普斯曲线，并首次将菲利普斯曲线区分为长期和短期的菲利普斯曲线。至于理性预期学派的代表人物罗伯特·卢卡斯和新凯恩斯主义关于菲利普斯曲线的观点，在此不再展开介绍。

自菲利普斯曲线问世以来，不论是菲利普斯的"相互替代"关系，还是弗里德曼等人的"自然失业率假说"（Natural Rate of Unemployment Hypothesis），目前的讨论并没有取得一致的结论。也正是由于这种原因，弗里德曼才进行了似乎是总结性的概括："实质上已经没有哪位经济学家再相信最初提出的天真的菲利普斯曲线了。目前这项争论已经进入第二个层次，即任何人都同意，长期菲利普斯曲线比短期菲利普斯曲线的倾斜度更大。唯一的问题是，它是垂直的？还是不那么垂直？这方面的事实尚不很清楚。"① 萨缪尔森、诺德豪斯（Willim D Nordhaus）根据 1961—1996 年美国的奇怪形态的菲利普斯螺旋线提出："现代宏观经济学的一个主要课题就是要解释菲利普斯曲线为什么沿顺时针方向转动"。②

这里，我们仅重点分析菲利普斯曲线的性质，进而讨论其能否通过"双重的"逻辑实证和经验实证。

无论菲利普斯的"相互替代"关系，还是弗里德曼等人的"自然失业率假说"，以及萨缪尔森和诺德豪斯"美国的奇怪形态的菲利普斯螺旋线"，都没有清楚说明菲利普斯曲线的性质。很显然，反映失业和工资（或物价）关系的菲利普斯曲线讨论的是失业和工资（或物价）的关系："相互替代"，或不存在"相互替代"。此充分表明菲利普斯曲线仍然是一条古典学派的菲利普斯曲线，这就是菲利普斯曲线的本来面目。因为古典学派认为，工资和物价是弹性的，通过弹性的工资和物价完全可以调整失业，促使资本主义经济实现充分就业均衡。菲利普斯、萨缪尔森、诺德豪斯、弗里德曼等均把失业归因为工资、物价，显然与凯恩斯的有效需求原理相悖。

不少经济学教科书将菲利普斯曲线定义为凯恩斯学派继 IS－LM 曲线之后又一条经典的曲线，用以说明货币政策目标之间的矛盾，这显然是误解。也

---

① （美）M. 弗里德曼. 价格理论［M］. 北京：商务印书馆，1994：301.
② （美）萨缪尔森，诺德豪斯. 经济学［M］. 北京：华夏出版社，1999：477.

有经济学教科书将菲利普斯曲线讨论中面临的矛盾和困惑归结为凯恩斯主义的失败，此更离题万里。理由很简单，菲利普斯曲线不是凯恩斯主义的内容，与凯恩斯主义没有任何关系。

众所周知，凯恩斯认为，资本主义经济运行中工资（或物价）是黏性的；资本主义失业的原因是有效需求不足；有效需求包括消费需求和投资需求；消费需求具有相对稳定性，因而凯恩斯寄望于投资引诱；如何增加有效需求（具体说是投资数量），凯恩斯看重财政政策（主张开办公共工程项目）。这就是凯恩斯《就业、利息和货币通论》的主要内容。

正因为有人依据菲利普斯曲线批判凯恩斯或凯恩斯主义，以正统凯恩斯主义领袖自居的英国著名经济学家琼·罗宾逊教授在美国经济学协会第八十四届年会的讲演《经济理论的第二次危机》（《美国经济评论》1972 年 5 月号）一文中大声呵斥，菲利普斯曲线是古典学派的理论，用来支持英国的"财政部观点"，菲利普斯曲线已经破产了。[①] 在我看来，琼·罗宾逊教授认为菲利普斯曲线是古典学派的理论这一观点是完全正确的。

弄清菲利普斯曲线的古典学派性质之后，我们再讨论菲利普斯曲线能否通过"双重的"逻辑实证和经验实证。

显然，菲利普斯曲线可以通过古典学派的逻辑实证，但不能通过凯恩斯主义的逻辑实证。至于经验实证则比较复杂。一般情况下，失业和物价之间存在替换关系；面对滞胀（stagflation），经典菲利普斯曲线（失业和物价之间的替换关系）的解释力下降，此时菲利普斯曲线可能远离原点，向右上方移动。但是它完全可以通过经验实证。因为失业和通货膨胀有客观的实际统计数据存在。

笔者认为，经济学说史上围绕菲利普斯曲线之论争，焦点在于失业率与通货膨胀率之间是否存在替换关系。应该承认，这种争论的重心过于狭窄。如果我们将菲利普斯曲线视为对国民经济运行态势的描绘而不拘泥于失业率与通货膨胀率之间的置换关系，就豁然开朗了。如果我们将菲利普斯曲线当作对国民经济运行态势的描绘，那么，它的价值将是永恒的，是谁也否定不

---

① （英）琼·罗宾逊. 美英经济学家评凯恩斯主义［M］. 北京：商务印书馆，1975：24 - 25.

了的。① 道理很简单，否定菲利普斯曲线就等于否认失业和通货膨胀，而失业和通货膨胀是人类经济生活的客观存在。由此，否认菲利普斯曲线就是否认人类经济生活。这完全是历史虚无主义在经济研究中的极端表现。进而言之，若言菲利普斯曲线不存在，等于说失业和通货膨胀不存在，等于说人类经济活动不存在，从而否定历史和现实，此当然是完全错误的。

举例4. 货币需求模型

马克思的货币需求模型 $M = PQ/V$ 中，内部逻辑上不存在问题，商品流通决定货币流通是经济学的公理。马克思的货币需求模型也可以通过经验实证，因为此模型的解释变量 P、Q 和 V 本身都是统计变量，有实际统计数据可以利用。我国计划经济时期颇为流行的货币流通正常化的标志，即所谓的1:8的经验公式，就是对马克思货币需求模型在中国货币流通实践的经验总结，并行之有效地指导了我国的货币流通管理工作。所嫌不足者，马克思货币需求模型中的 M 是现金货币（并且是金属货币），在信用货币流通规模日益庞大的今天，现金货币作为货币供给的代表性自然远远不够了。比如，2016 年，我国的货币供应量 M_2 已高达 1 550 066.67 亿元，而现金货币 M_0 为 68 303.87 亿元，仅占货币供应量的 4.40%。

费雪方程式 $MV = PT$，逻辑实证也没有问题，其局限性与马克思的模型大致是一样的。

剑桥方程式 $Md = kPY$，与费雪方程式 $M = PT/V$ 意义大体相同，其区别在于两者对货币需求分析的侧重点不同，（费雪方程式重视货币的交易功能，剑桥方程式看重货币的资产功能；费雪方程式看重货币流量，而剑桥方程式看重货币存量）。此外，剑桥方程式中的 k 即以货币形式持有的财富占名义总收入的比例，取决于持币者的偏好，暗示了持币者的利率选择因素，从逻辑实证来看是正确的，但心理因素很难度量，在经验实证的道路上走不下去。

凯恩斯和弗里德曼在剑桥方程式所指引的不正确的方向上走得更远，将货币需求分析完全纳入了微观视野。从逻辑实证看，解释变量越来越多，分析越来越深入。其实，凯恩斯和弗里德曼将货币需求导入微观主体分析方向

---

① 崔建军. 重新认识菲利普斯曲线的真正价值 [J]. 经济学家, 2003 (1).

是完全错误的。这种错误体现在两个方面：第一，他们的货币需求模型只有"解释功能"，无法经验实证，从而丧失了"预测功能"，更缺乏"实践功能"或"政策功能"。① 第二，从微观主体看，其货币需求趋向于正无穷大。从中央银行金融宏观调控的视角看，分析此趋向于正无穷大的微观货币需求毫无意义可言。中央银行或货币当局所关心的只是宏观货币需求（或总体货币需求），怎么可能无微不至地照顾到成千上万的企业、家庭的千差万别的趋向于正无穷大的微观货币需求呢？至于麦金农的货币需求模型也只是分析、解释模型，无法经验实证。这里不赘述了。

由上分析可见，所谓经验实证的关键，就是要把理论模型有效地转化为计量模型，计量模型中的解释变量必须是现实的统计变量。否则，经验实证就无法开展。国内经济学家有两种倾向：一类是爱写文章，爱提观点，但不愿意就自己的观点开展经验实证工作，嫌太麻烦了。有的甚至误解做经验实证工作，认为是数量经济学家的事情，而自己是搞理论的。另一类倾向则是有些人不愿做艰深的理论研究工作，视理论思维为畏途，而热衷于只对西方的理论模型基于中国数据做技术上的经验实证，美其名曰"中国经验实证"，或者自己也提出理论模型却不做严密的逻辑实证就开始盲目的经验实证了。此两种倾向都不好。本质上而言是把科学的经济学研究工作两个不可分割的有机环节人为地"一分为二"了。前一种倾向在改革开放初期和老一辈经济

---

① 关于经济学的"预测功能"与"解释功能"，经济学说史上曾存在弗里德曼和萨缪尔森两位经济学巨人之间的激烈论争。弗里德曼强调经济学的预测功能，他认为经济学是实证科学。实证经济分析方法的任务和终极目标是提供和发展一种能够对尚未观察到的现象做出合理的、有意义的预测的工具。只要理论与未来的预测相符就不必在意其假定前提是否真实。弗里德曼的方法论是典型的工具主义观点。萨缪尔森则认为，科学只提供描述，最多是在描述的基础上进行解释，而不能提供任何预测。萨缪尔森认为理论作为对可观察和可反驳的经验规律的描述，用来描述很大范围的可观察的现实的描述（方程式或其他形式）毕竟是我们在此能够得到的全部解释。一个解释，就像在科学中正当运用的，是描述的更好形式，而不是某些最终超越的东西。（参见弗里德曼：《弗里德曼文萃》，北京经济学院出版社，1991；Samuelson, P., "Theory and Realism：A Reply", The American Economic Review,（Sep.）1964，Vol. 54；Samuelson, P. "Professor Samuelson on Theory and Realism：A Reply", The American Economic Review,（Dec.）1984. Vol. 8）对于两位经济学巨人之间的争鸣，作为后学，笔者只有崇拜不敢妄评。只是认为可以在弗里德曼和萨缪尔森的"预测功能"与"解释功能"的基础上，根据另一位经济学巨人凯恩斯"在我们实际生活其中的经济体系中找出几个变数，可以由中央当局来加以统制或管理"的学术观点的启示，还可以为经济学理论增加一个新的功能即第三个功能即"政策功能"。因为"政策功能"更符合经济学"经世济民"的追求目标。"预测功能"与"解释功能"是认识世界；"政策功能"则是改造世界。

学家中比较常见，后一种倾向则是当前年轻学者特别是博士、硕士学位论文中司空见惯的现象。

需要强调的是，一个理论模型解释变量中的诸多统计变量的关系一般而言不是平行的、等量齐观的。在理论模型自洽的前提下，构成模型的被解释变量和解释变量必须是统计学意义上的，方能进行进一步的经验实证（计量检验）；否则，所谓经验实证是空的，是行不通的。当然，数学模型再精致，若理论没有创新思想，模型也只能是对别人思想的单纯的模型验证。为了完成科学研究——提出问题、分析问题、解决问题——的全程任务或者将经济科学研究工作进行到底，最重要的一点是，要从诸多解释变量即统计变量中找到外生变量。

（四）寻找外生变量

在实证研究中，一个重要的任务是必须从理论模型的解释变量中找到外生变量，并依据外生变量提出解决问题的方法。

凯恩斯在《就业、利息和货币通论》一书中曾经明确指出，"本书分析之最终目的，乃在发现何者决定就业量"[1] "我们最后的任务，也许是在我们实际生活其中的经济体系中找出几个变数，可以由中央当局来加以统制或管理"。[2] 就研究方法而言，凯恩斯的意思就是要寻求理论模型解释变量中的外生变量，以便"中央当局来加以统制或管理"。我国经济学家林毅夫教授也曾多次强调理论模型中外生变量的重要性。他说："我有一个习惯，当我看见别人把几个变量并列的时候，我绝对不会停留在那里，我一定会进一步思考这几个并列的变量是不是等价的，当中有没有更为根本性的外生变量，而其他变量则是这个外生变量的内生变量。"[3] "我再次强调，当碰到几个同时并列的因素的时候，一定要仔细想想看，这几个并列的变量的特性是什么。内生变量和外生变量一定是同时出现的，但是它们不是等价的，抓住外生变量才

① （英）凯恩斯. 就业、利息和货币通论［M］. 徐毓枬译. 北京：商务印书馆，1983：79.
② （英）凯恩斯. 就业、利息和货币通论［M］. 徐毓枬译. 北京：商务印书馆，1983：210.
③ 林毅夫. 论经济学方法［M］. 北京：北京大学出版社，2005：47.

能把问题分析得更透彻一点。"① "一位经济学家提出一个能够解释新的经验现象的新理论时，通常是这位经济学家先悟到了这个现象背后的决定性外生变量，然后才根据这个变量来构建和其他给定的外生变量以及内生变量之间的逻辑关系，而不是靠某些模型一步一步推导出来的。"② "在推动社会进步时，要有效地改变内生变量，必须从改变决定内生变量的外生变量着手，如果不改变外生变量而想去直接改变内生变量，那么，不仅会事与愿违，而且很可能把事情搞得更糟。"③ "在外生变量中还要分可变动的外生变量和不可变的外生变量，要有效地改变内生变量，只能从可变的外生变量中着手。"④ 应该说，凯恩斯和林毅夫对外生变量的论述入木三分，准确而鲜明，值得我们高度重视。

构建起科学的理论模型，通过对理论模型进行逻辑和经验"双重的"实证，继而最终找到理论模型的解释变量当中具有关键性的、可改变的外生变量，才能为所研究问题真正寻求到最终解决的途径，也才算完成了科学研究的全程任务。否则，所研究问题只能停留在分析阶段，止步不前。

四、论证方法的综合运用

方法，在某种意义上讲，是一门科学的灵魂。但是，科学的方法归根到底产生于科学的对象。也就是说，科学的研究方法存在于科学对象本身。由于经济学、金融学的研究对象是复杂的经济金融现象，因而单纯使用某一种研究方法很难完成对研究对象的准确把握。"只要看看政治经济学的个别分支或某个方面，合理的方法既是抽象的，也是现实的；既是演绎的，也是归纳的；既是数学的，也是统计的；既是假说的，也是历史的。"⑤ 约翰·内维尔·凯恩斯的上述话是针对政治经济学而言的，但对金融学甚至一切的科学研究都是完全适用的。

① 林毅夫. 论经济学方法［M］. 北京：北京大学出版社，2005：50.
② 林毅夫. 论经济学方法［M］. 北京：北京大学出版社，2005：64 - 65.
③ 林毅夫. 论经济学方法［M］. 北京：北京大学出版社，2005：77.
④ 林毅夫. 论经济学方法［M］. 北京：北京大学出版社，2005：79.
⑤ （英）约翰·内维尔·凯恩斯. 政治经济学的范围与方法［M］. 北京：华夏出版社，2001：16.

极端些说，任何一篇金融研究论文都不是运用一种方法完成的。不同性质、类型的金融研究论文对论证方法的选取可能各有其侧重而已。

这里，试举林毅夫、胡书东的《中国经济学百年回顾》[①] 例给予说明。

此论文是一篇回顾中国经济学百年演进历程的论文，使用了多种论证方法。

论文第一部分：经济学的传播是社会经济发展的需要。以历史方法简要介绍了鸦片战争以来经济学在中国得以传播的历史背景；同时以演绎方法论证了社会经济发展对经济学传播的决定作用。

第二部分：社会经济发展与20世纪三四十年代经济学的初步繁荣。仍以历史方法系统介绍了三四十年代经济学由西方输入中国以及"五四运动"后中国本土经济学的发展和演进。同时，采用定量方法用两张表——表1"五四"运动以后中国经济学书籍出版情况和表2"五四"运动到1949年分国别和制度形态的中文经济学译著——统计了"五四"运动以后中国经济学书籍出版情况和"五四"运动到1949年中文经济学译著情况。在系统介绍经济学著作和译著情况的基础上，又以规范方法对马寅初、刘大钧、张培刚、何廉、方显廷、陈翰笙、巫宝三、郭大力、王亚南等著名经济学家给予了高度评价。

第三部分：经济学发展与经济发展的经验关系。以逻辑方法和演绎方法论证了经济发展与经济学发展之间决定与被决定的关系，且以实证方法和定量方法用两张柱状图——图1国际学术杂志中国问题文章数和图2华人在前十位杂志上的文章数量——雄辩地说明，只有中国经济发展了，国际经济学界才能重视中国，研究中国，华人经济学家才能在世界顶尖杂志上发表以规范的经济学方法研究中国本土问题的论文。

第四部分：结束语。采用归纳方法对经济学在中国百年历史中的命运进行了高度概括，并对中国经济学相对落后的现状给予了规范方法的评价；同时强调中国经济学研究要按照现代经济学的规范，建立严谨的逻辑体系并以实证资料对理论推论进行严谨的经验检验，认为这是"我国经济学研究对我国经济发展作贡献并同时对国际经济理论发展作贡献的必由之路"。

---

① 林毅夫，胡书东. 中国经济学百年回顾 [J]. 经济学（季刊），2001（1）.

由上可见，林毅夫、胡书东的《中国经济学百年回顾》一文至少使用了历史方法、定量方法、规范方法、演绎方法、实证方法和归纳方法等多种论证方法。

本章小结

1. 归纳方法是从特殊事物中概括出一般原理的推理形式和思维方法。它从个别单一的事物的性质、特点和关系中概括出一类事物的性质、特点和关系，并且由不太深刻的一般到更为深刻的一般；演绎方法则是从一般到特殊和个别，是根据一类事物都具有的一般属性、关系、本质来推断其中的个别事物所具有的属性、关系和本质的推理形式和思维方法。

2. 定性方法是揭示事物的内涵，反映事物的本质的研究方法；定量方法是揭示事物的数量关系的研究方法，它具体反映事物的形状、大小、规模、程度等数量特征。

3. 规范方法，是以一定的价值判断作为出发点，提出行为的标准，并探讨如何才能符合这些标准的理论和政策；实证方法是指通过对经济现实的客观描述和分析，回答"是什么"或"怎样的"的问题，其"目的在于了解经济是如何运行的"。实证方法要提出假说和验证假说。验证是双重的，一是逻辑实证即通过经济学逻辑推理，即理论内部是自洽的；二是经验实证，即假说和外部世界的吻合，也就是外洽。

4. 任何一项科学研究和一篇论文写作都不是纯粹使用一种方法所能完成的。金融研究过程中通常是多种方法交织并用的。

第十一章　结构与语言

　　研究必须充分地占有材料，分析它的各种形式，探寻这些形式的内在联系。只有这项工作完成之后，现实的运动才能适当地叙述出来。这点一旦做到，材料的生命一旦观念地反映出来，呈现在我们面前的就好像是一个先验的结构了。①

——马克思

　　删繁就简三秋树，领异标新二月花。

——郑板桥

　　选择了有价值的选题，围绕选题积累了大量的材料，从大量的客观材料中提炼出了有理论价值和现实意义的主题和围绕主题的创新点，接下来的任务是构建符合逻辑的金融研究论文结构，将自己的研究成果展示出来。

　　如果说主题是论文的"灵魂"，材料是论文的"血肉"，那么，结构则是论文的"骨架"。只有具备了骨架，灵魂和血肉才能有所寄托，有所依附，才能把论文的主题和材料有效编织起来，构成有机的整体。本章分别介绍论文结构的重要性、金融研究论文的一般结构、金融研究论文常见的结构问题、撰写研究论文的必由之路，最后介绍金融研究论文的语言。

一、论文结构的重要性

（一）什么是论文结构

　　所谓论文结构，就是论文内部的组织、构造，人们通常把它称作"布局"

---

① 马克思. 资本论（第一卷）[M]. 北京：人民出版社，1975：23.

"谋篇"。

金融论文写作过程中，有了有价值的选题，围绕选题积累了大量的材料，从材料中提炼出了主题，有了正确的思想和观点，还要有比较恰当的形式将它体现出来。这就好比盖房，备齐了砖瓦木石，确定了建筑目标，还需勾画蓝图，画出"工程图"，精心施工，否则难以成屋。撰写金融研究论文也是一样。作者对其思想内容的表现形式要有周密的策划：如何开头，怎样承接，论文分几个部分，先后顺序如何安排，哪些是论文的"主干"，哪些是论文的"枝叶"，于何处伏笔，在哪里呼应，什么地方铺陈，什么地方综合，如何"点题"，如何"破题"，怎样结束，诸如此类问题，如果不能很好解决，势必无法成文。这些问题都是结构问题，都要通过布局和谋篇中的"布"和"谋"来解决。

（二）论文结构的重要性

结构是论文的内部构造，是对材料具体恰当的组织和安排。

如何组织论文，不是纯粹的写作技巧问题，而是作者思维、认识、研究方法的反映。

毛泽东指出："一切客观事物本来是互相联系的和具有内部规律的。"[①]金融研究论文作为认识金融现象及其内在规律的结果，自然也应该是"互相联系"和"具有内部规律"的。如果作者的思想观点反映了这种"互相联系"和"内部规律"，那么，就要富有逻辑地反映出来。因此，金融研究论文结构的好坏，主要取决于作者是否正确地把握了所研究对象的"互相联系"和"内部规律"。

斯大林讲："如果一个人不能把自己的意思正确通顺地表达出来，他的思索也就同样是杂乱无章的。"[②] 只有思路清晰，才能表达清楚；只有思想周密，论文的结构才能严谨。只有真正把握了研究对象的"互相联系"和"内部规律"，才能顺理成章地形成论文结构并富有逻辑地表现出来。

---

① 毛泽东. 毛泽东选集（第一卷）［M］. 北京：人民出版社，1991：288.
② 转引自斯大林的生平 ［M］. 北京：中国青年出版社，1953：33.

著名作家托尔斯泰说过："组织材料是最困难的任务，有时细节会使作家离开主题，有时相反，主要的东西没有体现到必要的形式中。"中国著名作家柳青在回答"你每次写作，感觉最困难的是在什么地方"这一问题时，也同样回答："最困难的是结构，或者说组织矛盾。"① 上述中外著名作家关于结构问题的论述是高度一致的，可谓深得写作之甘苦，也实属中肯之言。由此亦可以看到论文结构之重要性。

二、金融研究论文的一般结构

（一）金融研究论文的实质构成要素

金融研究论文的实质构成要素包括研究问题、主题与创新点、分析论证、研究结论、内在逻辑和语言文采。

1. 研究问题。一篇论文都会研究某一问题或某一问题的某一个方面，没有要研究的问题很难形成真正的研究论文。缺乏有价值的研究问题，也就没有研究论文绪论写作中的"选题背景与研究意义"可言了。因此，研究问题就是一篇研究论文的首要构成要素，也是撰写研究论文要坚持"问题导向"的题中应有之义。现在，不少的研究论文缺乏对研究问题的提炼。此类缺乏研究问题的论文"最大的问题"就是"没有问题"。给人的感觉就是"为赋新词强说愁""装腔作势""无病呻吟"。这是研究论文写作的大忌。

2. 主题与创新点。"创新是一篇博士论文的灵魂。称得上科学研究成果的论文，一定要有新发现、新假设或新理论。"② 严格地说，没有学术创新即没有资格撰写论文。如果说研究问题是论文写作的首要因素，那么，创新点则是论文写作的关键因素。

当然，"要创新，不要标新。标新是伪造你所没有的东西，创新则是去发现你已经拥有的东西。每个人都有太多的东西尚未被自己发现，创新之路无比宽广。"③ 读经济学说史，常令人产生高山仰止的概叹，似乎所有的经济学

---

① 柳青. 回答《文艺学习》编辑部的问题 [J]. 文艺学习，1984（5）.
② 李怀祖. 管理研究方法论 [M]. 西安：西安交通大学出版社，2000：251.
③ 周国平. 另一种存在 [M]. 南京：凤凰出版传媒集团、译林出版社，2011：212.

问题都有前辈学者研究过了，并取得了令人惊叹的研究成果。其实，经济学研究远没有达到尽善尽美的程度。2008 年以美国为爆发地的国际金融危机，当时全球经济学家（包括健在的诺贝尔经济学奖得主们）没有人能够准确地预测和示警；金融危机到来之时，也没有人能够开出药到病除的药方解决金融危机。这个现实情况充分说明经济运行有其固有的、神秘的内在规律，而对此规律人类还没有深入掌握。故，经济学领域仍然是激动人心的探索领域。

3. 分析论证。有研究问题，有创新点，还要有对研究问题的分析论证，有对创新点的证明。只有这样，才能够使人相信创新的真实性和可靠性。毕竟，人类已进入 21 世纪，不是我们的至圣先师孔子所处的时代了。《论语》不可能成为研究论文写作的典范，一句经典语录更构不成研究论文。在西方，经济学研究的门槛很高，要有高深的数学基础，分析论证中甚至必须有数学推导。当然，对数学的运用以说明问题为必要，绝不可滥用数学工具。毕竟，经济学不是数学。数学只是经济学的"奴仆"而不是经济学的"主人"。经济学研究不能"反客为主"。当前，不少的经济学（包括金融学）学位论文有滥用数学工具的不良倾向，这是值得反思的。

4. 研究结论。有研究问题，有创新点，有对研究问题的分析论证以及对创新点的证明，要得出和撰写研究结论就会水到渠成，自然而然。这是比较容易的事情。

5. 内在逻辑。有研究问题，有创新点，有对研究问题的分析论证和对创新点的证明，有研究结论。还有一个要求，就是要把所研究问题、创新点、对研究问题的分析论证、研究结论富有逻辑地展示出来。要保证研究论文内在逻辑上的一致性。否则，可能产生研究对象的混乱。

6. 语言文采。古人云：言而无文，行之不远。金融研究论文毕竟不是实验报告，需要有一定的文采，得有可读性。当然，金融研究论文要做到语言有文采不容易，这需要作者具备相对厚实的文史哲的功底。由此，金融研究者应该尽可能扩大读书范围。

就一篇完整的金融学专业学位论文而言，上述六大实质要素缺一不可。打个不恰当的比方，金融学专业学位论文的上述六大实质要素好比一部电影，应有"男一号""女一号"和"群众演员"等。只有将电影中的各种角色有效地组织起来，才能形成有声有色的剧情，构成有价值的"电影"。学位论文的写作者则要成为高水平的"导演"。这种对学位研究论文实质构成要素的精心纵织，也就是文学创作中的所谓"布局谋篇"。

（二）金融研究论文实质构成要素的性质

为了清晰地表现金融研究论文各实质构成要素、性质及其地位，这里，我们给予简单的归纳，见表 11 - 1。

表 11 - 1　　　　金融研究论文的构成要素、性质及其地位

构成要素	构成要素的性质	在金融研究论文中的地位
研究问题	研究问题是金融研究的首要构成要素 没有问题既不需要研究，亦不需要撰写论文 只有真问题，才有真学问	首要因素
创新观点	创新是研究论文的生命和灵魂 没有创新点即没有资格撰写论文	关键因素
分析论证	只有对研究问题与创新观点的充分分析论证，才能够使人相信创新的真实性和可靠性	保障因素
研究结论	研究结论是研究论文的归宿 这种结论应该是与众不同的	自然结果
内在逻辑	研究论文内在逻辑上的一致性，才能够保证创新观点的真实性和可靠性	科学性要求
语言文采	言而无文，行之不远。语言文采是研究论文的构成要素之一。缺乏语言文采的研究论文很难吸引读者的注意力	语言要求

（三）金融研究论文的一般结构

马克思说："研究必须充分地占有材料，分析它的各种形式，探寻这些形式的内在联系。只有这项工作完成之后，现实的运动才能适当地叙述出来。"①

---

① 马克思. 资本论（第一卷）［M］. 北京：人民出版社，1975：23.

因此，金融研究过程与金融论文写作不同；金融研究论文的实质构成要素与金融研究论文的一般结构亦有区别。金融研究论文的实质构成要素寓于金融研究论文的一般结构之中，金融研究论文的一般结构要具体体现金融研究论文的实质构成要素。

金融研究论文的一般结构包括以下要素：标题、摘要、关键词、目录、绪论、文献综述、理论模型、经验实证、研究结论、参考文献。

上述要素对一篇金融研究论文而言缺一不可。其中，标题、摘要、关键词、目录是金融研究论文的前置部分；绪论、文献综述、理论模型、经验实证、研究结论和参考文献是金融研究论文的正文部分；正文部分中的理论模型和经验实证则是金融研究论文的核心部分。

金融研究论文的前置部分和正文部分是有机统一的整体。缺乏任何部分的金融研究论文，就结构而言，都是不完整的。

（四）金融研究论文诸构成要素及其性质

金融研究论文各构成要素在金融研究论文中的性质和地位是不同的，其写作方法和写作要求也有所区别，简要归纳如表 11 - 2 所示。

表 11 - 2　　　　　　　金融研究论文的构成要素及其性质

	论文摘要关键词	文献综述	理论模型与经验实证	研究结论	参考文献
在论文写作中的地位	窗口眼睛	基础前提	主体（核心部分）	有别于他人的自己的创新与特色	基础前提
产权归属	自己的	他人的	自己的创新	自己的创新	他人的
写作方法	归纳方法	历史方法与逻辑方法	多种方法并用	归纳方法	历史方法
写作要求	清晰具体	"搜尽奇峰打草稿"；深入仔细	观点标新立异；论证扎实有力	清晰、具体、最好条陈	诚实是最好的选择

三、论文常见的结构问题

金融研究论文存在的结构问题很多，其实质是论文作者思维逻辑的混乱。这里分别举例给予简单的分析。

1. 缺乏内在逻辑上的一致性。这是当前博士、硕士学位论文写作中最常见的问题。比如，有一篇研究税制的博士论文，就论文目录看，有研究税制的章节，也有研究税收的章节等，给人的感觉是论文缺乏内在逻辑上的一致性。毕竟，税制和税收是两回事。这种论文显然逻辑比较混乱。

2. "没有研究问题"。还有一些论文，从前到后目录中没有体现要研究的问题，也没有所研究问题的分析。给人的感觉是，此类论文最大的问题就是"没有研究问题"。你研究了问题，就得在论文结构中明确体现出来，让人一目了然才对。

3. 研究内容"缺块"。还有一类论文，就结构看，直接从文献综述到实证分析，这同样是不合适的。此给人的感觉明显缺乏应有的"理论分析"板块。

4. 研究内容"多块"。与研究内容"缺块"相反，有些论文却又明显"多块"。主要体现在不少的论文在对策章之前有一章"某某问题的国际经验借鉴"，而在对策章中看不到所谓国际经验借鉴的内容。因此，所谓"某某问题的国际经验借鉴"就大有蛇足之嫌，属于研究内容"多块"。

四、形成论文结构的必由之路

诚然，金融研究论文的撰写方法是多种多样的，不同的作者有不同的特色和写作风格，可谓"千人千面"。但是，作为金融研究论文或金融学硕士、博士论文在写作过程中还是有一定的规律和规则可循。这种写作规律或规则要强调两个因素：一是金融研究论文必须具有创新，或曰创新是金融研究论文赖以成立的支柱和前提；二是撰写金融研究论文的必由之路是以创新点为中心结构的论文。

（一）创新是金融研究论文的灵魂

创新是以新思维、新发明和新描述为特征的一种概念化过程。它有三层含义，第一，更新；第二，创造新的东西；第三，改变。创新是人类特有的认识能力和实践能力，是人类主观能动性的高级表现形式。经济学说史上的创新概念起源于著名经济学家熊彼特在 1912 年出版的《经济发展理论》。熊彼特在其著作中提出：创新是指把一种新的生产要素和生产条件的"新结合"引入生产体系。它包括五种情况：引入一种新产品，引入一种新的生产方法，开辟一个新的市场，获得原材料或半成品的一种新的供应来源。熊彼特的创新概念包含的范围很广，涉及技术性变化的创新及非技术性变化的组织创新。今天，创新一词的内涵已经非常宽泛，早已溢出生产领域而达于社会经济生活的各个领域。

其实，我国历史上素有看重创新、追求创新的传统。《礼记大学》云："苟日新，日日新，又日新"；《诗经》云："周虽旧邦，其命维新"；《诗品》云："如将不尽，与古为新"；清诗人赵翼《论诗》云："李杜诗篇万口传，至今已觉不新鲜；江山代有才人出，各领风骚数百年"；著名大书法家刘自椟先生的老师、近代关中大儒贺伯箴有言："不学古人，是谓无法；纯学古人，何处着我"。

我国历史学家蔡尚思说："中国二千年来都以孔子为'万世师表'，'前无古人，后无来者'，以孔子的是非为是非，才会弄到没有是非。一切都在变化中，怎能以不变应万变呢？一切都在发展中，孔子的徒子徒孙那么多而且一辈子都在学习孔子，为什么连这一点都没有搞通呢？这样，二千多年来的时代岂不白过了么？二千多年来的人岂不白生了么？可见，对孔子和其他的伟人都要突破，绝对没有突破就一切都完了。不懂得突破的关键性，不懂得迷信权威的危害性，就会成为辩证法的大敌，就会成为社会发展史的大敌。"[①]

历史学家顾颉刚说："余读书最恶附会，更恶胸无所见，作吠声之犬。而古今书籍犯此非鲜。吾怫然有所非议。苟自见于同辈，或将诮我为狂。吾今有宏愿，在他日读书通博，必举一切附会影响之谈，悉揭破之，使无遁形，

---

① 蔡尚思. 我是怎样冲破重重难关的——有关治学的精神与经验 [M] //载浙江日报编辑部. 学人论治学. 杭州：浙江文艺出版社，1983：97.

庶几为学术之蠹。"①

"苟日新，日日新，又日新"；"周虽旧邦，其命维新"；"如将不尽，与古为新"；"李杜诗篇万口传，至今已觉不新鲜"；"纯学古人，何处着我"；"二千多年来的时代岂不白过了么？二千多年来的人岂不白生了么"？"必举一切附会影响之谈，悉揭破之，使无遁形，庶几为学术之蠹"。这是何等豪迈的创新勇气啊！

就金融学研究而言，笔者更看重把创新理解为"推陈出新"。学术论文的独创性，并不是要求论文中提出的学术观点是空前绝后、绝无仅有的，而是指在论文所研究的范围内，在继承前人成果的基础上，有真知灼见，有独立看法，绝不人云亦云，单纯重复前人的观点。自然，对创新亦不可做庸俗化理解。人人都能创新，到处都是创新，创新地摊化了，还有什么创新可言呢？很显然，把"红霉素"易名为"利君莎"绝不是什么创新！将"嫁鸡随鸡，嫁狗随狗"改为时髦的"将爱情进行到底"也不是创新！

至于创新的标准等问题留待第十三章研究论文的评价中给予进一步说明。

（二）以创新点为中心结构论文的路径："一个中心，两头推进"

马克思说："研究必须充分地占有材料，分析它的各种形式，探寻这些形式的内在联系。只有这项工作完成之后，现实的运动才能适当地叙述出来。"②应该说，马克思已经讲得很清楚了。先有研究过程并取得相应的研究成果，方可进行写作。这样，便自然"主题先行"了。创新的参照物自然是文献综述；创新观点需要证明，这就相应地应该有理论模型与经验实证；有创新观点、有相应逻辑实证和经验实证，研究结论是自然而然的。

笔者认为，形成金融研究论文的最佳路径是："一个中心，两头推进"。所谓"一个中心"就是内在于理论模型当中的核心创新点；所谓"两头推进"是指分别向前——文献综述和向后——理论模型与经验实证两个方向推进。"一个中心，两头推进"形成金融研究论文的路径，见图 11 - 1。

---

① 顾颉刚 . 我在北京大学的回忆［M］//陈九平 . 谈治学 . 北京：大众文艺出版社，2000：126.

② 马克思 . 资本论（第一卷）［M］. 北京：人民出版社，1975：23.

图 11 - 1　"一个中心，两头推进"的路径

"一个中心，两头推进"的写作思路，由于围绕核心创新点展开，一定意义上能够有效保证金融研究论文内在逻辑上的一致性。

需要强调的是，金融研究论文的逻辑结构要一以贯之，不能相互交叉、串换，否则很容易造成内在逻辑不一致的问题。比如，研究问题分别是 A、B、C，这时研究内容应该分别是：a_1、a_2、a_3、$\cdots$、a_n；b_1、b_2、b_3、$\cdots$、b_n；c_1、c_2、c_3、$\cdots$、c_n。见表 11 - 3。

表 11 - 3　　　　　　　　研究内容内在逻辑的要求

A	B	C
a_1	b_1	c_1
a_2	b_2	c_2
a_3	b_3	c_3
$\vdots$	$\vdots$	$\vdots$
a_n	b_n	c_n

同时，若研究问题分别是 A、B、C，其研究内容 a_1、a_2、a_3、$\cdots$、a_n；b_1、b_2、b_3、$\cdots$、b_n；c_1、c_2、c_3、$\cdots$、c_n 就应该也必须满足下列公式的要求：

$$a_1 + a_2 + a_3 + \cdots + a_n \leqslant A$$
$$b_1 + b_2 + b_3 + \cdots + b_n \leqslant B$$
$$c_1 + c_2 + c_3 + \cdots + c_n \leqslant C$$

具体而言，研究问题为 A 的论文，其内容应该严守 a_1、a_2、a_3、$\cdots$、a_n 的范围而不能串换到 b_1、b_2、b_3、$\cdots$、b_n 或 c_1、c_2、c_3、$\cdots$、c_n 当中的任何一个方面。否则，论文结构的内在逻辑一致性是难以保证的。

三、研究论文的语言

（一）研究论文中语言的重要性

高尔基指出："语言是文学的主要工具。"① 其实，语言也是思想的直接现实，人类是通过语言进行思想交流的。在这种意义上讲，语言是一切科学的工具，金融学自不例外。

百年金融学的发展，已形成博大精深的理论体系。从事金融问题研究必须依托此理论体系的范畴与分析技术而不可能另起炉灶，建立另一语言系统。新兴的金融工程学和行为金融学，虽然采用了别的学科的研究方法（包括数学方法和情感心理学、认知心理学和社会心理学的研究成果等），但其研究对象——金融运行及其规律——却是没有改变的。对此，熊彼特评价马歇尔的话多少能够说明问题："他的特殊的数学才能对于他在经济理论领域中的成就是有利的，而且是由于数学分析方法的实际运用才产生了这一成就；而且把斯密—李嘉图—穆勒的材料转变为现代研究机器，如果没有数学分析方法，也是很难完成的。"② 熊彼特的意思是说，马歇尔用数学方法完善了斯密—李嘉图—穆勒的理论材料，数学方法的应用使得经济分析方法现代化了。

数学本身也是一种语言，一种简洁的逻辑符号语言。为此，金融研究者必须熟练掌握金融学的语言，即金融学范畴体系以及相应的研究工具和技术。应用纯正的金融学语言从事金融研究者谓之入流，否则，就是不入流了。

（二）金融研究论文中的语言要求

金融研究过程和金融论文写作中结构和语言之间存在着非常密切的关系。

古人曰"修辞立诚"；又曰"辞达而已"；又曰"言之无文，行之不远"；甚至被梁启超称为"清季欧化之第一人"的严复所首倡翻译三原则"信""达""雅"都一脉相承讲文章的语言。不过，"修辞立诚""辞达而已"是对

① 高尔基. 高尔基文学论文选 [M]. 北京：人民文学出版社，1958：294.
② 约瑟夫·熊彼特. 从马克思到凯恩斯十大经济学家 [M]. 北京：商务印书馆，1965：99.

语言的准确性要求，"言之无文，行之不远"是对语言的文采要求。严复所首倡"信""达""雅"则是对前两个方面的精确概括。

金融研究论文的语言要求包括三个方面：准确、规范、简洁。

语言要准确，是指用词要做到精确无误，句子要合乎语法规则，推理要符合形式逻辑。

在中文语境下，词是语言的建筑材料。在金融学研究中，词则表现为金融范畴。不同的金融范畴，反映着不同的客观金融事物。若使用的金融范畴不准确，则可能造成研究对象的混乱。一篇金融学论文的语言质量如何，与准确选择金融范畴关系极大。

句子是论文的骨干。金融研究论文的语句必须符合语法规则。如果语法不通，就很难清楚表达思想观点。

推理要符合形式逻辑，此亦是基本要求。事实上，金融学研究论文写作中，真正的论证语言具有不可移易性；务求准确、严谨。

语言要规范，就是金融研究论文写作中要使用标准的经济学、金融学语言。

语言要简洁，就是要惜墨如金，务去陈言。

显而易见，准确是基础。在准确的基础上，才谈得上规范和简洁。

（三）向相邻学科学习语言

本书第一章绪论中，曾强调金融研究工作者的基本素质包括文、史、哲、外语基础。其中有从文、史、哲、外语中学习语言和逻辑的意思。

中国文学本身就是语言的艺术，值得金融研究者认真学习借鉴。比如李叔同的《送别》——长亭外，古道边，芳草碧连天。晚风拂柳笛声残，夕阳山外山。天之涯，地之角，知交半零落。一壶浊酒尽余欢，今宵别梦寒。——就是不朽的经典之作。不仅语言优美，感情丰沛，就论文写作而言，也能看到其强大的逻辑力量："晚风""夕阳""今宵"，其时间逻辑上的一致性是显而易见的。再比如毛泽东的《卜算子·咏梅》——风雨送春归，飞雪迎春到。已是悬崖百丈冰，犹有花枝俏。俏也不争春，只把春来报。待到山花烂漫时，她在丛中笑。——意境高远自不待言。此词的显著特点是善用动词："归""到""报""笑"等动词的灵活运用，使诗词本身神采飞扬。

英语和汉语的一个明显区别是定语用得特别多，定语不仅可以是词，也可以是后置的不定式，同时也可以用从句。另外，英语中人称代词有主格、宾格，谁是主动者，谁是受动者，比汉语要清楚些。这些都是我们应该学习的。

本章小结

1. 所谓论文结构，就是论文内部的组织、构造。

2. 金融研究论文的实质构成要素包括：研究问题、主题与创新点、分析论证、研究结论、内在逻辑和语言文采等。

3. 金融研究论文的一般结构包括以下要素：标题、摘要、关键词、目录、绪论、文献综述、理论模型、经验实证、研究结论、参考文献。其中，标题、摘要、关键词、目录是金融研究论文的前置部分；绪论、文献综述、理论模型、经验实证、研究结论和参考文献是金融研究论文的正文部分；正文部分中的理论模型和经验实证则是金融研究论文的核心部分。金融研究论文的前置部分和正文部分是有机统一的整体。缺乏任何部分的金融研究论文，就结构而言，都是不完整的。

4. 金融研究论文常见的结构问题：缺乏内在逻辑上的一致性、"没有研究问题"、研究内容"缺块"、研究内容"多块"。

5. 撰写研究论文的必由之路是以创新点为中心结构论文，沿"一个中心，两头推进"展开。

6. 金融研究论文的语言要求包括三个方面：准确、规范、简洁。

第十二章　论文写作（上）

任何特定时间的任何科学状况都隐含它过去的历史背景，如果不把这个隐含的历史明摆出来，就不能圆满地表述这种科学的状况。[1]

——约瑟夫·熊彼特

为研究而读书，这或许正是狭义的真正的读书。譬如研究一种特殊学问，或者特殊问题，但凡关于那种学问或问题的一切书籍和资料，必须尽可能地全都搜罗把它们读破，这样，你对于那项问题便有了充分的把握，你可以成为该项学问或问题的有权威的专家。[2]

——郭沫若

在选取研究方向和确立课题方案的过程中，就本课题做一番学术史的梳理，就成了一项不可缺少的工作。[3]

——李剑鸣

旧学商量加邃密，新知培养转深沉。

——朱　熹

物有本末，事有终始，知所先后，则近道矣。

——《大学》

文献综述是文献综合评述的简称，指在全面搜集有关文献资料的基础上，

---

[1]　（美）约瑟夫·熊彼特. 经济分析史（第一卷）［M］. 北京：商务印书馆，1991：18.

[2]　郭沫若. 郭沫若论创作［M］. 上海：上海文艺出版社，1983：185.

[3]　李剑鸣. 历史学家的修养与技艺［M］. 上海：上海三联书店，2007：206.

经过归纳整理、分析鉴别，对一定时期内某个学科或专题的研究成果和进展进行系统、全面的叙述和评论。一般而言，金融研究论文写作的一般程序是：先撰写文献综述，梳理所要研究问题的学术史；而后撰写理论模型，提出自己的研究假说；在形成研究假说之后，再进行实证分析（包括逻辑实证与经验实证两部分），推导论证自己的假说；在此基础上，得出自己的研究结论。论文主体部分完成后，最后撰写绪论、摘要和关键词。由于文献综述在研究论文写作中具有极其重要的地位，故我们专章讨论文献综述。

一、文献综述在论文写作中的重要地位

撰写学位论文是培养研究生批判性思维及创新能力的途径之一；文献综述的写作则是研究生学位论文写作的开端，在学位论文写作中具有举足轻重的作用。一般而言，文献综述是研究生学位论文写作中必不可少的重要组成部分。文献综述水平的高低决定学位论文写作的水平。极端些说，没有高质量的文献综述就不可能有高质量的研究生学位论文。

1. 文献综述的写作是由学术研究的继承性决定的。这是因为继承是创新的基础和前提。文献综述部分要澄清所研究的问题"从哪里来，到哪里去"。这部分主要是继承，是梳理前人的成果并找出其内在的逻辑关系和演进规律。文献综述是复述前人的成果，是尊重前人，实质上也是显示作者自己的读书量。一篇论文若没有必要的文献综述部分则很难发表；一篇学位论文若没有相应的文献综述部分，那么质量一般不会太高，甚至难逃肤浅的命运。熊彼特认为："任何特定时间的任何科学状况都隐含它过去的历史背景，如果不把这个隐含的历史明摆出来，就不能圆满地表述这种科学的状况。"① 朱熹讲"旧学商量加邃密，新知培养转深沉"，是说只有"商量旧学"才能"培养新知"。《大学》中讲"物有本末，事有终始，知所先后，则近道矣"，是说只有厘清事物的演进过程，才能进一步寻求事物发展的规律。凯恩斯讲："经济学家以及政治哲学家之思想，其力量之大，往往出乎常人意料。事实上统治世界者，就只是这些思想而已。许多实行家自以为不受任何学理之影响，却

---

① （美）约瑟夫·熊彼特. 经济分析史（第一卷）［M］. 北京：商务印书馆，1991：18.

往往当了某个已故经济学家之奴隶。"① 他是在批判狂妄自大的"实行家"，实际上对金融理论研究也有借鉴意义。

2. 文献综述的写作是由学术研究的开放性决定的。学术研究是天下公器，需要一代一代的学人前赴后继的开拓和努力才能薪火相济。"客观现实世界的变化运动永远没有完结，人们在实践中对于真理的认识也就永远没有完结。马克思列宁主义并没有结束真理，而是在实践中不断地开辟认识真理的道路。"② "任何一篇论文或研究过程都是该领域知识探索过程中的一个环节，不可能是终结，也不可能覆盖全领域。"③ 正是因为学术研究是天下公器、人们在实践中对于真理的认识永远没有完结，任何一篇论文或研究过程都是该领域知识探索过程中的一个环节，不可能是终结，这决定了真正有价值的研究生学位论文的开放性和文献综述写作的必要性。

3. 文献综述的写作目的是为了导出研究问题。撰写文献综述的目的是为了导出研究问题并为自己的后继研究构建创新的平台。空前绝后的题目或许有，但少之又少。一般而言，即使空前绝后的题目也要从相关领域的研究成果中吸取灵感。古典文学专家郭预衡先生曾谆谆告诫青年学子："怎么写好一篇学术论文呢？根据我的经验，在选择了题目之后，恐怕还要有这么一个过程：（1）要做点调查研究。看一看前代、当代都有什么人写过这个题目。看看目录，查查卡片。这就要有目录学的知识。比方论韩愈、论欧阳修、论方苞，不论哪一个，都要了解学术界已有了什么成果。（2）在定题之后，看看前人、同时代的人已写了哪些文章，有哪些论点，哪些看法，达到了什么水平；有哪些问题解决了，哪些问题还没有解决，看看自己是否还有话可说。如果感到别人的文章都已经讲得差不多了，自己确实无话可说，我想这个题目也就不必再写了。如果发现过去写的文章著作在某些方面讲得还不够，某些地方讲错了，这就是我们自己可以做文章的地方；或者这个题目前人根本没有涉及过，现在很需要做，那当然更没有问题了。"④ 应该说，郭先生的上

---

① （英）凯恩斯. 就业、利息和货币通论［M］. 北京：商务印书馆，1983：330.
② 毛泽东. 毛泽东选集（第一卷）［M］. 北京：人民出版社，1991：296.
③ 李怀祖. 管理研究方法论［M］. 西安：西安交通大学出版社，2000：263.
④ 郭预衡. 治学三议［M］//陈九平. 谈治学（下）［M］. 北京：大众文艺出版社，2000：765.

述朴实的文字已经清楚地阐明，文献综述的写作目的是为了导出研究问题。

二、文献综述的撰写原则

撰写文献综述应遵循以下 10 个写作原则。

1. "5W"写作原则。"5W"写作原则要求作者必须实事求是、原汁原味继承前人研究成果，也就是可检索性原则。具体地说即按照什么人（who）、什么时候（when）、在什么地方（where）、为什么（why）、提出了什么学术观点（what）的撰写文献综述的原则。易言之，文献综述的写作应采用实引方式，对所引述的观点要严格采用被引述作者的原文，不可断章取义、任意发挥。真正的有价值的文献综述应该让读者能够查阅并迅速找到文献的源头，以便做进一步的考证和研究。

遵循"5W"文献写作原则有利于尊重知识产权，维护学术研究的尊严；有利于学术研究的良性开展；有利于学术积累。现在我国经济学界的许多文献综述是不规范的，比如"弗里德曼（1968）提出了……"、"诺斯（1963）构建了……"，等等，而在文后也没有相关文献的具体出处。这种转述性的文献综述毫无价值可言，读者阅读文献综述后仍然很难把握作者所依据的文献在哪里。严格地说，这样的文献综述既没有继承性，也没有开放性，于学术研究无补。

2. 经典性原则。经典性写作原则是指文献综述的内容应该是所研究领域的经典人物的经典著作，而不是学术"圈外人"的某些只言片语。一般来说，每个研究课题都有其所在领域独有的经典文献，这要求作者必须熟悉自己所研究领域的经典文献。

3. 古今中外原则。古今中外原则就是要尽一切可能最大限度地全面占有理论材料，要"搜尽奇峰打草稿"。有一种观点认为，文献综述是对研究现状的近评。对这个观点，笔者不敢苟同。本质上讲，"现状"是"历史"的延续，没有"历史"，何来"现状"？不弄清"历史"，就不知道研究问题"从哪里来"，也难准确判断研究问题"向何处去"，只有同时弄清"历史"和"现状"，才能深刻地把握研究对象。没有"历史"，研究是平面的，没有纵深感和立体感；没有"中外"，研究缺乏横向比较，就没有开阔的视野。坚持古今中外原则，方可对所研究对象的理论材料"一网打尽"，为选题研究打下坚实的理论基础。

硕士特别是博士论文不同于 MBA 论文。MBA 论文的写作特点是，应用所学理论解决实际问题，最后推导出一般性结论。MBA 论文甚至可以不要求撰写文献综述。硕士特别是博士论文则不然。它要考察作者是否具有本学科领域扎实的理论基础。因此，硕士特别是博士论文的文献综述应尽可能详尽，最好能够系统梳理所研究问题的学术史。

4. "文献树"原则。"文献树"原则也就是"学术谱系"原则。[①] 作者在撰写文献综述时必须系统梳理研究问题的起源、发展和现状；具体地说，就是必须采用历史方法，按照"由远到近""由大到小"和"由宽到窄"的"文献树"原则进行。只有这样，方可厘清研究问题的来龙去脉，清晰揭示研究问题的学术演进，为自己的后继研究建立进一步创新的平台。

5. "顶天立地"原则。"顶天立地"原则的"顶天"要求作者从理论继承上逼近国内外学术前沿；"立地"则要求作者解决中国的现实金融问题。进一步讲，所谓"天"就是研究问题所要求的最先进的中外研究成果；所谓"地"就是中国社会主义建设中亟须解决的金融问题。"顶天立地"就是要求有的放矢，要求作者以马克思主义理论、西方一切有价值的理论之"矢"射中国社会主义经济建设和金融改革与发展之"的"。

6. 述评结合原则。文献综述写作必须述评结合。只有"述"没有"评"，文献是一盘散沙，也失去了撰写文献综述的目的性；只有"评"没有"述"研究问题则持之无据，游学无根，难有说服力。需要强调说明的是，"述"要尽可能对研究文献"一网打尽"，"搜尽奇峰"。在详尽占有研究文献的前提下，则要敢于归纳，解析出已有研究文献的"贡献"与"不足"。通过进一步解析"不足"，从"不足"中导出自己的研究课题：研究某一个"不足"甚至研究某一个"不足"的某一个方面。这样，研究问题的逻辑起点和理论起点就清楚了。

文献综述中"述"与"评"的关系，见表 12-1。

---

① 熊易寒. 文献综述与学术谱系［J］. 读书，2007（4）.

表 12 – 1　　　　　　　　　文献综述中"述"与"评"的关系

	地位	撰写内容	撰写目标	撰写方法
"述"	"承前" "继往"	研究问题"从哪里来"	澄清所研究问题的理论前沿	历史方法
"评"	"开来" "启后"	研究问题"向何处去"	导出自己的研究问题	逻辑方法

7. 单数原则。一篇学位论文只需要一篇与之相匹配的文献综述，这就是文献综述写作中的单数原则。理由很简单，一篇学位论文只需要集中研究和解决一个学术问题甚或某一个学术问题的某一个侧面。通俗些说，就是栽一棵"树"只需要一个与所栽之树相匹配的"树坑"。栽一棵"树"挖两个"树坑"，不但多余，而且无用。

8. 由"远"及"近"原则。由"远"及"近"原则就是采用历史方法，从时间序列上梳理学术史，推导理论演进的逻辑。如此，就可以将自己所研究的问题建筑在人类已有知识积累的基础之上。

9. 由"宽"到"窄"原则。由"宽"到"窄"原则就是要从空间范围上把握理论发展的逻辑，逐步将视角聚焦到自己所研究问题上，找到研究问题的逻辑起点。

10. 服从主题原则。"文献综述须围绕论文研究的创新点来进行。学习前人的成果，为自己的论文服务。"① 文献综述是对自己所研究问题的已有成果的回顾和梳理，所综述文献必须与自己研究的问题相匹配，绝不能脱离自己所研究问题这一主题；否则，就会破坏研究论文内在逻辑上的一致性，造成不必要的混乱。更进一步讲，文献综述要为自己研究的问题服务，是"六经注我"而非"我注六经"。因此，在撰写文献综述时，心中一定要常怀自己所撰写论文的主题和假设，围绕主题和假设来选择文献。

我们可以将文献综述写作原则总结如下，见表 12 – 2。

---

① 李怀祖. 管理研究方法论［M］. 西安：西安交通大学出版社，2000：258.

表 12 – 2　　　　　　　文献综述写作原则的性质和作用

写作原则	性质和作用
"5W" 写作原则	决定研究论文的科学性和继承性；保证研究论文的开放性
经典性原则	决定研究论文继承的高度；为研究论文的真正创新奠定基础
古今中外原则	决定研究论文的理论基础；保证继承的深度和高度
"文献树" 原则	决定研究文献内在演进的轨迹；保证文献综述内在逻辑上的一致性
"顶天立地" 原则	决定研究论文继承是否介入学术前沿；为理论创新和解决现实问题奠定必要的基础
单数原则	决定研究问题的单纯性；保证研究论文内在逻辑上的一致性
服从主题原则	决定研究问题的前后一贯性；保证研究论文内在逻辑上的一致性
由 "远" 及 "近" 原则	采用历史方法梳理学术史，将自己所研究的问题置于学术史的恰当地位
由 "宽" 到 "窄" 原则	逐步推导出自己所有研究的问题，找到研究问题的理论和逻辑起点
述评结合原则	"述" 的最高境界是 "顶天"，厘清中外学术前沿；"评" 的最终目的是 "立地"，推导出自己所要进一步研究的问题。述评结合原则的实质是 "承前启后" "推陈出新"，导出研究问题

三、文献综述的写作方法："倒三角形法"

（一）什么是"倒三角形法"

文献综述的写作方法有很多，不同的研究者有不同的写作方法，不同的学者甚至都有自己不同的写作风格。

笔者则认为，文献综述的最佳写作方法甚至唯一正确的写作方法或许就是"倒三角形法"。

具体地说，所谓文献综述的"倒三角形法"，就是撰写文献综述要由宽到窄（空间上）、由远到近（时间上），最后聚焦到一个"点"上，找到自己研究问题的逻辑起点，也就是自己所要研究问题的出发点。

至于空间幅度和时间长度的具体界限，应由作者根据实际需要确定。一般应该以紧密围绕主题、有利于阐明主题为原则。

撰写文献综述的"倒三角形法"见图 12 – 1。

图 12 – 1　文献综述的写作方法："倒三角形法"

文献综述的"倒三角形法"的科学之处在于，它能帮助作者逐步接近自己所要研究的问题，为进一步研究找到理论起点和逻辑起点。"倒三角形"撰写方法也可以称为"逐步逼近法"。文献综述绝不可写成"平行线"（A 说、B 说、C 说、……）、"平行四边形"（没有着力点，无法导出问题），更不可写成"正三角形"（从一点出发，信马由缰，越写越多，不可收场）。

撰写文献综述，其实质是梳理所研究课题的学术史。对此，历史学家李剑鸣教授有过清晰的说明："在选取研究方向和确立课题方案的过程中，就本课题做一番学术史的梳理，就成了一项不可缺少的工作。"① 李剑鸣教授的观点值得重视。

（二）"倒三角形法"应用举例

举例 1：我国商业银行核心竞争力研究。

要撰写《我国商业银行核心竞争力研究》这一篇论文的文献综述，可依据文献综述的"倒三角形法"写作方法，先综述竞争力文献，再依次撰写核心竞争力、商业银行核心竞争力和我国商业银行核心竞争力的相关文献；如此，便可分四个层次由宽到窄（空间上）、由远到近（时间上），最后聚焦到一个'点'上，找到自己研究问题的逻辑起点，也就是自己所要研究问题的出发点。

---

① 李剑鸣. 历史学家的修养与技艺 [M]. 上海：上海三联书店，2007：206.

具体撰写方法见图 12 - 2。

竞争力

核心竞争力

商业银行核心竞争力

我国商业银行核心竞争力

简要评论

图 12 - 2　我国商业银行核心竞争力文献综述的层次

表面上看，图 12 - 2 是正三角形，但通过逐步限制，所述文献范围越来越小了。最终聚焦到"我国商业银行核心竞争力"这一个点上。

举例 2：重新认识菲利普斯曲线的真正价值。

要撰写《重新认识菲利普斯曲线的真正价值》这一篇论文的文献综述，可围绕菲利普斯曲线的历史演进展开，采用历史方法和逻辑方法撰写。先用历史方法叙述菲利普斯曲线的演进历程，再用逻辑方法概括研究现状，最后聚焦到菲利普斯曲线的真正价值上来。这样，便可以比较清晰地厘清研究问题的理论背景，找到研究问题的逻辑起点。

为了便于说明问题，特列示作者发表在《经济学家》2003 年第 1 期的论文《重新认识菲利普斯曲线的真正价值》当中的文献综述部分，以供参考。

重新认识菲利普斯曲线的真正价值①

文献综述和问题的导出

1958 年，新西兰经济学家菲利普斯（A. W. Phillips）在《英国失业与货币工资变动率之间的关系：1861—1957》一文中，根据英国近百年的历史资料，用曲线反映了英国货币工资变动率与失业之间存在着一种稳定的交替关

---

① 崔建军. 重新认识菲利普斯曲线的真正价值 [J]. 经济学家，2003（1）.

系，此为原始的"失业—工资"的菲利普斯曲线。① 1960 年，美国著名经济学家萨缪尔森（Paul. A. Samuelson）和索罗（Robert. Solow）在菲利普斯研究成果的基础上，使用通货膨胀率代替工资变动率来描述通货膨胀率与失业率之间存在的彼消此长的相互关系，并正式命名为"菲利普斯曲线"（Phillips curve）。② 萨缪尔森和索罗将菲利普斯提出的"失业—工资"的菲利普斯曲线发展为"失业—物价"的菲利普斯曲线即闻名于世的标准的菲利普斯曲线。

在 20 世纪 60 年代和 70 年代西方资本主义经济的"滞胀"和 20 世纪 90 年代美国的所谓"一高两低"（高增长和低失业、低通胀）的新经济面前，菲利普斯曲线解释力下降，于是，西方经济学对菲利普斯曲线掀起了新的更加激烈的争论。

1968 年，弗里德曼（Milton. Friedman）对菲利普斯曲线提出了批评。他认为，菲利普斯混淆了名义工资与实际工资的区别并忽视了通货膨胀预期的作用。在存在通货膨胀预期的作用下，短期菲利普斯曲线是不稳定的。长期而言，由于存在"自然失业率"菲利普斯是垂直的。③

这样，弗里德曼就提出了自己附加预期的菲利普斯曲线并首次将菲利普斯曲线区分为长期和短期的菲利普斯曲线。与此同时，弗里德曼认为货币政策在短期内是有效的，但在长期是无效的，只会加剧经济的波动。故他主张放弃"相机抉择"的货币政策，转而实行"单一规则"的货币政策。

1978 年，罗伯特·卢卡斯（Robert. E. Lucas）认为，弗里德曼附加预期的菲利普斯曲线存在严重的缺陷，即公众的通货膨胀预期不是适应性而是理性预期。适应性预期是人们仅根据过去的通货膨胀实际而对未来变动趋势的一种预测，是一种被动的预期。而理性预期则是人们充分运用其所掌握的知识和信息所作出的切合未来实际的最佳预测。人们一旦获得新的信息，就会立即调整其预期并采取明智的行动。这种预期偶然也会与实际存在误差，但

---

① A. W. Phillips, "The relation between unemployment and the Rate of Change of Money wages in the United Kingdom, 1861 - 1957", Economics, Novermber 1958. pp. 283 - 299.

② P. A. Sumuelson & R. M. Solow, "Analytical of Anti - inflation policy", American Economic Review, Vol. , 50 (May 1960).

③ Milton Friedman, "The Role of Monetary Policy", American Economic Review , Vol. , LVIII (March 1968) . pp. 1 - 17

在平均水平上是与实际相一致的。因此，当中央银行扩张性的货币政策使通货膨胀上升的时候，公众根据正确的预期所预先采取的行动将抵消扩张性货币政策的作用，因而被预期到的货币政策是无效的。①

1995 年，美国哈佛大学召开了第一届阿尔文·汉森公共政策论坛。这次盛会上讨论的中心问题是货币当局应该如何行事，争论的焦点是菲利普斯曲线，落脚点是货币政策，缘起则是现实经济发展给理论和政策所带来的困惑和挑战。在此次论坛上，索罗和泰勒就菲利普斯曲线与货币政策进行了公开辩论。索罗是承认菲利普斯曲线的，即承认通货膨胀率与失业率之间的替代关系。以此为基础，索罗认为货币当局应该不断尝试和探索，在通货膨胀与产出和就业之间寻找一种平衡；泰勒则认为，传统的菲利普斯曲线可能并不存在，通货膨胀与失业之间并不存在替代关系。②

党的十一届三中全会以来，中国开始了改革开放，经济体制逐步向市场经济转轨且这种转轨的成果不断地通过法律稳定和巩固下来。1993 年 3 月 29 日第八届全国人大第一次会议通过的《中华人民共和国宪法》修正案将《宪法》的第十五条修改为：“国家实行社会主义市场经济。”“国家加强经济立法，完善宏观调控。”“市场经济”“宏观调控”列入《宪法》，说明伴随建立社会主义市场经济的改革进程，“市场经济”“宏观调控”已经成为社会经济生活中不可缺少的有机构成部分。也正是基于“市场经济”和“宏观调控”的日益深入人心，中国经济学界也将菲利普斯曲线拉入研究视野并开始探讨中国的菲利普斯曲线。③ 当然，中国经济学界对菲利普斯曲线的研究是初步的。

由上可见，自菲利普斯曲线 1958 年问世半个世纪以来，围绕其争论一直持续不断。不论是菲利普斯的“相互替代”关系，还是弗里德曼等人的“自然失业率假说”，目前的讨论并没有取得一致结论。也正是由于这种原因，弗里德曼才得出似乎是总结性的概括：“实质上已经没有哪位经济学家再相信最

---

① 陈银娥. 凯恩斯主义货币政策研究［M］. 北京：中国金融出版社，2000：142 - 143.

② （美）罗伯特·M. 索罗，约翰·B. 泰勒，本杰明·M. 弗里德曼. 通货膨胀、失业与货币政策［M］. 北京：中国人民大学出版社，2004：2.

③ 刘树成. 论中国的菲利普斯曲线［J］. 管理世界，1997（6）：21 - 33；范从来. 菲利普斯曲线与我国现阶段的货币政策目标［J］. 管理世界，2000（6）：122 - 129.

初提出的天真的菲利普斯曲线了。目前这项争论已经进入第二个层次，即任何人都同意，长期菲利普斯曲线比短期菲利普斯曲线的倾斜度更大。唯一的问题是，它是垂直的，还是不那么垂直。这方面的事实尚不很清楚。"①

萨缪尔森、诺德豪斯（William D. Nordhaus）根据1961—1996年美国的奇怪形态的菲利普斯螺旋线提出："现代宏观经济学的一个主要课题就是要解释菲利普斯曲线为什么沿顺时针方向转动。"②

中国经济学者张曙光曾对中国经济学界关于菲利普斯曲线的研究作过比较深入的分析："失业与通货膨胀的关系问题一直是宏观经济运行分析的核心问题。自从菲力普斯曲线问世以来，人们对此作过很多理论分析和经验实证，货币主义和理性预期学派对此作了进一步的研究，区分了长期和短期的不同情况。然而，失业和通货膨胀既然是宏观经济运行的结果和社会生活的现象，那么，就与经济运行的各个方面和各种因素相关。因而，在不同情况下也会有不同的表现。有的学者曾经讨论过二者关系的理论发展，并对此作过进一步的探索，只是如何解释中国改革以来二者相互关系的变化，还需要作进一步的研究与探索。"③

由此，重新认识菲利普斯曲线的理论价值及其作为财政政策与货币政策操作依据的可能性，就具有重要的理论价值和现实意义。

上述文献综述写作比较严格地贯彻了文献综述的"5W"写作原则、经典性原则、古今中外原则、"文献树"原则、"顶天立地"原则和服从主题原则，同时遵守了文献综述"倒三角形"写作方法中"由远到近"（时间上）的规则。

四、文献综述写作中应注意的问题

研究生学位论文写作中，就文献综述的写作而言，存在的主要问题如下。

1. 简单罗列文献。有些研究生学位论文有文献综述，但写作上存在简单

① （美）M. 弗里德曼. 价格理论［M］. 北京：商务印书馆，1994：301.

② （美）萨缪尔森，诺德豪斯. 经济学［M］. 北京：华夏出版社、麦格劳·希尔出版公司，1999：577.

③ 张曙光. 宏观经济学发展的方向和问题［N］. 人民日报，1998-05-09.

罗列的毛病。比如，有的文献综述中仅列示出 A 说；B 说；C 说；D 说，等等，而后却无下文了。从这种文献综述当中读者看不出作者所依据文献演进的内在逻辑，以及依据文献综述清晰地推导出自己所要研究的问题。简单地说，这种文献综述写作严重违反了文献综述的"文献树"写作原则和述评结合原则。

2. 文献综述缺乏权威性。有些研究生学位论文虽有文献综述，但只是简单地罗列出一些缺乏权威性和经典性的所谓文献。比如研究货币政策问题，若不综述凯恩斯、汉森、托宾、萨缪尔森、莫迪利安尼、弗里德曼等人的论著，而开出另外一系列人物的论著清单，给人的感觉就是作者根本就不熟悉所研究领域的理论背景，也没有认真研读过真正有价值的货币政策文献，其成果价值自然要大打折扣了。当然，我们列示权威人物的权威论著，并不是不尊重非权威人物。在学术研究中理所当然必须坚持学术标准，也只能坚持学术标准，而不能有学术标准以外的其他因素参与其中。

3. 文献综述和研究问题不匹配。此问题常见于当今比较时髦的"基于 A 的 B 研究"或"A 时期的 B 研究"这种题目。本来，"基于 A 的 B 研究"和"A 时期的 B 研究"这样的题目，其研究重心是"B"而不是"A"，但作者的文献综述却是"A"。显然，此种文献综述脱题了。比如，"通货紧缩时期的货币政策研究"这一题目，作者的研究中心应当是"货币政策"，"通货紧缩时期"或"通货紧缩"只是"货币政策"发挥作用的背景与环境，而作者的文献综述却是"通货紧缩"。此种文献综述和研究问题就是不匹配的。文献综述和研究问题不匹配，明显违反了文献综述写作的"服从主题"原则。

4. 多个文献综述并存。与文献综述和研究问题不匹配相联系的另一个问题是，论文中多个文献综述并存。这种文献综述写作违反了文献综述的"单数"写作原则。多个文献综述并存反映出作者选题的发散化和研究问题的不集中。比如，"货币政策与金融市场"这一研究题目的写作中，作者既有货币政策方面的文献综述，也有金融市场方面的文献综述。这种文献综述写作难免顾此失彼。当然，这是选题问题了，本书第五章已有讨论。

总之，文献综述在研究生学位论文写作中具有极其重要的地位，它属于理论研究范畴。就性质而言，是对前人研究成果之"再研究""研究之研究"。这种"再研究""研究之研究"水平的高低，决定着作者的研究成果和研究论文写作的水平，应引起高度重视。

本章小结

1. 文献综述是文献综合评述的简称，指在全面搜集有关文献资料的基础上，经过归纳整理、分析鉴别，对一定时期内某个学科或专题的研究成果和进展进行系统、全面的叙述和评论。

2. 文献综述在论文写作中的重要地位体现在三个方面：文献综述的写作是由学术研究的继承性决定的、文献综述的写作是由学术研究的开放性决定的、文献综述的写作目的是为了导出研究问题。

3. 文献综述的撰写原则主要有 10 个："5W"写作原则、经典性原则、古今中外原则、"文献树"原则、"顶天立地"原则、述评结合原则、单数原则、由"远"及"近"原则、由"宽"到"窄"原则、服从主题原则。

4. 文献综述的写作方法是"倒三角形法"。具体地说，就是撰写文献综述要由宽到窄（空间上）、由远到近（时间上），最后聚焦到一个"点"上，找到自己研究问题的逻辑起点，也就是自己所要研究问题的出发点。

5. 文献综述写作存在的问题主要是：简单罗列文献、文献综述缺乏权威性、文献综述和研究问题不匹配、多个文献综述并存。

第十三章　论文写作（下）

研究必须充分地占有材料，分析它的各种形式，探寻这些形式的内在联系。只有这项工作完成之后，现实的运动才能适当地叙述出来。①

—— 马克思

读书破万卷，下笔如有神。

—— 杜甫

在上一章讨论过文献综述后，为了方便，我们按摘要、绪论、理论模型与经验实证、研究结论和参考文献、论文评价与答辩的顺序进行论述。

一、摘要

（一）摘要的内容

就写作顺序而言，摘要应在论文完成以后再写，这样会更好、更合理。但读者阅读论文时，首先看到的却是摘要。故，摘要便成为论文的"窗口"。

就实质言，摘要是论文的缩微版本。其主要作用是使读者尽快地了解论文的主要内容，以补充标题的不足。读者看了摘要，就可以基本上确定是否要通读该论文。摘要为科技人员和计算机检索提供方便；世界上各大文摘杂志、检索机构一般都直接利用摘要。一般来说，摘要就是对论文内容不加注释、不加评论的简短陈述。摘要采用归纳方法撰写，其主要内容是如下。

---

① 马克思. 资本论（第一卷）［M］. 北京：人民出版社，1975：23.

1. 研究问题的说明。摘要中要清晰界定所要研究的问题，并能让人感觉到研究问题的重要性。

2. 创新点的介绍。这是摘要中的主体部分。论文的创新点应该是与众不同的新发现，最好直接揭示出来。同时，创新点是摘要的写作重点，应占据摘要的大部分篇幅。

3. 研究方法的说明。主要介绍论文采用了什么方法得出了新发现，但摘要中没有必要就研究方法展开分析与论述。

（二）撰写摘要应注意的问题

摘要是论文的"窗口"，自然必须精雕细刻，字斟句酌，不可马虎从事。撰写摘要需要注意的问题很多，主要内容如下。

1. 不要长篇大论，铺陈太多。李怀祖教授认为："博士论文摘要可分段，字数可多些，但 800 个中文字已足够。"① 这对摘要的撰写具有指导意义。国家自然科学基金项目申请书的摘要撰写要求也是不超过 400 字。

摘要撰写中不要问题回顾、不要文献综述、不要概念和名词解释、不要列示图表等。摘要的撰写须言简意赅，千锤百炼。

2. 摘要不是论文目录。不少学位论文摘要中介绍论文框架，这是完全没有必要的。论文框架应该在绪论中介绍。理由很简单，摘要不是简单介绍论文的研究内容，而是要告诉读者自己就某一问题的研究作出了什么有别于他人的新的贡献。

3. 不要自我推销，用不当的形容词。摘要最好采用第三人称只客观地陈述研究问题、创新点和研究方法即可。至于论文有无创新、有无贡献不是由自己说的，而是由评阅教授和答辩委员会的专家学者做出独立的价值判断。当然，无论摘要还是论文正文都不要自我推销。日常见到的作者自己写"本文具有重大的理论价值和现实意义""本文分析透彻、富有逻辑""本文无疑做出了独创贡献"云云，事实上是学术论文写作的大忌。

4. 创新点的介绍必须清晰、具体、实在，切忌空谈。不少研究生学位论

① 李怀祖. 管理研究方法论 ［M］. 西安：西安交通大学出版社，2000：254.

文创新点的介绍模糊不清，模棱两可。只说"做了""研究了""分析了""论证了""构建了"什么，而不说"做出了""研究出了""分析出了""论证出了""构建出了"什么具体的东西，一字之差，相距何止千万里。此外，有的研究生学位论文创新点中介绍自己建立了"研究框架""分析框架"云云。其实，"研究框架""分析框架"本身并不是创新，重要的是从"研究框架""分析框架"中推导出了什么有别于他人的新的有价值的研究结论。

这里附带谈一谈论文的关键词。关键词和标题一样，是论文的"窗口"和"眼睛"。一般而言，要选择最能体现论文精神的范畴表述，而且应该用实义名词表述。有些论文的关键词用动词，比如有一篇题目为《中小企业信贷融资影响因素及相关策略研究》的博士论文，其关键词为"中小企业，信贷融资，信息不对称，制度，构建"。其中"构建"一词为动词，是误用。因为我们从"构建"一词当中难以了解到论文的内容。另外，有些论文关键词虽然用了名词，但用得不合适。比如，有一篇题目为《中国转型期消费信贷问题研究》的博士论文，其关键词为"中国，转型经济，消费信贷"。其中的"中国"一词是没有必要列入的。此外，关键词不宜太多，有 3～5 个就足够了。

二、绪论

（一）绪论的内容

马克思讲："万事开头难，每门科学都是如此。"[①] 绪论是研究论文的首章，是"开场锣鼓"。故，一定要写得有声有色，得有气势，有吸引力。

绪论的内容主要包括：（1）选题背景与研究意义；（2）文献综述及其简要评论；（3）研究内容及其框架；（4）研究方法与可能的创新。

日本学者末武国弘在《论文执笔的实际》[②] 一文中将绪言构成归纳为一幅图，也有借鉴意义。见图 13－1。

---

① 马克思．资本论（第一卷）［M］．北京：人民出版社，1975：7.
② 李景超，孟繁华编．学术论文写作译文集［M］．北京：中央广播电视大学出版社，1987：141.

绪言构成示例

研究的必要性 （存在的问题）	存在什么问题，要求从何而来，阐述研究的意义
历史的回顾	以上问题从前进行过哪些研究，大致地叙述一下
以前研究的不足	调查以前研究的成果，简述什么地方不足，在此，叙述这一研究的动机
论文的目的和 作者的打算	论文的目的，应用的范围，研究成果在什么范围有用，研究者提出了什么新建议，新成果是什么
简单介绍作者采取 的措施和结果 （具体的材料）	按照资料叙述研究经过和结果，具体的数值
论文的构成顺序	在论文较长的情况下，要在适当的地方表示出读者期待的情报，有可能的话，也要示出排列的程序流程图

图 13 – 1　绪言构成示例

图 13 – 1 中，末武国弘讲的"研究的必要性"就是"选题背景与研究意义"，"历史的回顾"就是"文献回顾"，"以前研究的不足"就是对文献的"简要评论"，"论文的目的和作者的打算"就是"研究问题的导出"，"简单介绍作者采取的措施和结果"就是"研究方法"的介绍，"论文的构成顺序"就是"研究内容和框架"。从日本学者末武国弘绪言构成示例中，我们可以进一步了解绪论的内容。

（二）绪论的撰写方法

1. 选题背景与研究意义。选题背景与研究意义就其实质而言是"点题"，直接关乎选题价值，非常重要。就写作方法而言，一般应采用归纳方法和综合方法。要用最小的篇幅高度概括出选题的理论背景和现实背景。要让人强烈地感受到选题的分量和选题的可研性。由于是"点题",因而写作语言要求也较高。写作应扎实、具体。

举例1:凯恩斯的划时代的高峰之作《就业、利息和货币通论》。

凯恩斯的《就业、利息和货币通论》第一章正名就其实质而言,就是该著的选题背景与研究意义。其英文原文为:

I have called this book the *General Theory of Employment*, *Interest and Money*, placing the emphasis on the prefix general. The object of such a title is to contrast the character of my arguments and conclusions with those of the classical① theory of the subject, upon which I was brought up and which dominates the economic thought, both practical and theoretical, of the governing and academic classes of this generation, as it has for a hundred years past. I shall argue that the postulates of the classical theory are applicable to a special case only and not to the general case, the situation which it assumes being a limiting point of the possible positions of e-quilibrium. Moreover, the characteristics of the special case assumed by the classical theory happen not to be those of the economic society in which we actually live, with the result that its teaching is misleading and disas-trous if we attempt to apply it to the facts of experience.

商务印书馆徐毓枏译本为:"本书命名为《就业、利息和货币通论》,着重在'通'字。命名用意,在把我的想法和结论,与经典学派②对于同类问

---

① "The classical economists" was a name invented by Marx to corer Ricardo and James Mill and their pre-decessors, that is to say for the founders of the theory which culminated in the Ricardian economies. I have be-come accustomed, perhaps perpetrating a solecism, to include in "the classical school" the followers of Ricardo, those, that is to say, who adopted and perfected the theory of the Ricardian economics, including (for example) J. S. Mill, Marshall, Edgeworth and Prof. Pigou.

② 经典学派是马克思造出来的名词,用来包括李嘉图、杰姆斯·穆勒和他们以前的经济学家。经典学派经济学是由李嘉图集大成的经济学。但我向来用经典学派一词,亦包括李嘉图之后继者,即那些接受李嘉图经济学而加以发扬光大的人,例如约翰·斯图亚特·穆勒、马歇尔、艾其伟斯,以及庇古教授;我如此用法,也许犯了文法错误。

题之想法与结论对照起来。无论在理论方面或政策方面，经典学派支配着统治阶级和学术界之经济思想，已经有一百余年，我自己亦是在这种传统中熏陶出来的。在下文中，我将说明：经典学派之前提，只适用于一种特例，而不适用于通常情形；经典学派所假定的情形，是各种可能的均衡位置之极限点，而且这种特例所含属性，恰不是实际经济社会所含有的。结果是理论与事实不符，应用起来非常糟糕。"①

就英文而言，除去标点只有 163 个单词。

就徐毓枬译本言，除去标点只有中文 205 个字。其中，前半段 108 个字讲选题背景；后半段 97 个字讲研究意义。语言可谓精粹之至，令人拍案叫绝，这应该成为我们撰写选题背景与研究意义的典范。

举例 2：中国著名经济学家巫继学的《自主劳动论要》。

《自主劳动论要》是新中国第一本全面系统研究自主劳动的论著，开创了自主劳动经济学的先河。巫继学本人也成为自主劳动经济学的创建者。②

在《自主劳动论要》一书的"宗旨与概要"（实为选题背景与研究意义）中，巫继学开宗明义地写道：

> "我是在劳动的王国中成长起来的。伴随着我'童年—少年—青年'生活的是'商业劳动—农业劳动—工业劳动'。辛勤的物质生产劳动似乎没有妨碍我智力的发展，反而给自己的思维之灯不断加注着油。劳动，在高贵者眼中卑贱，在卑贱者心里高尚，正是它，养育了我，磨炼了我；我深深感到：整个世界都弥漫着劳动的恩惠！难怪马克思满怀激情地说，劳动是社会的'太阳'。我最初对劳动的感情开始上升到对劳动的思考。"③

这个开场白简洁、真切、感人，既是对自己几十年艰辛苦涩生活历程的

---

① （英）凯恩斯．就业、利息和货币通论［M］．徐毓枬译．北京：商务印书馆，1983：7.

② 李天章，程耀明．以人为本——自主劳动经济学的创建者巫继学［M］//载李连第．中国经济学希望之光．北京：经济日报出版社，1991：285－293.

③ 巫继学．自主劳动论要［M］．上海：上海人民出版社，1987：1.

概括，又是自己勇攀经济学理论高峰的真实写照。① 这正是苏联伟大作家康·帕乌斯托夫斯基所称颂、激赏的那种"钻石般的语言"②

《自主劳动论要》是巫继学提交给河南大学的硕士学位论文。其导师周守正教授对之给予了高度评价："巫继学专业知识扎实，经济学素养好，思维逻辑性强，才思敏捷，对事物整体把握和内在透视能力出色，不尚名利，不崇洋，不唯上，淡泊、宁静致学。在我看来，他可望成为中国经济学界有希望有成就的学者。"③ 周守正教授所言不虚。一本硕士论文创建一门学科，这在中国甚至人类经济学说史上恐怕都不多见。④ 巫继学提出了"自主—自主劳动"范畴，并以此分析提出了社会主义本质上是"自主劳动社会"。作为一位理论经济学家，巫继学贡献的"自主"系列范畴，已被全社会所接受，并被广泛使用或转换使用（如自主经营、自主分配、自主调节、自主发展、自主经济实体、自主性等），有的概念已写入历史性文献中。他以劳动为占统治地位的经济关系分析社会主义，实际上在改革与发展中给出了一个劳动经济模式，伸张了一种劳动社会理想、人类道德，揭示了一种劳动发展方向和运行趋势。在倡导以人为本、构建和谐社会目标的今天，我们仍然能够感受到巫继学"自主—自主劳动"范畴的内在逻辑的影响因子。

巫继学的硕士学位论文长达 37.5 万字；一篇硕士学位论文创建一门学科——自主劳动经济学。这种忘我的治学精神是值得我们，特别是后来的博士、硕士们学习的。

此外，我们也可以从经济学、金融学以外的其他论著中学习"点题"的"开场锣鼓"语言。

比如，尼克松的《领导者》的开篇语：

---

① 是的，劳动创造了世界，劳动创造了人本身。巫继学是我的同乡，是我生平所见到的最有理论才华的人。"这是我非常熟悉和崇拜的中国经济学家，我同情他寒微的出身（同命相怜），敬服于他惊人的勤奋，更拜服于他杰出的抽象思维能力。这本书是为他而购的"。我把我自己在厦门大学读书时购得《中国经济学希望之光》一书时写在该书介绍巫继学的书页上的话重抄于此，以表达对我的同乡经济学家巫继学研究员的敬仰之忱。

② （苏）康·帕乌斯托夫斯基. 金蔷薇［M］. 上海：上海译文出版社，2010：105.

③ 李连第. 中国经济学希望之光［M］. 北京：经济日报出版社，1991：293.

④ 我国著名经济学家张培刚教授的《农业与工业化》是发展经济学的奠基之作，但它是提交给哈佛大学的博士学位论文。

*"在伟大领袖们的脚步声中，人们可以听到历史的滚滚雷声。"*①

这是何等气势磅礴的英雄创造历史的颂歌！

固然，我们坚决反对尼克松的这种英雄史观，但可以学习、借鉴其掷地有声的经典语言，以丰富、强化我们论文的写作效果。

2. 文献综述及其简要评论。文献综述若篇幅较小，可放置于绪论中；若篇幅较大，可专章撰写。关于文献综述的撰写可参见本书第十二章。

3. 研究内容及其框架。研究内容一般简要介绍论文分为几章，各章都研究什么，客观说明即可。

研究框架采用图示效果较好，这样可使人清晰地一览无余，也可使论文的表述丰富多彩。

4. 研究方法与可能的创新。研究方法与可能的创新最好条陈，这样会清晰、具体，便于阅读。由于绪论一般在研究论文主体部分完成之后撰写，因而研究方法易于撰写。论文研究过程中应用了什么方法，绪论中写什么方法即可。需要注意的是，撰写研究方法须实事求是。不可故弄玄虚，要和正文中应用的研究方法完全吻合。一般而言，论文评阅人和答辩委员会的专家学者即使不太熟悉论文采用的研究方法，但通过摘要、绪论、结论以及正文内容的比较也可以清楚地鉴别出论文作者实际上是否运用了某种研究方法，还可以清楚地鉴别出论文研究方法的叙述是否前后一致、是否存在矛盾。

可能的创新和研究方法一样，最好条陈出来。

可能的创新就其实质而言是自己的工作，应客观撰写，不可人为地拔高。有的博士、硕士论文绪论中写自己的论文有 3 个、5 个甚至有 8 个、10 个创新，但仔细推敲都不过是经济学、金融学的常识而已。事实上，若自己的论文真正有创新，别人（特别是专家学者）自会看得出来。由此，撰写可能的创新一定要谦虚谨慎，切忌自我标榜和吹嘘，以免贻笑大方。

---

① （美）尼克松. 领导者［M］. 北京：世界知识出版社，1983：1.

三、理论模型与经验实证

关于理论模型与实证分析，本书第八、第九、第十章已有比较详尽的讨论，限于篇幅，这里从略，不再赘述。

四、研究结论和参考文献

（一）研究结论

论文主体部分——理论模型与经验实证——完成之后，还需要撰写研究结论。研究结论部分主要总结研究论文的主要内容，也就是自己的工作特别是自己具有创新价值的工作。

一般而言，结果与结论不同。结果是一种客观存在，结论则包含作者的具有主观色彩的价值判断，是结果的一种自然引申。面对同一结果，不同的作者可能得出不同的研究结论。但是，无论结果还是结论都应该来自论文的研究内容，而不是在论文研究内容之外另起炉灶，得出论文之外的其他东西。

研究结果只客观描述即可，结论要揭示出研究结果的理论价值和现实意义。事实上是从另一侧面强调自己的创新。

一篇博士、硕士论文能得出两三条有价值的研究结论就很好了。具有重大创新价值的结论一条也足够了。

研究结论最好逐条陈述。具体表述要求具体、准确、规范、清晰。研究结论的语言，应该认真推敲。具体、准确、规范、清晰的表述可为论文增色。

通常，研究结论中的创新点应该与摘要、绪论中陈述的创新点完全一致（当然，研究结论中创新点的介绍可以稍微展开些，叙述上可以详尽些），若前后矛盾或明显背离，则必然会影响对论文的评价。此时，评阅人可能会认为，作者对创新点的提炼不够，讲不清楚，甚至对创新点并没有清晰的认识。

有的博士、硕士学位论文完成得不错，作者也付出了巨大的劳动，但由于研究结论部分写得不清楚而影响了对论文的评价，这是令人遗憾的；也有的博士、硕士学位论文已经得出研究结果但不能在研究结果的基础上进一步揭示研究结果的理论价值和现实意义，也是非常可惜的。

当然，撰写研究结论应秉持客观的态度。具体写作应实事求是，不可自我吹奉、人为拔高。对"重大突破""重大创新"之类的词语要慎用。

最后，不少的博士、硕士论文在研究结论之后，通常还写有"未来研究展望"之类的文字。对"未来研究展望"，因为不是论文的写作重点只点到为止即可，不必夸夸其谈，太过喧哗。

（二）参考文献

参考文献是研究论文特别是博士、硕士论文的重要组成部分。这是由学术论文的继承性和开放性所决定的。"没有参考文献的文章不能算作学术论文"，① 更不可能算作博士、硕士论文。

参考文献部分应列示论文写作中所引用过的所有文献，这既是对前人劳动的尊重，也为遵守知识产权所必需。另外，清楚列示参考文献也可将自己的劳动与前人的劳动相区别，强调自己的创新。

参考文献清单应与论文正文中的引用一一对应，不多不少，完全匹配。有的研究生在参考文献部分列示了许多文献，在论文正文中却找不到，此给人的感觉是有凑数之嫌，其实完全没有必要。

参考文献的具体格式大概有四种，即文内注、当页注、章末注、文末注。至于究竟采用何种格式，各高校都有明确规定，只需按照执行即可。

博士、硕士论文有时需要附录。附录中一般包括论文研究过程中应用的原始资料、统计数据、计算公式、计算过程等。一般有两种情况需要附录：一是有些资料因其重要性不足以放入正文；二是有些资料篇幅过大，放入正文可能会破坏论文的整体结构。自然，附录的有无应依据需要决定。

五、论文评价与答辩

（一）论文评价

1. 学位论文评价标准分析。诚然，"创新是一篇博士论文的灵魂。称得

---

① 李怀祖. 管理研究方法论［M］. 西安：西安交通大学出版社，2000：275.

上科学研究成果的论文，一定要有新发现（findings）、新假设或新理论"。①那么，创新的标准又是什么呢？有的研究生导师认为，博士研究生论文的创新标准在于超过导师。"博士生的论文工作，如果不能在某些方面超过导师，那么就没有创造性，就不能达到博士论文的学术标准，就不能算合格的博士生。"②"博士生之所以区别于硕士生，就在于博士生在所从事研究的这个领域里应该超过导师"。③应该说，这种愿望是值得钦佩的，体现了导师为人师表的博大胸怀，也体现了导师对学生学术发展的美好期待。但超过导师是否能够成为创新的标准似有待商榷。

自 1901 年严复翻译出版《原富》（现流行译本名为《国民财富的性质和原因的研究》）经济学始作为西学被输入中国。"说来不怕笑话，中国近代和现代的经济学都是舶来品，主流经济学教授也都是外国经济学的学生。"④现流行于中国学术界的"西方经济学"的学科名称可谓一语道破了中国经济学人的尴尬与辛酸。客观地说，中国的经济学研究水平落后于西方（主要是英美）确实太多了。"言人之所言，联系中国实际谈点启迪和体会性意见就是创新了，充其量不过是仿生学。就像邯郸学步，需要扶墙走，这墙就是西方经济学"。⑤

严格地说，真正意义上的学术创新应该是突破、超越某一研究问题的世界认识纪录。道理很简单，学术创新只有"世界第一"而没有"中国第一"。由此，我国经济学（包括金融学）专业的导师们中又有多少是某一研究专题的"世界第一"呢？仅仅超过导师又能否构成经济学学术创新的标准呢？

当然，"世界第一"的创新标准实在是太高了。我们不能要求所有的博士学位论文都达到"世界第一"的学术水平。毕竟，博士生在校攻读学位的时间只有三五年，取得世界级的学术成果往往是学者终生奋斗的结果。但是我

---

① 李怀祖. 管理研究方法论 [M]. 西安：西安交通大学出版社，2000：251.

② 《学位与研究生研究》编辑部. 导师论导——研究生导师论研究生指导 [M]. 北京：北京理工大学出版社，2008：396.

③ 《学位与研究生研究》编辑部. 导师论导——研究生导师论研究生指导 [M]. 北京：北京理工大学出版社，2008：141.

④ 胡培兆. 想拿诺奖，还得从教育抓起 [N]. 环球时报，2009 - 10 - 26.

⑤ 胡培兆. 想拿诺奖，还得从教育抓起 [N]. 环球时报，2009 - 10 - 26.

们必须也应该让学生明了什么是真正的学术创新。"眼高"未必能够"手高"，但"眼低"则必然"手低"。

抱持实事求是的态度看待创新，有一种观点认为："创新是多方面的，有理论创新、技术创新、方法创新；创新是多层次的，有国际领先、国内领先、行业领先"。[①] 还有一种观点将创新区分为"原始性创新"和"继承性创新"。"原始性创新就好比你建造了一座新的大厦；而继承性创新，好比别人已将大厦建了，你再在大厦上安上一道漂亮的窗子"。[②] 这些观点是比较客观的。

苏东坡说过，诗至于杜子美（杜甫），文至于韩退子（韩愈），书至于颜鲁公（颜真卿），画至于吴道子，而古今之变，天下能事鲜矣！苏东坡对诗文书画的评价多少绝对了些。对创新的评价应该有具体时空环境和约束条件。一定时期内的领先就是创新；一定范围内的领先就是创新；在当今科学分工越来越细化的时代背景下，在某个问题甚或在某个问题的某一个方面研究上的领先也是创新。

对于经济学和金融学研究水平相对落后的我国而言，博士、硕士学位论文做些踏踏实实的"继承性创新"，达到理论、技术、方法等方面的国际、国内、行业领先水平是值得追求也是可能实现的目标。一切渴望创造、有志于攀登科学高峰的青年学子应该有这样的学术勇气和学术目标。

说到底，博士、硕士论文的评价标准是其创新程度及其论证水平。有无创新关乎一篇博士、硕士论文能否成立；创新的论证水平则决定创新是否真实可信。

2. 博士学位论文评价的中国实践。1980 年 2 月 12 日，第五届全国人民代表大会常务委员会第十三次会议通过的《中华人民共和国学位条例》第六条规定："高等学校和科学研究机构的研究生，或具有研究生毕业同等学力的人员，通过博士学位的课程考试和论文答辩，成绩合格，达到下述学术水平者，授予博士学位：

---

① 《学位与研究生研究》编辑部. 导师论导——研究生导师论研究生指导［M］. 北京：北京理工大学出版社，2008：370.

② 《学位与研究生研究》编辑部. 导师论导——研究生导师论研究生指导［M］. 北京：北京理工大学出版社，2008：346.

（一）在本门学科上掌握坚实宽广的基础理论和系统深入的专门知识；

（二）具有独立从事科学研究工作的能力；

（三）在科学或专门技术上做出创造性的成果。"

1982 年 5 月 20 日国务院批准的《中华人民共和国学位条例暂行实施办法》第十三条规定：博士学位论文应当表明作者具有独立从事科学研究工作的能力，并在科学或专门技术上做出创造性的成果。

应该说，我国学位条例及其暂行实施办法的这些规定，是制定博士学位论文评价体系的权威标准或重要依据。但上述学位条例及其暂行实施办法的规定内容都比较笼统、抽象，不太好把握，也缺乏实践性和操作性，只是指出了原则、方向。① 比如，学位条例中第一、二条要求"在本门学科上掌握坚实宽广的基础理论和系统深入的专门知识；具有独立从事科学研究工作的能力"还都必须体现第三条要求"在科学或专门技术上做出创造性的成果"上。而"在科学或专门技术上做出创造性的成果"还得进一步通过已发表论文和博士学位论文本身体现。说到底，已发表论文（答辩条件）和博士学位论文本身是可评价的依据和载体。

为了提高博士研究生培养质量，我国博士生培养单位都制定了本单位的博士学位论文评价体系，并通过专家明审或盲审的手段，对答辩前的博士学位论文进行评价。国务院学位办、部分省学位办也采用不同的博士学位论文评价体系，对已通过答辩的博士学位论文进行抽检。这种评价和抽检手段，对确保博士学位论文质量起到了很好的作用。

管祎、夏品奇花费了巨大精力，收集了我国 56 所设有研究生院的高校当中的 46 所研究生院的博士学位论文评价体系，对其评价内容进行了详尽的统

---

① 正因为学位条例及其暂行实施办法只是指出了原则、方向，规定的内容都比较笼统、抽象，不好把握，才使得有人认为要求博士生发表论文是"土政策"、"博士生被迫增加学术'产能'，导师也不得不帮助博士生疏通关系发表论文。这毫无疑问助长了粗制滥造、抄袭剽窃、买卖造假等学术不正之风，严重危害了学术的健康发展""大学'博士学位挂钩论文'的'土政策'是对'独立研究能力'、'创造性成果'的粗糙量化，隐含着一种简单粗放的'学术 GDP'思维"、"'博士学位挂钩论文'当休"，云云（参见 2012 年 7 月 23 日《光明日报》）。对上述观点，我个人不敢苟同。博士生不发表学术论文，如何体现学术水平？要博士生发表论文就助长了粗制滥造、抄袭剽窃、买卖造假等学术不正之风，严重危害了学术的健康发展也断难成立。因为两者之间没有必然的内在逻辑关系。发表论文者非特博士生而已。要博士生发表论文和学术环境的治理完全可以并行不悖。

计。为我们了解我国高校博士学位论文评价体系提供了便利。① 其具体统计结果，见表 13 - 1。

表 13 - 1　我国 46 所研究生院高校博士学位论文评价体系的统计结果

序号	评价内容	统计数量（个）
1	论文选题	44
2	文献综述	42
3	创新性	38
4	论文写作	38
5	基础理论与专门知识	36
6	独立从事科研的能力	35
7	研究成果	24
8	学风	9
9	论文难度和工作量	5
10	学术道德	4
11	写作能力	3
12	写作规范	3
13	学术价值及应用价值	3
14	理论与实践	2
15	业务水平	2
16	数据处理及分析论证	2
17	理论性	2
18	系统性	2
19	正确性	2
20	实用性	2
21	综合分析能力	2
22	论文表达与提炼能力	2
23	实验或计算能力	2

① 管祎，夏品奇. 博士学位论文评价体系的统计分析与合理制定 [J]. 学位与研究生教育，2010（5）.

序号	评价内容	统计数量（个）
24	知识与能力	2
25	论文成果产生的效果	1
26	学术水平	1
27	论文水平	1
28	中文表达水平	1
29	英文表达水平	1
30	对论文总体评价	1

在我国46所研究生院高校博士学位论文评价体系中，有30个评价体系要求对各项评价内容或评价指标进行打分，分数越高，则评价越好；其余16个评价体系只进行优、良、中、差（或A、B、C、D）的定性评价。从表13－1的统计结果来看，这46个评价体系所涉及的评价内容多达30项，比较分散。但评价内容中的论文选题、文献综述、创新性、论文写作、基础理论与专门知识、独立从事科研的能力、研究成果等出现的频率相对较高，都超过了20次，其中前6项评价内容更是达到或超过了35次。从统计数量上，已很能说明这46所研究生院对博士学位论文选题、文献综述、创新性、论文写作、基础理论与专门知识、独立从事科研的能力、研究成果等各项评价内容的重视程度。这些考察点可为研究生撰写学位论文提供启示和努力的方向。

为了使研究生进一步清晰地了解博士、硕士学位论文的写作要求和评价标准，特列示中国科学院、清华大学、上海交通大学、西安交通大学、中国人民大学、中山大学的博士论文评审标准（见附录2）。

就已有材料看，尽管各学位授予单位在评价标准的表述方面有些许差异，但博士、硕士学位论文的评价标准或考察点无一例外地集中于论文选题、文献综述、研究成果（成果的创新性）、业务水平（理论基础与专业知识）、学风与写作水平等五个方面。对这五个方面，研究生应有清楚的认识并在学位论文写作中给予高度重视。

3. 学位论文与一般学术论文的区别。学位论文与一般学术论文既有联系，更有本质的区别。这种区别具体体现在写作目标、写作要求、读者对象和评价标准四个方面。

很显然，研究生学位论文的写作目标是通过答辩取得学位，此与一般学术论文写作的期刊发表目标是完全不同的。

研究生学位论文的写作要求是双重的：既要体现作者在自己所学专业领域的深厚学术背景和学术修养，又要反映作者的专业学术水平。当然，深厚的学术背景和学术修养是通过论文的学术水平体现的。一般学术论文的写作要求相对简单，仅体现学术水平，达到期刊发表要求即可。

研究生学位论文与一般学术论文的读者对象不同。前者读者对象为论文评阅教授和论文答辩委员会的专家学者；后者的读者对象是期刊编辑。现在，不少学术期刊引入了双盲审稿程序。在这种编辑模式下，论文盲评专家也是期刊论文的读者对象。

研究生学位论文与一般学术论文的评价标准亦不相同。研究生学位论文的评价标准是通过评"文"进而评"人"，考查论文作者是否应该授予相应学位；一般学术论文的评价标准相对单一，仅考查论文是否达到发表水平。

研究生学位论文与一般学术论文的区别见表 13 – 2。

表 13 – 2　　　　　　　研究生学位论文与一般学术论文的区别

	博士、硕士学位论文	一般学术论文
写作目标	通过答辩，取得学位	期刊发表
写作要求	双重要求：既体现学术水平，又要体现深厚的专业背景和学术修养	单一要求：体现学术水平
论文读者	论文评阅专家；答辩委员会专家学者	期刊编辑部编辑 论文评阅专家
评价标准	双重标准：通过评"文"进而评"人"	单一标准：评"文"

（二）论文答辩

1. 论文答辩的性质。研究生论文答辩是研究生学习阶段的最后一个环节。对论文作者而言，论文答辩是学习成果汇报；对答辩委员会而言，是对研究生学习成果的学术检阅。在答辩会上，答辩双方的地位并不平等。

2. 答辩稿的准备。论文答辩会上，论文作者要简要介绍自己的论文，主要是"精华"和"亮点"汇报。由此，答辩稿的准备要少而精，把自己学位论文最好的一面展示出来即可。答辩稿的写作要求是：体积小、密度大、硬度高。

3. 答辩应注意的问题。一是明确答辩目的。答辩的目的非常明确：通过答辩，取得学位。二是明确答辩的听众。有人认为"答辩是一场学术演讲"。① 这个看法是错误的。答辩的听众是答辩委员会的专家学者。因此，答辩不是讲课、不是讲演，而是学术成果汇报。这就要求答辩者谦虚谨慎，不可趾高气扬。当然，对自己经过艰苦努力取得的研究成果可以也应该有足够的自信。三是明确答辩的具体细节。对于答辩会的具体安排各学校可能有差别。但一般的程序是先由论文作者汇报论文；接下来是答辩委员会专家学者就论文提问；再由论文作者回答所提出的问题。需要注意的是，论文作者在回答问题时一定要简短有力，切中要害，直入本题；不可漫无边际，扯得太远。有些研究生甚至在回答问题中又自己给自己提出了问题。显然，这是非常不明智的。

4. 论文答辩的重要性。研究生学位论文答辩是神圣的。

对青年学子而言，生命历程中或许只有一次。因此，答辩者一定要倍加珍惜。作为研究生，能在自己学习生活的最后一个学习环节（学位论文答辩会上）接受自己热爱和崇敬的老一辈学者的学术检阅，得到点拨和教导自然是幸福的，是人生的快事之一。

作为老一辈学者能在学位答辩会上碰到才华横溢的青年学子，作为伯乐而识千里马也是令人非常愉快的事。因为"一篇好的论文，对教师也是有相当大的惠益的，它可以促使老师拓展、更新自己的知识和观念、了解专业领域的最新进展，或者直接挑战他既有的观点。这就是教学相长的一个方面。一所高水平的大学，优秀的老师固然对学生有积极的影响，优秀的学生对教师同样也有积极的影响。这也就是为什么优秀的学者要首先选择高水平的大学任教的一个缘故。如果一位老师长年累月地阅读低水平的论文，即使他原来很优秀，也容易变得平庸起来，从学术品位到精神气质，都会发生变化。"②

---

① 马草原. 学位论文答辩的道与术［J］. 中国研究生，2011（4）.

② 韩水法. 审阅博士论文杂感［N］. 中华读书报，2011-06-15.

至于当前某些走过场甚至存在不良风气的所谓学位论文答辩则是另类问题，溢出了本书的研究范围，姑且存而不论之。

本章小结

1. 摘要是论文的缩微版本。其主要内容是：研究问题的说明、创新点的介绍和研究方法的说明。撰写摘要需要注意的问题很多，主要有：不要长篇大论，铺陈太多；摘要不是论文目录；不要自我推销，用不当的形容词；创新点的介绍必须清晰、具体、实在，切忌空谈。

2. 绪论的内容主要包括：选题背景与研究意义；文献综述及其简要评论；研究内容及其框架；研究方法与可能的创新。

3. 理论模型是作者的研究假设，用简单的数学等式可表述为：理论模型＝学术观点＋概念化技术表现。主要包含两方面的内容：一是理论家关于研究对象的观点、看法；二是理论家对其观点、看法的概念化技术表现。理论模型具有多种表现形式，如文字、图表、曲线、数学方程式等。

4. 实证分析应该包括两方面的内容：一是逻辑实证或理论实证，即要证明理论模型内在逻辑上具有一致性，也就是理论模型内部必须是自洽的；二是经验实证，就是要用实证统计材料，经验地检验理论模型与理论模型所解释的经济现象之间是否吻合。

5. 研究结论主要总结研究论文的主要内容，也就是自己的工作特别是自己具有创新价值的工作。研究结论最好条陈，其表述要求具体、准确、规范、清晰。

5. 参考文献是研究论文特别是博士、硕士论文的重要组成部分。参考文献清单应与论文正文中的引用一一对应，不多不少，完全匹配。

7. 评价学位论文的标准主要在于论文有无创新以及创新的高度。

3. 学位论文与一般学术论文既有联系，更有本质的区别。这种区别具体体现在写作目标、写作要求、读者对象和评价标准四个方面。

第十四章 结束语：
金融研究逻辑的哲学反思

太上有立德，其次有立功，其次有立言，虽久不废，此之谓不朽。

——左丘明《左传》

经济学家以及政治哲学家之思想，其力量之大，往往出乎常人意料。事实上统治世界者，就只是这些思想而已。许多实行家自以为不受任何学理之影响，却往往当了某个已故经济学家之奴隶。狂人执政，自以为得天启示，实则其狂想之来，乃得自若干年以前的某个学人。①

——（英）凯恩斯

高深的见解像一只被追赶的野兔，如果你站在原地或其附近，可以确信它会绕一个圆圈又回到你的身旁。②

——（英）罗伯逊

经济学是科学，也是艺术。③

——（美）萨缪尔森

本书第一章绪论主要探讨了金融理论与金融实践的关系、金融研究过程与金融论文写作的关系、金融研究方法论的地位与作用等，为探讨金融研究

---

① （英）凯恩斯. 就业、利息和货币通论 [M]. 徐毓枬译. 北京：商务印书馆，1983：330.
② （英）布赖恩·斯诺登，霍华德·文，彼得·温纳齐克. 现代宏观经济学指南——各思想流派比较研究引论 [M]. 苏剑，朱泱，宋国兴，苏英姿译. 北京：商务印书馆，1998：225.
③ （美）萨缪尔森. 经济学（上册）[M]. 北京：商务印书馆，1979：23.

方法和金融论文写作奠定必要的宏观理论基础。第二、第三、第四章是基础理论部分，着重探讨了经济学的历程、研究者的学养、继承与创新等。第五、第六、第七、第八、第九、第十章是研究方法论，主要探讨金融研究过程的构成要素，包括选题、材料的搜集与整理、主题与创新点的提炼、理论模型、论证方法、结构与语言等。第十二、十三章是写作方法论，主要探讨金融论文写作的方法与规律，包括金融研究论文的摘要、绪论、文献综述、研究结论以及论文评价等。在此，我们稍微溢出金融研究逻辑的范围，以"金融研究逻辑的哲学反思"作为全书的结束语。

1. 经济学家最受用的话：经济学是社会科学皇冠上的明珠；金融学者常常自夸：金融学是社会科学皇冠明珠上璀璨的宝石。然而，凯恩斯却说："自马尔萨斯以来，职业经济学家虽然并不因理论与事实不符，而有动于中，但常人却已觉察到这种不符情形，结果他们逐渐不愿意对经济学家，像对其他科学家那样尊敬。"[1] "各种社会科学皆然，经济学尤其如此，因为我们往往不能以一己思想，以逻辑的或实验的方法，作决定性的试验。"[2] 显而易见，经济学家和金融学家的良好感觉与凯恩斯所描述的现象之间，无疑存在着巨大的叉差。经济学研究对象的复杂性，经济学研究方法的相对不成熟性，决定了经济学本身作为一门学科的不精确性或者难以精确性。此抑或正是萨缪尔森定性"经济学是科学，也是艺术"之原因。

2. 金融研究方法是金融研究者利用金融认识中介，作用于金融研究对象，取得金融研究成果的方式和途径；金融论文写作则是金融研究成果的"再现"过程。金融研究的逻辑或方法论则是对金融研究方法的哲学反思。金融研究方法论在金融学科建设中具有重要的地位，它是金融学科体系（本体论、认识论、方法论）不可分割的有机组成部分之一。就我国甚至全球而言，金融学科体系建设是相对落后的。一个简单的事实是：我们目前尚没有建立起像历史学科那样由"历史学的本体论""历史学的认识论""历史学的方法论"那样结构完整、逻辑严谨的"金融学的本体论""金融学的认识论"和"金

---

① （英）凯恩斯．就业、利息和货币通论［M］．徐毓枬译．北京：商务印书馆，1983：32.
② （英）凯恩斯．就业、利息和货币通论［M］．徐毓枬译．北京：商务印书馆，1983：3.

融学的方法论"那样博大精深的金融学科体系。我国甚至全球金融学的学科建设仍然缺乏"金融学的认识论"和"金融学的方法论"这两个金融理论体系和金融学科体系当中不可缺失的重要组成部分。

3. 人类需要亚当·斯密、凯恩斯和熊彼特那样的天才经济学家，提出划时代的、开创性经济学思想（《国民财富的性质和原因的研究》《就业、利息和货币通论》《经济发展理论》）；同时也需要暂时地停下脚步，由约翰·S. 穆勒、马歇尔、萨缪尔森那样的集大成者进行经济学的全面系统的综合（《政治经济学原理及其在社会哲学上的若干应用》《经济学原理》《经济学》）；由约翰·内维尔·凯恩斯、熊彼特、马克·布劳格、丹尼·罗德里克那样的长于方法论方面的经济学家进行经济学方法论的归纳和总结（《政治经济学的范围与方法》《经济分析史》《经济学方法论》《经济学规则》）。正是这些"创新""综合""方法"构成了人类经济思想史奔腾不息的长河。

4. 经济运行是川流不息的过程，经济问题总是变动不居、层出不穷的。不同的国家、同一国家不同的历史时期都有自己所面临的经济问题；经济学理论和研究方法却是相对稳定的。每一代经济学家都用相同或有所改进的方法在已有理论基础之上研究自己所处时代的新问题或老问题的新的发展形式。因此，经济学理论本身无所谓"西方""东方"，也没有与"西方经济学"相对应的"东方经济学"以及"南方经济学""北方经济学"，也就是无论东、西、南、北。"研究对象"和"研究方法"的相同性或相似性——经济运行及其规律、科学抽象法——决定了人类只有一套经济学理论。至于经济学理论的具体应用，不同的国家、同一国家不同的历史时期则完全可以有所区别、有所不同。换句话说，经济学理论必须讲"国际性""普遍性""统一性"，经济政策倒可以因地制宜、因时制宜地讲"国别性""特殊性""差别性"。因此，要建立一门富有中国特色的、独立于西方的经济学潮流之外的中国的经济学恐怕只能徒劳而无功。

5. 英国是人类经济学的故乡。英国古典政治经济学博大精深，是马克思主义经济学和当代西方之经济学各流派的共同发源地。[①] 马克思主义经济学和

---

① 方福前．当代西方经济学主要流派（第二版）[M]．北京：中国人民大学出版社，2014：4.

当代西方之经济学各流派的经济思想，都能够从英国古典政治经济学大师的思想体系中觅得踪迹：众所周知，马克思的劳动价值学说直接来源于威廉·配第、亚当·斯密和大卫·李嘉图；20世纪60年代兴起、70年代和80年代前期流行一时的货币主义直接来源于传统货币数量论，它承续传统货币数量论的分析方法，并倡导经济生活的自由放任；新古典宏观经济学（货币主义与理性预期学派的混合物）遵循古典政治经济学的传统，强调宏观经济学要建立在坚实的微观经济学基础特别是理性预期假说之上，相信市场力量的有效性，坚持市场机制自发挥调节作用能够解决宏观均衡问题；哈耶克（有人将其归入奥地利学派）完全遵从古典学派的自由放任传统，认为货币政策乃是萧条的根源，因而强烈主张货币的非国家化，主张废除中央银行和政府货币垄断权，实现充分的货币竞争。他认为"货币政策既不是可欲的，也是不可能的"。① 应该说，哈耶克为了自己的经济理论具有内在逻辑上的一致性，将自由放任传统进行到底了；熊彼特（有些书也将其归入奥地利学派）表面上批判资本主义，实际上对资本主义经济制度满腔热忱，其看法远比凯恩斯更积极，更有信心，他认为"创造性毁灭"正是资本主义发展的存在方式，实际上更接近古典学派的传统精神；就连公开反对古典学派，并以凯恩斯革命虎炳史册的凯恩斯本人也对古典学派理论一往情深、难舍难分，继承和扬弃杂然并陈："我们大多数都是在旧说下熏陶出来的。旧说已深入人心。所以困难不在新说本身，而在摆脱旧说"；② "本书（指《就业、利息和货币通论》——引者注）之作，对于作者是个长期的挣扎，以求摆脱传统的想法与说法"；③ "我们对于经典学派理论之批评，倒不在发现其分析有什么逻辑错误，而在指出该理论所根据的几个暗中假定很少或从未能满足，故不能用该理论来解决实际问题。但设实行管理以后，总产量与充分就业下之产量相差不远，则从这点开始，经典学派理论还是对的。"④ 一本《就业、利息和货币通论》，凯恩斯实际上经历了艰难的从左到右的逐步转向。到了晚年，凯恩斯

① （英）弗里德里希·冯·哈耶克. 货币的非国家化［M］. 姚中秋译. 北京：新星出版社，2007：114.

② （英）凯恩斯. 就业、利息和货币通论［M］. 徐毓枬译. 北京：商务印书馆，1983：3.

③ （美）克莱因. 凯恩斯的革命［M］. 薛蕃康译. 北京：商务印书馆，1962：7.

④ （英）凯恩斯. 就业、利息和货币通论［M］. 徐毓枬译. 北京：商务印书馆，1983：326.

的思想愈加保守，因而以研究和发展凯恩斯经济学著称于世并命名了"凯恩斯革命"（1950）的劳伦斯·克莱因的——"凯恩斯始终是个古典经济学家"①——这句话还是十分中肯的。在这种意义上可以说，英国古典政治经济学无疑是一切经济学之源头和哲学基础。进一步讲，英国古典政治经济学是"源"，其余都是"流"。

6. 中国学术传统中，一贯强调士子的才、学、识、德四个方面的素质修养。笔者个人理解，"才"主要体现为研究者的天赋和抽象思维能力；"学"体现为研究者的读书量和知识积累；"识"是统驭"才"和"学"的能力，体现为研究者的洞察力和将知识转化为能力的能力，有效配置"才"和"学"的能力；"德"主要是对研究者个人在品质上的要求，此关乎治学的境界和目的，关乎治学的气度和格局。若以经济学为例，我们可以看到下列图景：18 世纪全球经济学的伟大学者中，亚当·斯密自然是"王中之王"，他的"才"聚集于鸿篇巨著《国民财富的性质和原因的研究》中。现在全世界几乎所有的国家和地区（当然也有个别例外）都奉行市场经济体制，这让人们不能不承认亚当·斯密的伟大绝伦；熊彼特和凯恩斯无疑是 20 世纪全球经济学"双子星座"。熊彼特学养独步天下，一部《经济分析史》前无古人，可能也后无来者。熊彼特之"学"是所有与他同时代的经济学家都难以企及的；凯恩斯之"识"，又是同时代的其他所有经济学家难以望其项背的。不错，时势造英雄。但 20 世纪 30 年代的大危机是全球经济学家所共同面对的严酷现实，却只有凯恩斯提出了有效需求原理，推导出国家干预（通过两大需求管理政策即财政政策和货币政策实现）的对策，进而出版了划时代的《就业、利息和货币通论》，一举开创了宏观经济学的先河。② 这应该是"识"的力量的高度体现。才、学、识、德四个方面的素质修养具体到金融研究过

---

① （英）凯恩斯. 就业、利息和货币通论［M］. 徐毓枬译. 北京：商务印书馆，1983：326.

② 本来，美国是 20 世纪 30 年代大危机的爆发地，应该说，当时的美国经济学家最先身处危机之中，也就是说美国经济学家最先接触到研究对象。但是，却没有哪位美国经济学家能够像凯恩斯那样，率先提出有价值的理论和对策。这就让人不得不服气英国的确是经济学的故乡，英国经济学家在经济学说史当中的地位（就像希腊之于奥林匹克一样）是无可动摇的。当然，美国率先实施"罗斯福新政"，最早实施凯恩斯主义调控政策（对此，经济学界尚有争议，但不影响我们这里的讨论议题）。不过，那是政策实践方面的事情，与经济学理论是两码事。

程和金融论文写作，则是：选题体现"识"；材料积累体现"学"；主题的提炼、结构与语言体现"才"；论文的学风体现"德"。

7. 经济学理论的内在一致性是由其研究对象的同一性（经济运行及其规律）决定的。基此，不同的经济学流派之间的所谓对立，并不是完全针锋相对的，而只是相对的，甚至是相互贯通的，往往你中有我，我中有你。否则，各个学派就不可能成为统一的经济学理论体系的一部分。如果凯恩斯没有继承古典学派的任何东西，他的经济学理论会是另一套全新的、完全有别于古典学派经济学的、为人们所不能理解的东西，就不会为古典学派以及其他学派所承认；菲利普斯曲线就其性质而言无疑是古典学派经济学的（尽管它提出并完善于凯恩斯革命之后的 1958 年和 1960 年），其具体内容是推导工资（后来是物价）和失业的关系，之所以能够被纳入凯恩斯的宏观经济学当中，当作说明凯恩斯经济学内容的东西，亦说明凯恩斯经济学和古典经济学有某种兼容性，是开放的体系。

8. 经济理论既是世界观，又是方法论。熊彼特说过："经济理论并不是一批政治处方；借用琼·罗宾逊夫人的一句中肯的话来说，它乃是一箱分析工具。"[①] 此与 1885 年马歇尔在剑桥大学就职演说《经济学现状》中的一句名言——"经济理论并不是普遍真理，而是可以用来发现某一类真理的通用机器"[②] ——一脉相承，含义相同。套用一句中国习语则是"英雄所见略同"。

9. 经济问题研究完全不同于经济学研究。经济问题研究讲的是对实际经济问题的看法；经济学研究是将实际经济问题转化为科学命题，将经济问题的研究上升到经济学范畴的层次，在范畴层面展开理论逻辑的运动，通过对范畴的研究实现对现实经济问题的把握。经济问题研究是"平面"的、单一的过程；经济学研究则是"立体"的，它有一个"双重的"从具体到抽象的研究过程和从抽象到具体的叙述过程。对此，马克思的《资本论》是一个经

① （美）约瑟夫·熊彼特. 经济分析史（第二卷）［M］. 杨敬年译. 北京：商务印书馆，1991：148.

② （美）约瑟夫·熊彼特. 经济分析史（第三卷）［M］. 朱泱，易梦虹，李宏，陈国庆，杨敬年，陈锡龄译. 北京：商务印书馆，1994：299 页注①.

典案例。众所周知,《资本论》的研究对象是"资本主义生产方式以及和它相适应的生产关系和交换关系"。① 但是,在《资本论》当中马克思并没有具体讲资本主义生产方式是什么,资本主义生产关系是什么,资本主义交换关系又是什么,而是通过研究作为资本主义生产关系的理论表现的一系列经济范畴——商品、使用价值、价值、具体劳动、抽象劳动、私人劳动、社会劳动、个别劳动时间、社会必要劳动时间、货币、资本、不变资本、可变资本、固定资本、流动资本、剩余价值、剩余价值率、绝对剩余价值、相对剩余价值、超额剩余价值、资本有机构成、资本技术构成、资本价值构成、资本积累、资本的循环、资本的周转、个别资本、社会总资本、利息、利息率、利润、利润率、超额利润、平均利润、平均利润率、产业利润、商业利润、借贷利息、地租等——完成对研究对象"资本主义生产方式以及和它相适应的生产关系和交换关系"的解析。这种研究方法就是科学抽象法。用马克思自己的话说就是:"分析经济形式,既不能用显微镜,也不能用化学试剂,二者都必须用抽象力来代替。"②

10. 经济学研究就是构建理论模型,理论模型是帮助我们了解社会经济现象的工具。按照熊彼特的观点,理论模型的内涵包括两个方面,即理论模型 = 学术观点 + 概念化艺术表现。理论模型具有多种表现形式,如文字、图表、曲线、数学方程式等。构建理论模型的途径和方法是一个密不可分的、次第推进的逻辑链条:依据直觉发现有价值的经济现象(研究对象)—经济现象(研究对象)范畴化—经济范畴变量化—经济变量模型化—解释变量统计变量化—从解释变量中寻找外生变量—明确界定理论模型的约束条件—依据外生变量提出解决问题的方法。在八个环节中,依据直觉发现有价值的经济现象(研究对象)是研究过程的起点,能否找到有价值的研究对象即问题,取决于研究者的学术眼光和理论修养;经济现象(研究对象)范畴化、经济范畴变量化、经济变量模型化是将现实问题转化为科学命题;解释变量统计变量化、从解释变量中准确识别出外生变量、明确界定理论模型的约束条件

① 马克思. 资本论(第一卷)[M]. 北京:人民出版社,1975:8.
② 马克思. 资本论(第一卷)[M]. 北京:人民出版社,1975:8.

是理论联系实际的关键；依据外生变量提出解决问题的方法是构建理论模型和经济学科学研究的目的。由于理论是信息节约的工具，理论模型并不是越复杂越好，而要尽可能地简化，限制条件要尽可能地少。理论模型越简单，解释力越强大，适用性越广泛，约束条件越少，其价值就越大。当然，最杰出的处于顶端的经济学家并不依赖严格的理论模型思维，一般经济学家却只能依赖理论模型思考。斯坦利·费希尔在回答采访时曾明确指出："我认为经济学界运行的方式是，在顶端有一个小群体，他们拥有极好的直觉，依据他们的直觉就可以无须规范模型而运行了。下来是经济学界的大多数人，他们必须被教会用规范模型思考。"①

11. 经济学研究最重要的前提是寻找有价值的经济现象（或经济事实），对之进行整理、加工，"去粗取精，去伪存真"并上升到理论模型的高度，从而将经济问题转化成科学命题，让研究过程在范畴的基础上展开运动，最后完成对研究对象的准确把握。当然，经济学研究成果要走进教科书（成为经典讲授内容）、走进经济学说史（成为一家之言）而名垂千古，就需要像恩格尔定理、IS－LM曲线、菲利普斯曲线、拉弗曲线等那样的能够超越国家、民族的局限而具有普世之价值。当今欧美经济学家之所以玩弄复杂、精致的经济学计量模型，原因之一就是经过二百多年的经济学研究历程，现在已经很难找到没人耕耘过的处女地了，没有有价值的新的研究对象（经济现象）了，所以他们才不得不在计量模型上比高下。此亦是20世纪60—70年代西方之经济学家将目光转向国外，不得不远离研究对象开始研究发展中国家的经济问题（所谓发展经济学）的缘由之一。我国经济学界也盛产无病呻吟的"四不像"（经济学家认为不是经济学、数学家认为不是数学）的计量模型，这可能与盲目追随西方，与西方的所谓"接轨"有关。

12. 评价经济学理论优劣的标准，不在其数学模型的高深和华丽，而在于其理论模型的"自洽"和"外洽"程度或"内部效度"和"外部效度"。"自洽"或"内部效度"是指理论内部应该蕴藏有强有力的逻辑力量；"外

---

① （英）布赖恩·斯诺登，霍华德·文，彼得·温纳齐克. 现代宏观经济学指南——各思想流派比较研究引论 [M]. 苏剑，朱泱，宋国兴，苏英姿译. 北京：商务印书馆，1998：46－47.

洽"或"外部效度"则是指理论与其所解释的现实之间的吻合程度。经济学理论的解释力越强大，适应性越广泛，就越有"解释功能"方面的价值。若能进一步从经济学理论模型的解释变量中找到外生变量并依据外生变量提出解决问题的方法，理论模型就在"解释功能"的基础上，又进一步增加了"政策功能"。具有双重的"解释功能"和"政策功能"的理论模型，便可以理论联系实际地"认识世界"进而"改造世界"。不言而喻，具有"政策功能"的经济理论就是中国传统中所谓的经世致用之学了。其价值或许更大些。相反，若一种经济学理论或理论模型不"自洽"或缺乏"内部效度"，则理论模型不成立，从而也就不需要探究其是否"外洽"及其"外部效度"了。此时，经济研究过程只能劳而无功，宣告结束或另起新的炉灶开启新的研究历程。

13. 关于做学问的境界，冯友兰先生有名言"照着讲"（继承，初级水平）和"接着讲"（创新，高级水平）；① 林毅夫教授有"经济学教授"（高水平继承）、"经济学家"（继承基础上有创新）、"经济学大师"（一系列创新成果的体系化）三个层次的区分；② 唐双宁先生有"把简单问题说简单是初级水平，把复杂问题说复杂是中级水平，把复杂问题说简单是高级水平，把简单问题说复杂是没有水平"③ 的论断；在我看来则是"浅入浅出没学问（但诚实而不失可爱）、浅入深出假学问（装腔作势，故弄玄虚，令人恶之）、深入深出欠学问（有学问但火候不够）、深入浅出大学问（有高深的学问，有优秀的表达）"。

14. 在具有相同经济学理论素养的前提条件下，一位经济学家的文史哲素养越高，他（她）取得经济学研究成就的可能性就越大，这就是"博"的力量。熊彼特之所以能够完全不依傍凯恩斯经济学，独辟蹊径并取得举世瞩目的巨大经济学成就，与其超人的"博"自然关系极大。反过来，一位经济学家的其他领域的专长也可能成就他（她）的经济学研究，这又可能是"约"的力量在发挥作用。熊彼特曾经说过，马歇尔的数学才能成就了马歇尔，使

① 冯友兰. 中国现代哲学史 ［M］. 北京：生活·读书·新知三联书店，2009：85、161、185.
② 林毅夫. 论经济学方法 ［M］. 北京：北京大学出版社，2005：3.
③ 唐双宁. 文风上品是雅洁 ［N］. 读书，2013（7）.

他将斯密、李嘉图和穆勒的古典经济学发展为新古典经济学："重要之点是，不仅他（指马歇尔——引者注）的特殊的数学才能对于他在经济理论领域中的成就是有利的，而且是由于数学分析方法的实际运用才产生了这一成就；而且把斯密—李嘉图—穆勒的资料转变为现代研究机器，如果没有数学分析方法，也是难以完成的。"①

15. 一般而言，绝大多数有成就的经济学家在其晚年，都自觉不自觉地回归到经济思想史（约瑟夫·熊彼特可能就是其中的一个最典型的例子）。当然，也有人甚至大部分人却在现实问题中打滚了一辈子，浅薄而不自知。推而广之，一切社会科学领域甚至自然科学领域的伟大科学家终其一生的努力，最终的结果都会回归哲学，完成从"约"到"博"的飞跃，实现由"形而下"上升到"形而上"的回溯。当然，他们也会努力地将自己终生的研究成果统一到一个富有内在逻辑的有机框架内，形成自己独特而有价值的思想体系，从而进入人类思想史的令人尊崇的"凌烟阁"。播种于"五湖四海"、热衷于赶时髦者，其研究成果纵然多达千篇万篇，却因其成果的"碎片化"而无法实现思想成果的体系化（甚至有人因"墙头草"地赶时髦、出风头以致观点前矛后盾而不敢印论文集）。这对于一个有追求的学者而言，自然是一种难以言说的悲哀。

16. 经济思想的力量或者"立言"的无形力量，自然是十分巨大的，甚至是穿越时空的。对此，凯恩斯有言："经济学家以及政治哲学家之思想，其力量之大，往往出乎常人意料。事实上统治世界者，就只是这些思想而已。许多实行家自以为不受任何学理之影响，却往往当了某个已故经济学家之奴隶。狂人执政，自以为得天启示，实则其狂想之来，乃得自若干年以前的某个学人。"②

---

① （美）熊彼特. 从马克思到凯恩斯十大经济学家［M］. 宁嘉风译. 北京：商务印书馆，1965：99.

② （英）凯恩斯. 就业、利息和货币通论［M］. 徐毓枬译. 北京：商务印书馆，1983：330.

附录1

历届诺贝尔经济学奖获得者

获奖年份	获奖者	国别	主要贡献
1969	拉格纳·弗里希（Ragnar Frish） 简·丁伯根（Jan Tinbergen）	挪威 荷兰	计量经济学研究
1970	保罗·萨缪尔森（Paul Samuelson）	美国	数量经济学和凯恩斯经济学
1971	西蒙·库兹涅茨（Simon Kuznets）	美国	国民收入核算
1972	约翰·希克斯（John R. Hicks） 肯尼斯·阿罗（Kenneth Arrow）	英国 美国	宏观经济理论 福利经济学
1973	华西里·里昂惕夫（Wassily Leontief）	美国	投入—产出分析
1974	弗里德里希·冯·哈耶克（Friedrich von Hayek） 冈纳·缪尔达尔（Gunnar Myrdal）	英国 瑞典	货币理论和政治经济学 宏观经济学和制度经济学
1975	佳林·库普曼斯（Tjalling Koopmans） 列昂尼德·康托罗维奇（Leonid Kantorovich）	美国 苏联	线性规划

获奖 年份	获奖者	国别	主要贡献
1975	米尔顿·弗里德曼（Milton Friedman）	美国	货币理论；政治经济学
1977	詹姆斯·米德（James Meade） 伯特尔·俄林（Bertil Ohlin）	英国 瑞典	国际贸易理论
1978	赫伯特·西蒙（Herbert Simon）	美国	管理行为；理性
1979	阿瑟·刘易斯（W. Arthur Lewis） 西奥多·舒尔茨（Theodore Schultz）	美国/英国 美国	发展经济学 农业；人力资本
1980	劳伦斯·克莱因（Lawrence Klein）	美国	计量经济学预测
1981	詹姆斯·托宾（James Tobin）	美国	宏观经济学和金融经济学
1982	乔治·斯蒂格勒（George Stigler）	美国	产业组织；信息经济学
1983	杰拉德·德布鲁（Gerald Debreu）	美国	福利经济学
1984	理查德·斯通（Richard Stone）	英国	国民收入核算
1985	弗兰科·莫迪利安尼（Franco Modigliani）	美国	储蓄理论
1986	詹姆斯·布坎南（James Buchanan）	美国	公共选择
1987	罗伯特·索洛（Robert Solow）	美国	增长理论
1988	莫里斯·阿莱斯（Maurice Allais）	法国	公共部门定价
1989	特里夫·哈维莫（Trygve Haavelmo）	挪威	计量经济学
1990	威廉·夏普（William Sharp） 默顿·米勒（Merton Miller） 哈里·马柯维茨（Harry Markowitz）	美国	金融经济学
1991	罗纳德·科斯（Ronald Coase）	美国	产权；组织理论
1992	加里·贝克尔（Gary Becker）	美国	人力资本；歧视；家庭行为

获奖 年份	获奖者	国别	主要贡献
1993	罗伯特·福格尔（Robert Fogel） 道格拉斯·诺斯（Douglass North）	美国	经济史 经济史；制度 分析
1994	约翰·纳什（John Nash） 约翰·海萨尼（John Harsanyi） 莱因哈特·泽尔滕（Reinhard Selten）	美国 美国 德国	博弈论
1995	罗伯特·卢卡斯（Robert Lucas）	美国	宏观经济学
1996	詹姆斯·莫里斯（James Mirrless） 威廉·维克瑞（William Vickrey）	英国 美国	微观经济学
1997	罗伯特·默顿（Robert Merton） 迈伦·斯科尔斯（Myron Scholes）	美国	金融经济学
1998	阿马蒂亚·森（Amartya Sen）	印度	发展经济学；收 入分配
1999	罗伯特·蒙代尔（Robert Mundell）	美国	开放的宏观经济 模型；最优货币 区理论
2000	詹姆斯·海克曼（James Heckman） 丹尼尔·麦克法登（Daniel McFadden）	美国	微观计量经济学
2001	约瑟夫·斯蒂格利茨（Joseph Stiglitz） 迈克尔·斯彭斯（Michael Spence） 乔治·阿克洛夫（George Akerlof）	美国	信息不对称市场 研究
2002	丹尼尔·卡尼曼（Daniel Kahneman） 弗农·史密斯（Vernon L. Smith）	美国	心理和实验经 济学
2003	罗伯特·恩格尔（Robert F. Engel） 克莱夫·格兰杰（Clive W. J. Granger）	美国 英国	时间序列分析

获奖年份	获奖者	国别	主要贡献
2004	芬恩·基得兰德（Finn E. Kydland） 爱德华·普雷斯科特（Edward C. Prescott）	挪威 美国	实际的经济周期理论
2005	托马斯·克罗姆比·谢林（Thomas Crombie Schellin） 罗伯特·约翰·奥曼（Robert John Aumann）	美国/以色列 美国	博弈论
2006	埃德蒙德·费尔普斯（Edmund Phelps）	美国	宏观经济学
2007	莱昂尼德·赫维奇（Leonid Hurwicz） 埃里克·马斯金（Eric S. Maskin） 罗杰·B. 迈尔森（Robert B. Myerson）	美国	机制设计理论
2008	保罗·克鲁格曼（Paul Krugman）	美国	国际经济学
2009	奥利弗·威廉姆森（Oliver E. Williamson） 艾利诺·奥斯特罗姆（女，Elinor Ostrom）	美国	经济治理
2010	彼得·戴蒙德（Peter A. Diamond） 戴尔·莫滕森（Dale T. Mortensen） 克里斯托弗·皮萨里季斯（Christopher A. Pissarides）	美国 美国 英国/塞浦路斯	宏观经济学
2011	克里斯托弗·西姆斯（Christopher A. Smis） 托马斯·萨金特（Thomas J. Sargent）	美国	宏观经济学
2012	埃尔文·罗斯（Alvin Roth） 罗伊德·沙普利（Lloyd Shapley）	美国	市场设计
2013	尤金·法玛（Eugene F. Fama） 罗伯特·希勒（Robert J. Shiller） 拉尔斯·汉森（Lars Peter Hansen）	美国	资产价格的实证分析
2014	让·梯若尔（Jean Tirole）	法国	微观经济学
2015	安格斯·迪顿（Angus Stewart Deaton）	美国/英国	对消费、贫困和福利的分析

附录1

续表

获奖 年份	获奖者	国别	主要贡献
2016	奥利弗·哈特（Oliver Hart） 本特·霍姆斯特罗姆（Bengt Holmstrom）	英国 芬兰	契约理论
2017	理查德·塞勒（Richard Thaler）	美国	行为经济学

附录 2

中国科学院研究生院博士学位论文评阅评分表

论文题目：_____

论文编号：_____

评价指标	评 分 参 考	满分	得分
论文选题	课题的理论意义或实用价值：包括对学科发展、经济建设、科技进步或社会发展的作用	15	
文献综述	对本研究领域文献资料的掌握程度 （1）对本课题的国内外研究动态的掌握是否全面及其评述是否恰当 （2）对本论文所要解决的问题的目的及意义是否有清楚的论述	15	
研究成果	（1）研究成果的理论意义或实用价值 （2）研究成果的创新性 （3）论文的难易程度及工作量 （4）研究方法的新颖性	40	
业务水平	（1）作者是否有独立从事科学研究工作的能力 （2）作者是否掌握坚实宽广的理论基础和系统深入的专业知识	20	
学风和写作	是否达到：概念清晰、分析严谨； 数据真实、理论正确 书写规范、表达清楚	10	

注：1. 总分由答辩秘书计算。

　　2. 总分 90 分以上为优，70—89 分为良，60—69 分为一般（修改后答辩），59 分以下为较差（不同意答辩）。

评阅人签名（钢笔）　_____

清华大学博士学位论文评价参考标准

编号	评价项目	比例	优（大） ≥90 分	良（较大） 89—75 分	中 74—60 分	差（小） <60 分	分数
1	论文成果是否具有创造性 X1	0.3	立论正确，创造性成果突出；如提出新的命题，形成一套完整的理论体系；提出新的解决方法，创造了大的经济效益；发或解决了一个重大问题	立论基本正确，有创造性，成果较好。如改进现有的算法、方法，通过实验、计算发现一些新的有意义的问题；成功地解决了一些技术问题等	有一定的创造性，成果有一定的意义	概念模糊，没有取得有意义的成果	X1
2	论文选题的理论意义或实用价值 X2	0.2	是学科前沿，对国民经济、科学技术发展有较大的理论意义或实用价值；正确、有力地论述本人的研究方向和命题	对国经济、科学技术发展有价值或理论意义；正确、清楚地论述本人的研究方向和意义	对国民经济有应用背景或在科学技术上有一定的理论意义；比较清楚地论述自己的研究方向和意义	选题不当，理论意义或实用价值不明确	X2
3	文献综述 X3	0.1	对本学科及相关学科领域的研究状态和最新进展了解全面、评述得当	比较了解本学科的研究状态和进展	基本了解本学科的研究状态和进展	文献综述不够全面，对本学科的研究状态和进展不十分了解	X3

编号	评价项目	比例	优（大） ≥90 分	良（较大） 89—75 分	中 74—60 分	差（小） <60 分	分数
4	论文工作中反映出的基础理论和专门知识水平及独立从事科研工作的能力 X4	0.15	具有坚实宽广的基础理论和系统深入的专门知识；已具备很强的独立从事科研工作的能力	具有坚实宽广的基础理论和系统深入的专门知识；已具备较强的独立从事科研工作的能力	具有坚实宽广的基础理论和系统深入的专门知识；基本具备独立从事科研工作的能力	不完全具备本学科的基础理论和专门知识及独立从事科研工作的能力	X4
5	论文的难度及工作量 X5	0.1	难度很大； 工作量很大	难度较大； 工作量较大	有一定难度； 工作量一般	难度不大； 工作量较小	X5
6	论文的总结、写作能力 X6	0.15	概念清晰，层次分明，善于总结提高；文字、图表规范，学风严谨	条理性好，层次较清楚，总结较好；文字、图表较规范	总结提高尚可，有条理性，基本符合规范	不善于总结，写作能力差，文字错误多	X6
总成绩 X = 0.3X1 + 0.2X2 + 0.1X3 + 0.15X4 + 0.10X5 + 0.15X6							

注：对实验要求较高的学科，各评审专家可在创造性的评价中对实验环节加以考虑。

上海交通大学博士学位论文评阅意见书

学位申请者		所在学院		学号	
学科（专业）				申请学位 级　别	
论文题目					

评阅 说明	评阅时，请参照以下几方面提出意见： 研究成果的理论意义或实际价值； 理论分析是否严密正确，计算和实验是否可靠无误； 掌握基础理论、专门知识、研究方法和技能的水平，有无创新； 是否同意答辩。

评议项目	评　价　要　素	等　级（请打"√"）			
		优秀 90以上	良好 75~89	合格 60~74	不合格 59以下
一、选题与综述	选题的理论意义和实用价值，阅读和综述情况，对国内外动态的掌握				
二、基础理论与 专门知识	是否很好地掌握了坚实宽广的基础理论和系统深入的专门知识				
三、科研能力与 创造性	科研工作能力和创造性情况，成果创新性				
四、写作能力	条理，层次，文笔，学风情况				
论文的总体评价（百分制）					

是否同意答辩（请打"√"）	同意答辩	不同意答辩
您对论文内容熟悉程度（请打"√"）：	□很熟悉　　□熟悉　　□一般	
对照近年来全国百篇优秀论文，您是否推荐该篇论文参评下届全国优秀论文并请简述推荐理由（请打"√"）	推荐全国优秀□　推荐省市级优秀□ 不推荐□	
简述推荐理由：		

评阅人（签名）　　　　　　　　　所在单位　　　　　　　　　职务或职称

西安交通大学博士学位论文评分表

（适用于经济、管理、人文科学）			
一级指标	二级指标	评价参考要素	评分
选题与综述 （20分）	论文选题的理论意义和现实意义（12分）	选题的学科前沿性，研究方向的明确性、开创性、理论意义和实用价值等。	
	对本学科及相关领域的综述与总结（8分）	对该学科及相关领域的发展状况综述的综合性、系统性、归纳、总结的正确性等方面。	
论文成果的创新性 （50分）	论文工作的创新性（35分）	论文开辟新的研究领域，填补人文、社会科学理论研究空白的程度；在相关领域运用新视角、新方法进行探索、研究的力度、独到见解与研究的原创性等情况。	
	论文成果和学术影响（15分）	论文成果的学术价值和社会效益，对文化事业发展、社会进步的促进作用，论文成果的实用价值或政策意义。	
论文体现的理论基础、专门知识及科学研究能力 （30分）	文题相符（3分）	论文题目和摘要较完整的涵盖了论文的主要内容。	
	论文体现的理论基础与专门知识（9分）	论文体现本学科及相关领域的理论基础和专门知识的情况。	
	独立从事科学研究的能力（10分）	分析方法科学性，引证资料丰富性、准确性，论文研究的难度及工作量情况。	
	论文写作与学术规范（8分）	论文材料的翔实性，结构的严谨性，推理的严密性和逻辑性；文字表达的准确性、格式的规范性和学风的严谨性。	
		总分：	

是否同意举行学位论文答辩（请在相应括号内打勾）	同意（　　） 基本同意，修改后答辩，修改时间一个月（　　） 修改后，由评阅人重新评审。修改时间三个月（　　） 不同意（　　）
评阅人对本论文研究内容的熟悉程度：（　　）非常熟悉　　（　　）熟悉　　（　　）较熟悉 （如对论文内容不熟悉，请委托其他熟悉专家评阅或将论文及时返回）	
是否可推荐参加优秀博士学位论文评选	（　　）校级（　　）省级　　（　　）国家级　　（　　）不推荐

中国人民大学博士学位论文评审评分表

学生姓名：　　　　　　　　　　　　　　　评审专家签名：

论文题目			
评 价 指 标		评 分 标 准	得分（百分制）
A. 选题与文献综述（0.20）	论文选题立意的前瞻性、和理论或现实意义	90 分以上：选题为学科前沿，具有开创性，有重要的理论意义和实用价值；80—89 分：选题有较大的理论意义和实用价值；70—79 分：选题有一定的理论意义和实用价值；60—69 分：选题缺乏理论意义和实用价值；59 分以下：选题欠妥，研究方向不明确。	A1 =
	对本学科及其相关领域的综述和总结	90 分以上：全面反映了本学科前人成果和前沿状况；80—89 分：较全面反映了本学科前人成果和前沿状态；70—79 分：基本反映了本学科前沿状态；60—69 分：未全面反映本学科前沿状态；59 分以下：没有反映，总结不恰当。	A2 =
B. 论文的创新性（0.50）	论文学术观点的创新	90 分以上：全新学术思路，意义重要；80—89 分：借用前人思路，部分学术思路（思辩）有创新；70—79 分：移植他人创新思路，解决重要科学问题；60—69 分：一般性思路，解决常规科学问题；59 分以下：低水平重复。	B1 =
	论文科研方法或技术的创新	90 分以上：一级学科内；80—89 分：专业内；70—79 分：研究方向内；60—69 分：部分方法或技术有创新；59 分以下：方法无创新。	B2 =

评 价 指 标		评 分 标 准	得分（百分制）
B. 论文的创新性（0.50）	论文所据材料和数据的充分程度	90 分以上：非常充分；80—89 分：较充分；70—79 分：一般；60—69 分：不充分；59 分以下：严重欠缺。	B3 =
	论文成果的创新水平	90 分以上：国际先进；80—89 分：国内领先；70—79 分：一般水平；60—69 分：未达到前人水平；59 分以下：远逊于前人水平。	B4 =
C、论文体现的基础理论、专门知识及科学研究能力（0.20）	基础理论的宽厚度、坚实度、专门知识的系统性、深入性	90 分以上：很好地掌握基础理论和专门知识；80—89 分：较好地掌握基础理论和专门知识；70—79 分：一般地掌握基础理论和专门知识；60—69 分：掌握较少基础理论和专门知识；59 分以下：基础理论薄弱，专门知识不系统。	C1 =
	论文中体现出作者独立从事原创性科学研究的能力	90 分以上：有很强的科研能力和创造性；80—89 分：有较强的科研能力和创造性；70—79 分：有一定的科研能力和创造性；60—69 分：缺乏科研能力和创造性；59 分以下：科研能力较差，没有创造性。	C2 =
D、论文体现的作者科研作风与表达能力（0.10）	具有良好学风，遵守学术规范	90 分以上：科研作风严谨，遵守学术规范；80—89 分：科研作风良好，遵守学术规范；70—79 分：基本遵守学术规范；60—69 分：学术规范做得不够好；59 分以下：缺乏学术规范。	D1 =
	论述有条理、层次清晰，文笔流畅，论证有力，图表附件格式引文合理	90 分以上：清楚，流畅，正确；80—89 分：比较清楚、流畅；70—79 分：一般；60—69 分：不太流畅；59 分以下：写作能力差，很不流畅。	D2 =
E、总体评价		总分 = （A1 + A2）×1/2×0.20 +（B1 + B2 + B3 + B4）×1/4×0.50 +（C1 + C2）×1/2×0.20 +（D1 + D2）×1/2×0.10	总分 =

中山大学博士学位论文评阅书

对学位论文的评价 请论文评阅人参考下表所列的评审要素，对博士学位论文评价（在相应空格处打√）		优	良	中	差
评审要素		优	良	中	差
1. 论文选题	为学科前沿，具有开创性，对国民经济、科学技术发展具有较大的理论意义或实用价值。				
2. 文献综述	对本研究领域文献资料的掌握程度及立题论述，包括：对本课题的国内外研究动态的掌握及其评述；对本论文所要解决问题的目的及意义的论述。				
3. 论文在理论或方法上的创新性	探索了有价值的新现象、新规律，提出了新命题、新方法；纠正了前人在重要问题的提法或结论上的错误，从而对该领域科学研究起了重要的作用；创造性解决自然科学、工程技术中的关键问题。				
4. 创造性成果及效益	能够在国外及国内何种档次刊物上发表与论文有关的若干篇文章或出版专著；论文成果可以创造的经济效益。				
5. 基础理论与专门知识	论文体现具有本学科及相关领域坚实宽广的理论基础与系统深入的专门知识。				
6. 科研能力	独立从事科学研究工作的能力；采用先进技术、设备、方法、信息，进行论文研究工作；论文研究的难度较大、工作量饱满。				
7. 学风	学风良好，遵守学术规范。有严谨的科学态度，引用他人成果有说明，论据可靠充分，逻辑严密，论文主要内容为本人独立完成。				
8. 写作与总结提炼能力	论文语言表达准确、层次分明、图表规范；善于总结提炼。				
论文水平的总体评价 （请用百分制给论文打分）					

参考文献

[1]（古希腊）亚里士多德．范畴篇解释篇［M］．方书春（译）．北京：商务印书馆，1959．

[2]（德）马克思．资本论［M］．北京：人民出版社，1975．

[3]（德）克劳塞维茨．战争论［M］．中国人民解放军军事科学院（译）．北京：解放军出版社，1964．

[4]（德）马克思，恩格斯，（苏）列宁，斯大林．马克思恩格斯选集（第二卷）［M］．北京：人民出版社，1972．

[5]（德）马克思，恩格斯，（苏）列宁，斯大林．马克思恩格斯选集（第四卷）［M］．北京：人民出版社，1972．

[6]（苏）列宁．列宁全集［M］．北京：人民出版社，1955．

[7]（苏）列宁．列宁全集（第23卷）［M］．北京：人民出版社，1990．

[8]（苏）巴甫洛夫．巴甫洛夫选集［M］．北京：科学出版社，1955．

[9]（苏）保尔·拉法格．回忆马克思恩格斯［M］．北京：人民出版社，1973．

[10]（苏）高尔基．高尔基文学论文选［M］．北京：人民文学出版社，1958．

[11]（俄）康·帕乌斯托夫斯基．金蔷薇［M］．上海：上海译文出版社，2010．

[12]（英）亚当·斯密．国民财富的性质和原因的研究（上册）［M］．北京：商务印书馆，1972．

[13]（英）威廉·配第．赋税论、献给英明人士、货币略论［M］．北京：商务印书馆，1963．

[14]（英）约翰·梅纳德·凯恩斯．就业、利息和货币通论［M］．北京：商务印书馆，1983．

[15]（美）萨缪尔森．经济学（上卷）［M］．北京：商务印书馆，1979．

[16]（美）约瑟夫·熊彼特．经济分析史［M］．北京：商务印书馆，1991．

[17]（美）约瑟夫·熊彼特．从马克思到凯恩斯十大经济学家［M］．宁嘉风（译）．北京：商务印书馆，1965．

[18]（美）约瑟夫·熊彼特．经济分析史（第二卷）［M］．杨敬年（译）．北京：商

务印书馆，1991.

[19]（德）爱因斯坦，英费尔德．物理学的进化［M］．上海：上海科技出版社，1962.

[20]（美）维纳．控制论［M］．北京：科学出版社，1963.

[21]（美）米尔顿·弗里德曼．货币数量论研究［M］．瞿强等（译）．北京：中国社会科学出版社，2001.

[22]（美）米尔顿·弗里德曼．价格理论［M］．北京：商务印书馆，1994.

[23]（美）罗纳德·麦金农．经济发展中的货币与资本［M］．卢聪（译）．上海：上海三联书店，1988.

[24]（美）罗伯特·索罗，约翰·泰勒，本杰明·弗里德曼．通货膨胀、失业与货币政策［M］．北京：中国人民大学出版社，2004.

[25]（美）尼克松．领导者［M］．北京：世界知识出版社，1983.

[26]（美）狄拉德．凯恩斯经济学：货币经济理论［M］．陈彪如（译）．上海：上海人民出版社，1963.

[27]（美）杜尔劳夫，布卢姆．新帕尔格雷夫经济学大辞典（第二卷）［M］．北京：经济科学出版社，1996.

[28]（法）布尔马基等．数学的建筑［M］．南京：江苏教育出版社，1999.

[29]（日）现代经济学研究会．世界十五大经济学［M］．北京：求实出版社，1990.

[30] 毛泽东．毛泽东选集（第一卷）［M］．北京：人民出版社，1991.

[31] 毛泽东．毛泽东选集（第三卷）［M］．北京：人民出版社，1991.

[32] 黄达．与货币银行学结缘六十年［M］．北京：中国金融出版社，2010.

[33] 黄达．金融——词义、学科、形势、方法及其他［M］．北京：中国金融出版社，2001.

[34] 黄达、刘鸿儒，张肖．中国金融百科全书（上）［M］．北京：经济管理出版社，1990.

[35] 林毅夫．论经济学方法［M］．北京：北京大学出版社，2005.

[36] 江其务．货币银行学［M］．西安：陕西人民出版社，2002.

[37] 李剑鸣．历史学家的修养与技艺［M］．上海：上海三联书店，2007.

[38] 王蒙．王蒙谈创作［M］．北京：中国文艺联合出版公司，1983.

[39] 冯友兰．中国现代哲学史［M］．北京：生活·读书·新知三联书店，2009.

[40] 王国维．人间词话［M］．上海：上海古籍出版社，1998.

[41] 朱成全．经济学方法论［M］．大连：东北财经大学出版社，2003．

[42] 叶继元．学术规范通论［M］．上海：华东师范大学出版社，2005．

[43] 王汶石．亦云集［M］．西安：陕西人民出版社，1983．

[44] 严中平．科学研究方法十讲［M］．北京：人民出版社，1986．

[45] 李剑鸣．历史学家的修养与技艺［M］．上海：上海三联书店，2007．

[46] 梁慧星．法学学位论文写作方法［M］．北京：法律出版社，2006．

[47] 路遥．早晨从中午开始［M］．西安：西北大学出版社，1992．

[48] 李怀祖．管理研究方法论［M］．西安：西安交通大学出版社，2000．

[49] 赵大良．科研论文写作新解——以主编与审稿人的视角［M］．西安：西安交通大学出版社，2011．

[50] 林继肯．中国金融学教育与金融学科发展——历史回顾和经验总结［M］．北京：中国金融出版社，2007．

[51] 周国平．另一种存在［M］．南京：凤凰出版传媒集团、译林出版社，2011．

[52] 陈九平．谈治学［M］．北京：大众文艺出版社，2000．

[53] 陈银娥．凯恩斯主义货币政策研究［M］．北京：中国金融出版社，2000．

[54] 巫继学．自主劳动论要［M］．上海：上海人民出版社，1987．

[55] 李连第．中国经济学希望之光［M］．北京：经济日报出版社，1991．

[56] 陈焕章．孔门理财学：孔子及其学派的经济思想［M］．北京：中央编译出版社，2009．

[57] 刘奇等．自然辩证法概论（第二版）［M］．北京：北京大学医学出版社，2004．

[58] 余力，崔建军．宏观金融学［M］．西安：西安交通大学出版社，2003．

[59] 戴起勋，赵玉涛．科技创新与论文写作［M］．北京：机械工业出版社，2004．

[60] 吴楚材，吴调侯．古文观止（下）［M］．长沙：岳麓书社，1985．

[61] 靳达申，车成卫．如何提高国家自然科学基金申请质量［M］．上海：上海科学技术文献出版社，2003．

[62] 李景超，孟繁华．学术论文写作译文集［M］．北京：中央广播电视大学出版社，1987．

[63] 杜经国，庞卓恒，陈高华．历史学概论［M］．北京：高等教育出版社，1990．

[64]《学位与研究生研究》编辑部．导师论导——研究生导师论研究生指导［M］．北京：北京理工大学出版社，2008．

[65] 北京师范大学《写作基础知识》编写组．写作基础知识［M］．北京：北京出版

社，1979.

　　［66］中国社会科学院语言研究所词典编辑室编．现代汉语小词典［M］．北京：商务印书馆，1982.

　　［67］中国社会科学院情报研究所．科学学译文集［M］．北京：科学出版社，1981.

　　［68］《中国大百科全书》财政税收金融价格卷［M］．北京：中国大百科全书出版社，1993.

　　［69］新华词典编辑组．新华词典［M］．北京：商务印书馆，1980.

　　［70］浙江日报编辑部．学人论治学［M］．杭州：浙江文艺出版社，1983.

　　［71］方福前．当代西方经济学主要流派（第二版）［M］．北京：中国人民大学出版社，2014.

　　［72］邹进文．近代中国经济学的发展——来自留学生博士论文的考察［J］．中国社会科学，2010（5）.

　　［73］于光远．写给青年研究工作者［J］．中国社会科学院研究生院学报，1986（3）.

　　［74］史晋川．经济学家与经济理论研究［J］．学术月刊，2005（6）.

　　［75］林毅夫．本土化、规范化、国际化——庆祝《经济研究》创刊40周年［J］．经济研究，1995（10）.

　　［76］柳青．回答《文艺学习》编辑部的问题［J］．文艺学习，1984（5）.

　　［77］熊易寒．文献综述与学术谱系［J］．读书，2007（4）.

　　［78］刘树成．论中国的菲利普斯曲线［J］．管理世界，1997（6）.

　　［79］范从来．菲利普斯曲线与我国现阶段的货币政策目标［J］．管理世界，2000（6）.

　　［80］范国睿．走进人文社会科学［J］．学位与研究生教育，2011（11）.

　　［81］蒋慰孙．博士生培养之我见［J］．学位与研究生教育，1987（5）.

　　［82］崔建军．也谈做学问的境界［N］．中国社会科学报，2014 - 5 - 12.

　　［83］崔建军．凯恩斯革命中的创新与继承［J］．当代经济科学，2010（2）.

　　［84］崔建军．重新认识菲利普斯曲线的真正价值［J］．经济学家，2003（1）.

　　［85］张曙光．宏观经济学发展的方向和问题［N］．人民日报，1998 - 5 - 9.

　　［86］胡培兆．想拿诺奖，还得从教育抓起［N］．环球时报，2009 - 10 - 26.

　　［87］韩水法．审阅博士论文杂感［N］．中华读书报，2011 - 6 - 15.

　　［88］李金华．经济学模型的精神与灵魂［N］．光明日报，2013 - 5 - 24.

　　［89］默顿·米勒．现代金融学的历史——一位目击者的叙述［J］．经济导刊，2000（2）.

［90］管祎，夏品奇. 博士学位论文评价体系的统计分析与合理制定［J］. 学位与研究生教育，2010（5）.

［91］林毅夫，胡书东. 中国经济学百年回顾［J］. 经济学（季刊），2001（1）.

［92］Alivn H. Hansen. *Monetary Theory and Fiscal Policy*［M］. New York：McGraw – Hill，1949.

［93］Alivn H. Hansen. *Business Cycles and Nation Income*［M］. New York：W. W. Norton and Company，1951.

［94］Alivn H. Hansen. *A Guide to Keynes*［M］. New York：McGraw – Hill，1953.

［95］Alivn H. Hansen. *Fiscal Policy andBusiness Cycles*［M］. New York：W. W. Nortion and Company，1941.

［96］Fischer Black，Myron Scholes. The Pricing of Options and Corporate Liabilities［J］. *Journal of Political Economy*，1973，81（3）：637 – 654.

［97］Fisher. I.，BarberW. J. The purchasing power of Money［J］. *Journal of Political Economy*，1920，37（959）：758 – 763.

［98］Friedman M. The role of monetary policy［J］. *American Economic Review*，1968，58：1 – 17.

［99］Friedman M. The Role of Monetary Policy［J］. *American Economic Review*，1995，58（1），1 – 17.

［100］Fleming M. Domestic Financial Policy Under Fixed and Under Floating Exchange Rates［N］. in IMF Staff Papers，1962，9（3）：1 – 45.

［101］Hicks J. R. Mr. Keynes and the "Classics"：A Suggested Interpretation［N］. Econometrica，1937，5（2）：147 – 159.

［102］Krugman Paul. The Return of Depression Economics［J］. *Foreign Affairs*，1999，78（1）：56 – 74.

［103］Lucas Robert E. Expectations and Neutrality of Money［J］. *Journal of Economic Theory*，1973，4：103 – 124.

［104］Lucas Robert E. Some International Evidence on Output inflation Tradeoffs［J］. *American Economic Review*，1973，63（3）：326 – 334.

［105］Markowits. H. Portfolio selection［J］. *Journal of Finance*，1952，7（1）：71 – 93.

［106］Markowits. H. *Portfolio selection：Efficient Diversification of Investment*［M］. New York：John Wiey & Sons，1959.

［107］ Meade J. E. The Theory of International Economic Policy ［J］. *Journal of Ultrastructure Research*, 1955, 53 (1) : 77 – 86.

［108］ Modigliani, Miller. The cost of capital, corporation Finance and the theory of investment ［J］. *American Economic Review*, 1958, Vol. 48, No. 3 (6): 261 – 297.

［109］ Mundell Robert A. The Pure Theory of International Trade ［J］. *American Economic Review*, 1960, 50 (1): 67 – 110.

［110］ Mundell Robert A. Capital Mobility and Stabilization Policy under Fixed and Flexible Exchange Rate ［J］. *Canadian Journal of Economics and Political Science*, 1963, 29 (4): 475 – 485.

［111］ Mundell Robert A. A Theory of Optimum Currency Areas ［J］. *American Economic Review*, 1961, 51 (4): 657 – 664.

［112］ Phillips A. W. The relation between unemployment and the Rate of Change of Money wages in the United Kingdom, 1861 – 1957 ［J］. *Economics*, 1958, 25 (100) : 283 – 299.

［113］ Phillips A. W. The relation between Unemployment and the Rate of Change of Money Wages in the United Kingdom 1861 – 1957 ［J］. *Economics*, 1958, 25 (100) : 283 – 299.

［114］ Pigou A. C. . The value of Money ［J］. *Quarterly Journal of Economics*, 1917, 32 (1): 38 – 65.

［115］ Robert C. Merton . Theory of Rational Option Pricing ［J］. *The Bell Journal of Economics and Management Science*, 1973 (4): 141 – 183.

［116］ Samuelson P. A. , SolowR. M. Analytical of Anti – inflation policy ［J］. *American Economic Review*, 1960, 50 (2) : 177 – 194

［117］ Samuelson P. A. , Solow R . M. Analytical of Anti – inflation policy ［J］. *American Economics Review*, 1960, 50: 177 – 194.

［118］ Sargent T. J. , Wallace N. Rational, the Expectations, the Optimal Monetary Instrument, and the Optimal Money Supply Rule ［J］. *Journal of Political Economy*, 1975, 83 (2): 241 – 254.

［119］ Tinbergen J. *On the theory of Economic Policy* ［M］. North – Holland: Amsterdam, 1952.

［120］ Trevor Swan. Non – Traded Goods and the Balance of Payments: A Footnote ［J］. *Journal of Economic Literature*, 1976, 2, 462.

［121］ Triffin Robert. *Gold and the Dollar Crisis the Future of Convertibility* ［M］. New

Have: Yale Press. 1960.

[122] William F. Sharpe. Capital assets prices: A theory of market equilibrium under conditions of risk [J]. *Journal of Finance*, 1964. 19 (3): 425 –442.

参考文献